本书系华中师范大学优秀博士学位论文培育计划项目（2017YBZZ011）、清华大学中国农村研究院博士论文资助项目（201708）、国务院扶贫办全国扶贫宣传教育中心金龙安华扶贫英才成长博士论文资助项目（202007）的成果。

基层治理逻辑解读
以M市产业扶贫为场域

原贺贺◎著

中国社会科学出版社

图书在版编目（CIP）数据

基层治理逻辑解读：以 M 市产业扶贫为场域／原贺贺著 .—北京：中国社会科学出版社，2021.12
ISBN 978 – 7 – 5203 – 9387 – 4

Ⅰ.①基…　Ⅱ.①原…　Ⅲ.①农村—社会管理—研究—中国　Ⅳ.①C912.82

中国版本图书馆 CIP 数据核字（2021）第 249051 号

出 版 人	赵剑英
策划编辑	赵　威
责任编辑	夏　侠
责任校对	师敏革
责任印制	王　超

出　　版	中国社会科学出版社
社　　址	北京鼓楼西大街甲 158 号
邮　　编	100720
网　　址	http://www.csspw.cn
发 行 部	010 – 84083685
门 市 部	010 – 84029450
经　　销	新华书店及其他书店
印　　刷	北京君升印刷有限公司
装　　订	廊坊市广阳区广增装订厂
版　　次	2021 年 12 月第 1 版
印　　次	2021 年 12 月第 1 次印刷
开　　本	710×1000　1/16
印　　张	15
插　　页	2
字　　数	209 千字
定　　价	79.00 元

凡购买中国社会科学出版社图书，如有质量问题请与本社营销中心联系调换
电话：010 – 84083683
版权所有　侵权必究

前　言

基层治理是国家治理体系和治理能力建设的基石，解读基层治理逻辑，具有现实紧迫性和重要性，然而，当前研究并未系统性解读基层治理的逻辑。产业扶贫是精准脱贫"五个一批"的帮扶措施之一，是贫困村稳定出列和贫困户稳定脱贫的重要保障，是精准脱贫与乡村振兴的重要衔接，亦是基层治理的重要场域之一。基于以上，本书将研究问题明确为：以 M 市产业扶贫为场域，解读基层治理逻辑。

产业扶贫是贫困村出列的必要条件之一，国家对贫困村有专项支持，产业扶贫和产业扶贫巩固均主要在贫困村中进行，因此，本书将研究范围限定于贫困村以便稳定地解读基层治理逻辑。贫困村识别阶段、贫困村产业扶贫阶段、贫困村产业扶贫巩固阶段具有政策时间上的连续性以及政策内容上的相互关联性，因此，本书将产业扶贫分解为贫困村识别、贫困村产业扶贫、贫困村产业扶贫巩固三个阶段。中部地区精准扶贫政策及脱贫进度具有一致性，M 市在中部地区具有"典型性"，因此，本书以中部地区为范围可实现案例研究的"类型化"，以 M 市为例可实现分析性扩大化推理的效果。进而将研究问题进一步细化为：以中部地区的 M 市为例，以贫困村为范围，以贫困村识别、贫困村产业扶贫、贫困村产业扶贫巩固三个阶段为场域，解读中部地区贫困村产业扶贫中的基层治理逻辑。

建构分析工具，系统地解读基层治理逻辑。第一步，建构分析工具。具体的，根据现有研究成果建构科层理性与关系理性的分析维度，将科层理性分解为科层制治理工具的唯一性、形式合理、结果合理三个维度，将关系理性分解为价值型关系理性和工具型关系理性两个维度，并进一步将价值型关系理性分解为"惯习"、面向上的价值型关系理性和面向下的价值型关系理性三个维度，将工具型关系理性分解为"规避风险""完成任务""政绩"三个维度。第二步，借助分析工具，解读基层治理逻辑。具体的，借助分析工具，解读贫困村识别阶段中、贫困村产业扶贫阶段中、贫困村产业扶贫巩固阶段中的基层治理逻辑，并在此基础上归纳基层治理的一般性逻辑。

  本书的研究价值包括三点。第一，建构了基层治理逻辑的分析工具。第二，得出与现存研究相异的结论：其一，关系理性并非完全消解科层理性，关系理性消解科层理性以形式合理为行动边界；其二，关系理性消解科层理性可能促成结果合理；其三，基层治理逻辑与关系理性不完全契合，而是包含于关系理性的六个维度中。第三，获得新的研究发现：其一，基层治理在不同政策阶段遵循不同的逻辑；其二，同一治理主体在不同政策阶段遵循不同的治理逻辑；其三，在关系理性分析维度内，"规避风险"居首，面向上的价值型关系理性优先于面向下的价值型关系理性，其他三个维度可能呈现出相反、相同、交叉的序列。

目 录

绪 论 ……………………………………………………（1）
 一 问题的提出与研究价值 ………………………………（1）
 二 研究综述 ………………………………………………（8）
 三 核心概念界定 …………………………………………（20）
 四 研究的基本思路 ………………………………………（28）
 五 资料来源与研究方法 …………………………………（28）
 六 研究的创新点 …………………………………………（34）

第一章 基层治理逻辑分析工具建构 ……………………（37）
 一 科层理性分析维度的建构 ……………………………（37）
 二 关系理性分析维度的建构 ……………………………（48）
 三 分析工具与本研究的恰适性 …………………………（62）
 四 本章小结 ………………………………………………（66）

第二章 产业扶贫政策的演变历程 ………………………（67）
 一 国家产业扶贫政策的历史考察 ………………………（67）
 二 M市产业扶贫政策的发展历程 ………………………（74）
 三 M市产业扶贫政策的范式变迁 ………………………（80）
 四 本章小结 ………………………………………………（89）

第三章　贫困村识别阶段中的基层治理逻辑 (91)
　一　科层理性制约下的贫困村识别 (92)
　二　关系理性导向下的贫困村识别 (96)
　三　基层治理逻辑 (104)
　四　本章小结 (106)

第四章　贫困村产业扶贫阶段中的基层治理逻辑 (108)
　一　科层理性制约下的贫困村产业扶贫 (109)
　二　关系理性导向下的贫困村产业扶贫 (116)
　三　基层治理逻辑 (140)
　四　本章小结 (142)

第五章　贫困村产业扶贫巩固阶段中的基层治理逻辑 (144)
　一　奖励项目的概念及特征 (145)
　二　普惠型奖励项目中的基层治理逻辑 (148)
　三　提升型奖励项目中的基层治理逻辑 (161)
　四　本章小结 (178)

第六章　关系理性的制度归因 (180)
　一　层级分流的科层形态 (180)
　二　党管干部的人事制度 (185)
　三　行政发包制的治理工具 (187)
　四　锦标赛制的治理工具 (191)
　五　协调型的乡镇政府 (194)
　六　运动式的治理属性 (197)
　七　本章小结 (200)

结　语 (201)
　一　主要结论 (201)

二　政策含义 …………………………………………（206）

参考文献……………………………………………………（213）

后　记……………………………………………………（234）

绪　　论

1986年，国务院扶贫开发领导小组成立。从此，扶贫攻坚开启了制度化、常规化的治理进程。国家扶贫资源从区域瞄准精确到县级瞄准，扶贫治理从救济式向开发式过渡。2001年5月，在全面建设小康社会的目标指引下，中共中央、国务院出台了《中国农村扶贫开发纲要（2001—2020年）》，并首次规划了未来十年的扶贫任务，国家出台了一系列龙头企业的扶持政策，国家扶贫资源从县级瞄准精确到村级瞄准。随着扶贫工作的不断推进，贫困人口在大规模减少的同时呈现出分散化的特点，扶贫资源益贫性的边际效应递减程度日趋严重，因此，中国在2013年提出精准扶贫战略，国家扶贫资源从村级瞄准进一步精确到贫困户。产业扶贫是贫困户稳定脱贫和贫困村稳定出列的重要措施，是精准脱贫与乡村振兴的有效衔接，是中国治理场域之一，以产业扶贫为场域解读基层治理逻辑的课题研究具有重要意义。

一　问题的提出与研究价值

产业扶贫是贫困户稳定脱贫和贫困村稳定出列的重要保障，产业扶贫的善治是全面脱贫与稳定脱贫的引擎，产业扶贫是贫困户从"脱贫"向"生活富裕"过渡的有效衔接，是贫困村从"出列"向"产业兴旺"过渡的有效衔接；产业扶贫的善治是精准脱贫与乡村振兴的衔接；基层治理是政策过程的重要组成，基层治理的有序是缝合中央与地方治理之间罅隙的有效途径。因此，以产业扶贫为场域解读基层治理逻辑的课题研究具有迫切性。开展产业扶贫中基层治理逻辑的研究，有助于稳定利益联结机制和长效扶贫机制的建立，有助于贫困户稳定脱贫和贫困村稳定出列，有助于全面脱贫与稳定脱贫；开展产业扶贫中基层治理逻辑的研究，有助于以产业扶贫夯实乡村振兴的物质基础，有助于为乡村振兴提供优质的产业经验，有助于精准脱贫与乡村振兴的衔接；开展产业扶贫中基层治理逻辑的研究，有助于推进中国行政体制建构的理性化进程，有助于推进中国行政体制运行的理性化进程，有助于权威体制与有效治理罅隙的缝合；开展产业贫扶中基层治理逻辑的研究，有助于完善学界有关基层治理逻辑分析工具的研究，有助于推进学界有关基层治理逻辑的研究进展，有助于拓展基层治理的理论视角。因此，以产业扶贫为场域解读基层治理逻辑的课题研究具有重要性。

（一）问题的提出

1. 产业扶贫的善治：全面脱贫与稳定脱贫的引擎

产业扶贫是精准脱贫"五个一批"工程的首要任务，其他四个帮扶措施侧重"输血"，产业扶贫凸显精准脱贫的"造血"功能。产业扶贫通过优化资源配置促进贫困户增收，产业扶贫和贫困户之间建立起稳定的利益联结机制，确保脱贫的稳定性；产业扶贫通过吸纳贫困户参与市场竞争而激发其脱贫自主性，确保脱贫的长效性；产业扶贫通过增加村庄集体经济收入和激发村庄内生动力，确保贫困村出列的稳定性和长效性；产业扶贫通过优化环境资源缓解贫困地区的生态环境危机，确保贫困地区发展的可持续性。当前，大多数的贫困村已顺利出列，大多数贫困户已顺利脱贫。

然而，调研发现，由识别偏差引发的村庄分化问题严重阻碍着全面脱贫进程。2013年以来，贫困村的精准识别呈现出总体精准、部分偏差的特点，即部分真正贫困的村庄（"漏评"村）未被纳入贫困村序列，一些综合实力较好的村庄（"错评"村）却被纳入贫困村序列。在贫困村识别偏差基础上的政策帮扶、单位帮扶、项目帮扶，则引发了"漏评"村和"错评"村的分化问题。因此，亟须对"漏评"村与"错评"村分化加速问题加以重视，确保贫困村的全面出列和贫困户的全面脱贫。另外，产业扶贫绩效不足严重阻碍着稳定脱贫进程。2018年以来，中国的扶贫开发工作已经从精准识别、结对帮扶等以"精准地扶"为主的阶段转向精准脱贫、建立稳定的利益联结机制、建构扶贫长效机制等以"稳定地脱"为主的阶段。其中，产业扶贫是实现稳定脱贫的主要手段。出于顺利出列的诉求，绝大多数贫困村发展了产业，非贫困村的脱贫压力小且无出列要求，并未普遍地发展起扶贫产业。然而，实践表明，部分扶贫产业为"外来户"，其未能同当地的自然地理环境及当地农民的种养习惯进行良性整合，长效扶贫机制未普遍建立；部分贫困村的扶贫产业为资产收益型模式，有劳动能力的贫困户未真正参与产业，贫困户的脱贫自主性未被有效激发；部分贫困户通过土地入股、务工、资产收益分红的方式获得收益，其并未参与产业的实际经营，利益联结机制未普遍建立。因此，亟须总结出一些有可复制性、可推广性的产业扶贫模式，并建立稳定的利益联结机制和长效扶贫机制，确保贫困村的稳定出列和贫困户的稳定脱贫。

2. 产业扶贫的善治：精准脱贫与乡村振兴的衔接

党的十九大做出了实施乡村振兴战略的重大决策部署，精准脱贫是乡村振兴的基础。在时间序列上，精准脱贫与乡村振兴在近期目标、中期目标、长期目标上具有衔接关系，脱贫攻坚是乡村振兴的第一场战役，脱贫攻坚的全面胜利是乡村振兴顺利开展的前奏。在空间关系上，精准脱贫聚焦于集中连片和深度贫困地区，乡村振兴着力覆盖整个农村地区。集中连片和深度贫困地区是农村地区的重要组成部分，因此，脱贫攻坚的全面胜利是乡村社会实现振兴的基础和前提。产业扶贫是精准脱贫与乡村振兴的有效衔接。在精准脱贫场域中，产业扶贫是精准脱贫"五个一批"中的重点，是确保贫困户稳定脱贫和贫困村稳定出列的重要举措；在乡村振兴场域中，"产业兴旺"位列二十字方针的首位。因此，产业扶贫是农户从精准脱贫场域中的"脱贫"向乡村振兴场域中"生活富裕"的有效衔接，是村庄从精准脱贫场域中的"出列"向乡村振兴场域中"产业兴旺"的有效衔接。

然而，调研发现，产业扶贫的利益联结机制和长效脱贫机制并未稳定建立。例如，为规避风险，产业扶贫的基层治理偏好于资产收益这种保底分红型模式。在该模式中，贫困户参与扶贫产业的上限为参与产业务工，大多数贫困户不参与务工便直接获得资产收益分红，贫困户与扶贫产业的利益联结机制并未稳定建立，贫困户"等靠要"的思想痼疾并未摘除，其脱贫自主性未被有效激发，其脱贫能力未被有效培养，脱贫长效机制难以建立。由此可见，产业扶贫政策偏差阻滞了精准脱贫在乡村振兴中基础作用的发挥。另外，调研发现，产业扶贫巩固相关政策的执行偏差，削弱了产业对精准脱贫和乡村振兴的衔接作用。例如，产业扶贫巩固项目本应投向优质扶贫产业，通过巩固精准脱贫阶段的优质产业，将其利益联结机制、长效扶贫机制推向乡村振兴阶段，实现产业对精准脱贫和乡村振兴的有效衔接。然而，在关系理性导向下，基层倾向于将产业扶贫巩固项目向有高层政治资源的、工作积极性高的、能够凸显政绩的承包方倾斜，扶贫资源异化为基层治理的政治资本，导致现有脱贫成效难以有效巩固，精准脱贫与乡村振兴难以有效衔接。因此，亟须对产业扶贫成效进行巩固，亟须巩固现有的脱贫成效，亟须以产业为载体衔接精准脱贫和乡村振兴。

3. 基层治理的有序：权威体制与有效治理的缝合

权威体制与有效治理之间在政策过程方面的罅隙体现为中央政策统一性与地方实际情况复杂性之间的矛盾。① 在中国的五级分权模式中，中央和省主要负责政策制定，县政府、乡镇政府、村庄主

---

① 周雪光：《权威体制与有效治理：当代中国国家治理的制度逻辑》，《开放时代》2011年第10期。

要负责政策执行，政策执行对于公共政策至关重要，以至于有学者将政策过程简化为政策执行过程。① 产业扶贫是国家治理的场域之一，通过解读产业扶贫中的基层治理逻辑，不仅有利于提升产业扶贫治理绩效，还可以优化中国行政体制的运行机制，促进中国治理能力现代化的进程。当前，产业扶贫总体上实现了国家精准扶贫政策的"造血"功能，增加了贫困户的收入，提升了贫困村的集体经济收入水平。

然而，调研发现，在产业扶贫场域中存在将扶贫资源异化为政治资本、激励手段的治理偏差现象。这不仅损害贫困户的收益、产业扶贫的绩效、国家扶贫资源的效率，还影响着我国行政体制的有效运行、国家政治合法性的基础、国家治理能力现代化和社会公平正义的建设进程。因此，亟须探究产业扶贫的基层治理中存在的问题，亟须提升产业扶贫政策的适用性，亟须优化产业扶贫的基层治理绩效。

（二）研究价值

1. 开展贫困村产业扶贫中基层治理逻辑的研究，有助于全面脱贫与稳定脱贫

本研究发现，贫困识别阶段存在识别偏差问题，即，一些基础较好的村庄被纳入贫困村序列，一些基础薄弱的村庄被斥于贫困村序列之外，而在贫困村识别偏差基础上的产业扶贫和产业扶贫巩固，则造成"错评"村和"漏评"村的分化问题。因此，本书指出贫困村产业扶贫的政策偏差问题，旨在唤起国家对该问题的重视。希冀国家适时进行政策调整，将"漏评"村纳入重点帮扶对象，适时对扶贫资源配置进行调整，将扶贫资源适度向"漏评"村倾斜，确保脱贫攻坚的全面胜利。另外，通过研究发现，贫困村识

---

① ［英］米切尔·黑尧：《现代国家的政策过程》，赵成根译，中国青年出版社 2004 年版，第 118 页。

别阶段、贫困村产业扶贫阶段、贫困村产业扶贫巩固阶段，均存在扶贫资源异化为政治资本和行政激励资源的执行偏差现象，这造成了贫困户脱贫自主性未被激发、贫困户与扶贫产业利益联结机制未普遍建立、长效扶贫机制未稳定建立、国家扶贫资源益贫效果被削弱等问题。因此，本书解析了关系理性消解科层理性的原因，并提出治理对策。具体是指，通过规制基层治理的关系理性空间，促进贫困户脱贫自主性的激发、贫困户与扶贫产业利益联结机制的普遍建立、长效扶贫机制的稳定建立、国家扶贫资源益贫效果，确保贫困村的稳定出列与贫困户的稳定脱贫。综上，开展贫困村产业扶贫中基层治理逻辑的研究，有助于全面脱贫与稳定脱贫。

2. 开展贫困村产业扶贫中基层治理逻辑的研究，有助于精准脱贫与乡村振兴的衔接

通过研究发现，产业扶贫巩固阶段，部分本应用于巩固和提升优质扶贫产业的扶贫资源却异化为基层治理的政治资本和行政激励资源。因此，本书解析了关系理性消解科层理性的原因并提出治理对策，以此确保产业在衔接精准脱贫与乡村振兴中的作用。第一，通过规制基层治理在产业扶贫巩固阶段的关系理性空间，确保产业扶贫为乡村振兴奠定扎实的物质基础，以显著的脱贫成效缓解乡村振兴的压力。具体是指，通过确保巩固性扶贫资源真正注入优质产业，提炼、总结出一些成熟的可推广性、可复制性的产业扶贫模式，建构起贫困户与扶贫产业之间稳定的利益联结机制，形成贫困户与贫困村的长效扶贫机制，进而巩固我国已有的脱贫成效，为乡村振兴夯实基础。第二，通过规制基层治理在产业扶贫巩固阶段的关系理性空间，确保巩固性扶贫资源真正注入优质产业，为乡村振兴提供产业发展经验。具体是指，通过确保巩固性扶贫资源真正注入优质产业，总结出一些产业发展的优质经验，为乡村振兴提供具有参考价值的产业"模板"，继续发挥产业对振兴农村地区的积极作用，确保乡村振兴战略的有序推进，实现贫困户从精准脱贫的"脱贫"走向乡村振兴的"生活富裕"，实现贫困村从精准脱贫的

"出列"走向乡村振兴的"产业兴旺"。综上,开展贫困村产业扶贫中基层治理逻辑的研究,有助于精准脱贫与乡村振兴的衔接。

3. 开展贫困村产业扶贫中基层治理逻辑的研究,有助于权威体制与有效治理的缝合

权威体制和有效治理的罅隙,源于行政体制建构和运行的理性化程度不足。第一,本书有助于推进中国行政体制建构的理性化进程。权威体制与有效治理的矛盾之一,源自中央统辖权与地方治理权的紧张关系。① 对此,本书提出,完善专业分工、等级制度、规章制度,以法治化为原则建设中国的行政体制,明确中央统辖权和地方治理权的范围,以理性化的行政体制规制运动型治理的空间,确保中央依循理性化的行政体制自上而下有序地推动政策指令,促进地方政府依循理性化的治理工具规范性地治理属地问题,最终,实现中国行政体制建构的理性化。第二,本书有助于推进中国行政体制运行的理性化进程。权威体制与有效治理的矛盾之二,源自中央政策统一性与地方实际情况复杂性的冲突。② 对此,本书提出,为提升政策本身的合法性,在政策正式出台前,应加强前期的调研、试验、论证工作,最大限度提升政策的适用性,在政策出台后,应辩证性地采纳基层干部和农户的诉求,动态地调整、完善政策,不断提升政策的引导价值。为提升政策执行效果,应通过完善基层治理的法律规章、完善项目制的可行性论证及后期管理制度、完善基层干部的激励机制和容错机制,压缩基层治理自由裁量的范围,规制基层治理中非人格化意志的空间,确保政策执行的有法可依以及法律规章对基层治理的有效约束,不断优化基层治理绩效。最终,实现中国行政体制运行的理性化。综上,开展贫困村产业扶贫中基层治理逻辑的研究,有助于权威体制与有效治理的缝合。

---

① 周雪光:《权威体制与有效治理:当代中国国家治理的制度逻辑》,《开放时代》2011年第10期。

② 周雪光:《权威体制与有效治理:当代中国国家治理的制度逻辑》,《开放时代》2011年第10期。

4. 开展贫困村产业扶贫中基层治理逻辑的研究，有助于拓展基层治理的理论视角

本书围绕基层治理逻辑这一问题意识进行了两方面的尝试，尝试性地建构基层治理逻辑的分析工具，并借用该分析工具，完成产业扶贫中的基层治理逻辑的解读，因此，本研究具有如下学术价值。第一，本书可促进基层治理逻辑分析工具的完善。现存有关基层治理逻辑的成果比较分散，或局限于科层理性而忽视了关系理性，或局限于工具理性而忽视了价值理性，纵使兼顾了工具理性和价值理性，其分析维度亦不够全面。有鉴于此，本书以韦伯的科层制及对社会行动的分类、中国文化的"关系"属性、现有关于基层治理的研究为基础，建构了基层治理逻辑的分析工具，故而，本书有助于推进学界对基层治理逻辑的系统性分析。第二，本书可促进基层治理逻辑的解读。学界现有成果仅零散地呈现了基层治理的分析维度，却未进一步解读基层治理的逻辑。因此，本书以贫困村产业扶贫为场域，系统解读基层治理的分析维度、科层理性与关系理性的序列、关系理性中的基层治理逻辑，以期引发学界对基层治理逻辑的关注。综上，以产业扶贫为场域解读基层治理逻辑的课题研究，具有拓展基层治理理论的学术价值。

二 研究综述

系统梳理国内外相关成果，从研究内容、研究视角和研究方法三个方面对当前成果进行评述，总结现有研究成果的不足并根据研究问题确定本研究的创新点、理论视角、研究方法等。

（一）国外相关研究状况

1. 治理有效性的相关研究

库伊曼强调多元治理主体互动是治理有效性的关键。他认为，治理秩序或结构不应由外部强制而形成，而应该创造性地产生于多

元治理主体的行为互动过程中，如此，治理才可以发挥作用。① 罗西瑙强调非政府机制是治理有效性的关键。他认为，治理理应为多数人共同支持的目标所引发的行动，因此，治理主体应纳入各种身份和各类形式的组织，治理机制应纳入非正式、非政府的机制。只有治理目标符合大多数人的诉求，治理结果实现了大多数人的需求，治理才真正有效。② 博克斯认为，有效的治理并非政府自上而下发号施令以及公民的被迫接受，而应该包括公民、代议者、公共服务者参与政策制定和政策执行的全过程，多元主体参与是有效治理的前提。③ 德雷斯勒认为，有效治理的前提在于政府、市场、社会三方的有效互动，三者之间的沟通、谈判、协商、调和，构成有效治理的必备程序。④

2. 治理中政府角色的相关研究

洛克强调有限政府。他认为，保护个人财产的安全性是国家唯一的合法权力，除此之外，国家治理的其他职责均应交给社会进行自我管理。⑤ 杰索普强调政府的平衡者角色。他认为，对于各类冲突的思想和矛盾的观念，政府应该居中扮演调和者的角色，对于不同机构以及利益组织之间的矛盾和纠纷，政府应该居中扮演利益协调者的角色，政府的应然角色是促成各方利益的协调机构。⑥ 唐斯强调政府的经济人角色。他认为，政府也是"理性经济人"。政府并非道德上的完人，其与寻常人一样，追求利益的最大化，其在效

---

① 参见[法]辛西娅·休伊特·德·阿尔坎塔拉《"治理"概念的滥用》，俞可平：《治理与善治》，社会科学文献出版社2003年版，第3页。
② [美]詹姆斯·N. 罗西瑙：《没有政府的治理》，张胜军等译，江西人民出版社1999年版，第35页。
③ [美]理查德·C. 博克斯：《公民治理：引领21世纪的美国社区》，孙柏瑛译，中国人民大学出版社2014年版，第153页。
④ Dreehsler W. Governance, "Good Governance and Government: The Case for Estonian Administeative Capacity", *Journal of the Humanities and Social Sciences*, No. 4, 2004, pp. 388 – 396.
⑤ [英]洛克：《政府论》（下），叶启芳、瞿菊农译，商务印书馆1964年版，第77页。
⑥ [英]鲍勃·杰索普：《治理的兴起及其失败的风险——以经济发展为例的论述》，漆芜译，《国际社会科学杂志》（中文版）1999年第1期。

率、公平、专业性等方面并不比寻常人略胜一筹。① 普伦普特里强调政府的回应性。他认为，有效的回应是政府合法性的基础，是政府治理有效性的必要条件，是政府获得公民认同感的前提。② Vivienne认为，基层干部的治理权威源自民众的认同和信任。③ Jean认为，基层干部既要从严落实国家自上而下的政策，也要作为基层代理人维护好民众的利益。④ 杜赞奇发现，国家权力对乡村社会的渗透，导致基层干部从"保护型经纪"转型为"盈利型经纪"。⑤ 登哈特强调政府的服务角色。在他看来，市场是瞬息万变的，福利国家已经发生解构以至于政府甚至不再是提供福利的主要角色，网络技术的发达使得民众接触政策的机会越来越多，因此，政府治理的角色应从"掌舵"转向"服务"。⑥ 弗雷德里克森强调政府的主要角色在于促进社会公平。他主张抛弃传统的政治与行政二分法的理念，以促进社会公平为己任进行社会治理，主张构建强有力的政府，有效率地执行政策，促进民众生活质量的改善，主张参与式治理，认为治理应将民众纳入其中。⑦ 福克斯等强调政府的主要角色在于促成有效的政策对话。他认为，政府的角色应该在于确保对话者的真诚、真实的意向性、民众的自主参与、实质性的对话，通过

---

① [美]安东尼·唐斯：《官僚制内幕》，郭小聪译，中国人民大学出版社2006年版，第175—183页。

② Tim Plumptre, "Governance and Good Governance: International and Aboriginal Perspectives", *Institute on Governance*, No. 3, 1999, p. 76.

③ Vivienne Shin, *The Each of the Stage Sketches of the Chinese Body Politics*, Stanford University Press, 1989, pp. 46–78.

④ Jean Oi, *State and Peasant in Contemporary China: the Political Economy of Village Government*, Berkeley University of California Press, 1989, p. 87.

⑤ [印]杜赞奇：《文化、权力与国家：1900—1942年的华北农村》，王福明译，江苏人民出版社2003年版，第145—167页。

⑥ [美]罗伯特·B.登哈特、珍妮特·V.登哈特：《新公共服务：服务，而不是掌舵》，丁煌译，中国人民大学出版社2013年版，第61—65页。

⑦ [美]H.乔治·弗雷德里克森：《公共行政的精神》，张成福等译，中国人民大学出版社2003年版，第2—5页。

确保有效的对话以形成话语的政策网络。①

3. 治理要素的相关研究

世界银行有关非洲治理问题的研究报告显示，治理包括公共部门、政府的公信力、制度框架、信息公开等要素。② 戈丹认为，治理和统治的目的都在于获得稳定的社会秩序，但是，治理区别于统治，治理应包括多元治理主体、上下互动的权力运行、民众的认可度、政府的公信力等要素。③ 斯托克认为，治理包括明确的治理主体、明确的权责划分、明确的主客体间关系、政府权力限制清单五个重要因素。④ 彼得斯认为，有效的治理应该包含至少三方面的要素。第一，有效的组织建构。有效的治理依赖于有效的组织架构与其他方面体制机制的配套，这涉及合理的组织架构以及组织架构与治理模式契合性的问题。第二，有效的管理。有效的管理包括有效的招聘、激励、约束政府工作人员，以及有效地调配公共资源。第三，有效的政策。有效的政策包括多方参与的政策制定过程、有效的政策实施、有效的政策监督和评估。⑤

4. 治理工具的相关研究

Rhodes 强调治理的权变性。他认为，当下的"治理"绝不同于以往的"统治"，治理是多主体的不断互动的过程，它是维护社会秩序的新方式，因此，他主张使用网络治理这一治理工具，以此弥补国家进行权威性资源分配中的结构性缺陷。⑥ 奥斯本等主张将市场化工具纳入政府的治理工具箱中。他并不主张政府官员像企业经理一样经营政府，而是将企业管理的精神纳入政府治理的理念之

---

① ［美］查尔斯·J. 福克斯、休·T. 米勒：《后现代公共行政——话语指向》，楚艳红等译，中国人民大学出版社2002年版，第88—93页。

② 参见张康之《公共行政学》，经济科学出版社2002年版，第23页。

③ 参见俞可平《全球化：全球治理》，社会科学文献出版社2003年版，第6页。

④ 参见俞可平《治理与善治》，社会科学文献出版社2003年版，第31—49页。

⑤ ［美］B. 盖伊·彼得斯：《政府未来的治理模式》，吴爱明等译，中国人民大学出版社2001年版，第14—16页。

⑥ R. Rhodes, "The New Governance: Governing without Government", *Political Studies*, Vol. 44, 1996, pp. 652–667.

中。具体的，政府应把握治理的宏观走向而不是事必躬亲，政府应授权于其他治理主体，应将竞争机制和效率理念引入其所提供的服务，应该像企业对待客户一样对待民众，应注重事前预防而不是事后治疗，政府应引入市场力量进行组织结构变革。① 科恩等主张将全面治理管理工具纳入政府的治理工具箱中。他认为，全面治理管理工具以顾客为导向，通过不断改善工作流程和工作方法，提升治理效率，全面治理管理是治理有效的关键因素。具体的，政府应与供应商进行充分沟通以确保产品的质量，应不断改善工作流程以提高组织的工作效能和民众满意度，应同民众进行良性互动以确保服务产品满足顾客的要求。②

（二）国内相关研究状况

1. 产业扶贫中政府角色的相关研究

现存有关产业扶贫中政府角色的研究可归纳为三类：产业扶贫中政府主导作用影响因素的相关研究，产业扶贫中政府主导作用负面效应的相关研究，产业扶贫中政府应然角色的相关研究。

第一，产业扶贫中政府主导作用影响因素的相关研究。张海鹏和张春敏的研究认为，政府在产业扶贫中的主导作用受到制度因素的影响，这些制度包括社会制度、基本经济制度、农村基本经营制度等，政府在产业扶贫中的主导作用亦有现实考虑，包括贫困地区亟须政府提供公共产品、精准扶贫的特征、中国扶贫经验的历史总结等。但是，张海鹏强调，政府在产业帮扶中应发挥基础性的帮扶作用而非主导和包办；③ 张春敏建议，政府在主导产业扶贫时，应注意处理好政府与市场、输血和自我造血、产业扶贫主体与客体、

---

① ［美］戴维·奥斯本、特德·盖布勒：《改革政府：企业家精神如何改革着公共部门》，周敦仁等译，上海译文出版社 2006 年版，第 72—261 页。
② ［美］史蒂文·科恩、威廉·埃米克：《新有效公共管理者：在变革的政府中追求成功》，王巧玲等译，中国人民大学出版社 2001 年版，第 101—102 页。
③ 张海鹏：《制度优势、市场导向与产业扶贫》，《社会科学战线》2018 年第 6 期。

政府主导与多元主体参与这四对关系。① 第二，产业扶贫中政府主导作用负面效应的相关研究。胡振光、向德平从多元模式建构的角度阐释了产业扶贫中政府主导角色的弊端，该研究认为，政府主导引发了多元主体的互动参与异化为被动参与以及多元主体参与动力不足问题等。② 郭晓鸣、廖祖君等则从产业扶贫益贫效益的角度阐释了产业扶贫中政府主导角色的弊端，该研究认为，产业扶贫政府的过度参与会加剧"等靠要"的思想，行政化推动产业会导致产业发展主体间缺乏长效利益联结机制以及扶贫产业难以经受市场考验的问题。③ 第三，产业扶贫中政府应然角色的相关研究。王春光、单丽卿从向农民赋权的角度，强调政府应在产业扶贫中扮演服务者角色。④ 陈聪、程李梅从尊重市场规律的角度，强调政府应在产业扶贫中扮演服务者角色。即，通过提供产业基础型公共品奠定产业形成的基础条件，通过提供产业专用型公共品打造区域特色产业，通过提供产业拓展型公共品培育贫困区域特色优势产业。⑤ 蒋永甫、莫荣妹强调政府在产业扶贫中的服务者、协调者、引导者角色。即，正确认识贫困现象，把握产业扶贫的方向和发力点；创新产业扶贫方式，通过政府购买扶贫服务的方式，有效地引入市场力量参与产业扶贫服务，并致力于建构市场主体与贫困户之间的利益联结机制；发挥基层组织在农村治理和产业扶贫中的基础性作用。⑥ 付江月、陈刚强调政府在产业扶贫中的监督者角色。即，政府通过合

---

① 张春敏：《产业扶贫中政府角色的政治经济学分析》，《云南社会科学》2017年第6期。
② 胡振光、向德平：《参与式治理视角下产业扶贫的发展瓶颈及完善路径》，《学习与实践》2014年第4期。
③ 郭晓鸣、廖祖君、张耀文：《产业链嵌入式扶贫：企业参与扶贫的一个选择——来自铁骑力士集团"1+8"扶贫实践的例证》，《农村经济》2018年第7期。
④ 王春光、单丽卿：《农村产业发展中的"小农境地"与国家困局——基于西部某贫困村产业扶贫实践的社会学分析》，《中国农业大学学报》（社会科学版）2018年第3期。
⑤ 陈聪、程李梅：《产业扶贫目标下连片贫困地区公共品有效供给研究》，《农业经济问题》2017年第10期。
⑥ 蒋永甫、莫荣妹：《干部下乡、精准扶贫与农业产业化发展——基于"第一书记产业联盟"的案例分析》，《贵州社会科学》2016年第5期。

理控制奖惩金额、制定科学的监管机制等方式，改善贫困户与企业的博弈关系，将二者的关系导向互助、合作、共赢的走向。①

2. 产业扶贫中基层治理逻辑的相关研究

现存研究表明，在关系理性导向下，产业扶贫的基层治理出现偏差。该类研究已呈现出的关系理性维度包括："惯习"、面向上和面向下的价值型关系理性、"规避风险"、"完成任务"、"政绩"。第一，产业选择、产业上马、项目对接等某一政策过程中的基层治理逻辑。袁明宝解构了基层政府在产业上马中的变通性执行的逻辑。具体为：为完成贫困村出列的考核目标，基层政府短期内"硬上马"扶贫项目，并将本应该用于全镇的资源全部集中于贫困村，最终导致基层政府完成了贫困村出列任务却未实现其对贫困户的承诺。② 许汉泽、李小云解构了基层政府在扶贫项目对接中的异化逻辑。具体为：具有高层政治资源的、区位优势明显的、有一定产业基础的、能够迅速被打造成政绩的贫困村，更容易获得基层政府的项目青睐，最终导致扶贫项目对接"精英捕获"的结果。③ 蒋永甫、龚丽华、疏春晓阐释了基层政府对产业扶贫资金投向的选择异化逻辑。该研究解构了基层政府基于资金安全的考虑，将扶贫资金入股龙头企业，实现扶贫资金资本化运作的治理逻辑。④ 殷浩栋、汪三贵、郭子豪的研究表明，在"惯习"导向下，基层政府有将扶贫项目投向基础设施领域的偏好。⑤ 第二，产业扶贫全过程中的基层治理逻辑。邢成举阐释了基层政府将扶贫资源"产业化"的逻

---

① 付江月、陈刚：《奖惩机制下企业与贫困户在产业扶贫中的演化博弈研究》，《软科学》2018年第10期。

② 袁明宝：《压力型体制、生计模式与产业扶贫中的目标失灵——以黔西南L村为例》，《北京工业大学学报》（社会科学版）2018年第4期。

③ 许汉泽、李小云：《精准扶贫背景下农村产业扶贫的实践困境——对华北李村产业扶贫项目的考察》，《西北农林科技大学学报》（社会科学版）2017年第1期。

④ 蒋永甫、龚丽华、疏春晓：《产业扶贫：在政府行为与市场逻辑之间》，《贵州社会科学》2018年第2期。

⑤ 殷浩栋、汪三贵、郭子豪：《精准扶贫与基层治理理性——对于A省D县扶贫项目库建设的解构》，《社会学研究》2017年第6期。

辑。具体为：在政绩诉求下，基层政府片面追求规模和速度，导致扶贫资源异化为领导干部的政治资本；为了尽快完成任务，创造条件上马产业，导致基层政府与龙头企业利益交换的结果；为了维护声望和降低治理风险，村干部将扶贫资源向亲朋、上访户、钉子户倾斜，导致扶贫长效机制难以建立的结果。① 李博、左停解构了基层政府的产业扶贫政策过程失败的逻辑。具体为：在指标分配阶段，拥有高层政治资源的村庄均获得了整村推进项目，导致了项目分配的"精英捕获"现象；在产业上马阶段，基层政府将项目向能在短期内凸显政绩的产业倾斜，导致了扶贫长效机制难以建立的结果；在选择产业扶贫实施主体阶段，因企业逐利性与扶贫的公益性的矛盾，导致了产业扶贫实施主体"弱势吸纳"的结果；在产业后续管理阶段，因项目制的技术治理属性，导致产业扶贫后续治理失序的结果。② 杨永伟、陆汉文阐释了基层政府对扶贫项目治理过程异化的逻辑。具体为：为防止上级问责，县烟草公司拒绝复建失修水库；为凸显政绩，合作社优先向种植大户提供技术支持并为其提供无偿的机械服务；为完成任务，合作社优先将大户纳入合作对象。③

3. 其他政策场域中基层治理逻辑的相关研究

现有研究表明，在关系理性导向下，其他政策场域的基层治理亦出现偏差。该类研究已呈现出的关系理性维度包括："惯习"、面向上和面向下的价值型关系理性、"规避风险"、"完成任务"、"政绩"。下面以基层治理主体为维度，整理其他领域的基层治理逻辑。

第一，有关县政府治理逻辑的研究。王波的研究表明，为完成任务，县财政局把是否有利于自己工作的开展作为是否回应"打招

---

① 邢成举：《产业扶贫与扶贫"产业化"——基于广西产业扶贫的案例研究》，《西南大学学报》（社会科学版）2017 年第 5 期。

② 李博、左停：《精准扶贫视角下农村产业化扶贫政策执行逻辑的探讨——以 Y 村大棚蔬菜产业扶贫为例》，《西南大学学报》（社会科学版）2016 年第 4 期。

③ 杨永伟、陆汉文：《多重制度逻辑与产业扶贫项目的异化——组织场域的视角》，《中国农业大学学报》（社会科学版）2018 年第 1 期。

呼"的标准，为拓宽利益寻租的空间，村干部积极地建构与上级领导的关系。① 杨华、袁松的研究表明，为确保中心工作的完成以及凸显在锦标赛体制中的优势，县级党委通过设定目标、分解目标任务、签订责任状、督导和考核的方式推进工作。② 欧阳静的研究亦表明，为完成中心工作，县级党委通过压力机制、动员机制和行政包干制等具体机制，对政府的行政系统做了全方位的调整。③ 狄金华的研究表明，为确保任务完成，县政府通过与乡镇签订目标责任书、评估考核、奖励与惩罚的方式推动各乡镇的工作；为确保任务完成，乡镇利用私人关系从县林业局"协调"2.1万棵免费树苗的方式，并以"工作做不好哪个村都得不到项目"的警告推动各村庄的工作。④ 李祖佩的研究表明，为建构与上级的关系，县政府根据更高层级政府领导的意志安排项目指标，具体的，县政府将项目指标分配至领导挂点的村庄、领导家乡所在的村庄、领导检查工作中特别提及的村庄。⑤ 李祖佩、钟涨宝的研究表明，为凸显政绩，县政府将产业基础较好的村庄列为重点贫困村，要求涉农部门的项目向这几个村倾斜且各部门每年的投入不得低于200万元，要求乡镇将资源向这几个村倾斜并将工作成效纳入乡镇的年终考核内容。⑥

第二，有关乡镇政府治理逻辑的研究。田雄、郑家昊的研究表明，为完成任务并维护与上下级的关系，乡镇政府变通性地执行秸

---

① 王波：《关系运作制度化的过程分析——华东地区A县乡镇政府机构改革的个案研究》，《社会学研究》2002年第4期。
② 杨华、袁松：《行政包干制：县域治理的逻辑与机制——基于华中某省D县的考察》，《开放时代》2017年第5期。
③ 欧阳静：《运作于压力型科层制与乡土社会之间的乡镇政权：以桔镇为研究对象》，《社会》2009年第5期。
④ 狄金华：《通过运动进行治理：乡镇基层政权的治理策略——对中国中部地区麦乡"植树造林"中心工作的个案研究》，《社会》2010年第3期。
⑤ 李祖佩：《项目制的基层解构及其研究拓展——基于某县涉农项目运作的实证分析》，《开放时代》2015年第2期。
⑥ 李祖佩、钟涨宝：《项目制实践与基层治理结构——基于中国南部B县的调查分析》，《中国农村观察》2016年第8期。

秆焚烧政策。①冯猛的研究表明,为完成县政府的任务,乡镇严格执行容易完成的任务,对于执行难度较大、容易引发政府与农民矛盾的任务,乡镇则选择变通式地执行。②冯猛的另一项研究表明,为凸显政绩,镇政府通过一些让利于民的手段,将特色产业包装成竞争力非常强的项目,以期能够在向上级政府申请项目资金时更有说服力。为凸显政绩,乡镇打造了与其他乡镇区别性的产业、发展短平快的产业、上马与前任不同的产业。③唐文玉、郭正林的研究表明,为确保完成任务和凸显政绩,乡镇通过干预村委会选举的方式来强化其与村干部的庇护关系。④欧阳静的研究表明,为凸显政绩,乡镇利用与市委组织部的关系,要求县农业局下派一名科技副镇长,并将其运作成为"市十大杰出青年"与"全省优秀基层工作者",乡镇策划了果王赛并邀请省城具有更高职位的老乡"前(钱)来"支持家乡的产业发展。⑤杨善华、宋倩的研究表明,在晋升诉求下,乡镇将类如考核体系的、可以量化考核的、与一票否决相关联的工作列为必须完成的硬任务,将仅仅在会上提到但是与考核无关的工作列为灵活完成的软任务;为完成任务并维护与上下级的关系,乡镇通过政策的变通式执行,将一项有巨大风险的"逼民致富"的政策巧妙地转化为成本几乎为零的农民休闲娱乐活动。⑥李祖佩的研究表明,为凸显政绩,乡镇不惜以身体健康为成本维护与上级的关系以获取更多的项目支持,动员全镇演习一个月以确保

---

① 田雄、郑家昊:《被裹挟的国家:基层治理的行动逻辑与乡村自主——以黄江县"秸秆禁烧"事件为例》,《公共管理学报》2016年第2期。
② 冯猛:《政策实施成本与上下级政府讨价还价的发生机制——基于四东县休禁牧案例的分析》,《社会》2017年第3期。
③ 冯猛:《基层政府与地方产业选择——基于四东县的调查》,《社会学研究》2014年第2期。
④ 唐文玉、郭正林:《乡镇政权缘何会干预村委会选举——基于博弈论的分析与对策探讨》,《行政论坛》2010年第1期。
⑤ 欧阳静:《政治统合制及其运行基础——以县域治理为视角》,《开放时代》2019年第2期。
⑥ 杨善华、宋倩:《税费改革后中西部地区乡镇政权自主空间的营造——以河北Y县为例》,《社会》2008年第4期。

特色工作在一个小时以内呈现给视察领导，将项目指标投向位置好的、对乡镇财政贡献大的、治理有序的村庄；为建构与上级的关系，乡镇将掌握的资源向其打造的示范片区集中，将项目指标投向具有"第三种力量"的村庄。① 曹海林、俞辉的研究表明，为凸显政绩，乡镇将项目向村庄经济实力强、村干部经验丰富、村民配合工作的张村倾斜；为维护自身威望，乡镇党委书记将项目向自己联系的李村倾斜；为规避风险，乡镇将基础设施差、治理失序的王村排除在外，随后，乡镇又在维护和省领导关系的诉求导向下，将王村纳入项目序列。②

第三，有关村庄治理逻辑的研究。狄金华、钟涨宝阐释了村干部在黑地治理中关系运作空间的逻辑：一方面，黑地的存在客观上缓解了村庄的财政压力，减轻了乡镇的压力；另一方面，对黑地的默许也构成了对村组干部工作的一种支持，它将换来村组干部对乡镇的支持。③ 李迎生、李泉然、袁小平的研究表明，为维护威望，村干部将宗亲关系纳入低保；为建构与上级的关系，村干部将上级的亲属纳入低保；为规避治理风险，村干部将喜欢"挑事"、喜好冒尖的村民纳入低保。村干部在面对这类人群的上访或其他过激行为时，通常会以"低保换稳定"的方式来化解冲突。④ 李祖佩的研究表明，三大原因激励着村庄建构与高层政治资源关系的诉求。其一，"第三种力量"的强弱以及乡镇政府领导意志影响乡镇的项目指标分配逻辑。其二，村干部在政缘关系网络中的关系调动能力和公关能力，是县级部门评判"谁更积极"的最主要依据。其三，在

---

① 李祖佩：《项目下乡、乡镇政府"自利"与基层治理困境——基于某国家级贫困县的涉农项目运作的实证分析》，《南京农业大学学报》（社会科学版）2014年第5期。

② 曹海林、俞辉：《"项目进村"乡镇政府选择性供给的后果及其矫正》，《中国行政管理》2018年第3期。

③ 狄金华、钟涨宝：《变迁中的基层治理资源及其治理绩效——基于鄂西南河村黑地的分析》，《社会》2014年第1期。

④ 李迎生、李泉然、袁小平：《福利治理、政策执行与社会政策目标定位——基于N村低保的考察》，《社会学研究》2017年第6期。

村庄社会中，民众心理认知中的"预期项目"强化了村庄社会的项目诉求冲动。①

（三）国内外研究述评

1. 关于研究内容的述评

第一，产业扶贫的现有研究关于基层治理逻辑的成果较少。基层治理的有效性是政策效果的基础，然而，现有关于产业扶贫的研究多集中于产业扶贫中政府角色、产业扶贫作用机制、产业扶贫模式、困境及对策等领域，关于产业扶贫中基层治理问题的研究较少，关于产业扶贫中基层治理逻辑的研究更少。第二，产业扶贫的现有研究忽视了基层治理的运动式治理这一属性。现有研究多从行政发包制、锦标赛体制、项目制的事本主义等角度阐释产业扶贫基层治理逻辑，却忽视了运动式治理属性这一维度。产业扶贫运动式治理的具体表现是什么，运动式治理在产业扶贫领域具有哪些新特点，运动式治理与科层制的关系如何，运动式治理对基层治理产生了哪些影响，现有研究均未予以回答。第三，产业扶贫的现有研究忽视了其对村庄的影响。现有研究集中于贫困户的受益情况、贫困户参与产业扶贫的困境、贫困户与产业的利益联结机制等领域，却忽视了产业扶贫政策执行效果在村庄层面的影响。产业扶贫对村庄集体经济收入水平的影响、对村庄治理秩序的影响、对村庄之间关系的影响等，现有研究均未予以回答。第四，产业扶贫及其他领域的研究均未完成对基层治理逻辑的系统性解读。其一，产业扶贫及其他政策场域的研究仅零散地完成了基层治理分析维度的解读，但是，基层治理遵循怎样的逻辑？其二，产业扶贫及其他政策场域的研究仅笼统地表明关系理性可消解科层理性，但是，关系理性消解了科层理性的哪些维度？关系理性消解科层理性是否一定会造成结果合理的失败？上述问题，现有研究均未给予回答。

---

① 李祖佩：《"新代理人"：项目进村中的村治主体研究》，《社会》2016年第3期。

2. 关于研究视角的述评

行政管理视角下的产业扶贫研究成果略显不足，具体表现为：现有研究或者集中于经济学视角，重在对产业扶贫模式、产业扶贫的作用机制、扶贫资金的使用效率等内容进行评估，或者集中于社会学视角，重在对贫困户的受益情况、贫困户的主体性、贫困户与大户的平等对话、贫困户社会地位等内容进行研究，然而，关于产业扶贫中政策执行所依赖的组织构架、各级政府的博弈关系、各级政府差异性的行动逻辑等问题，现有研究尤为不足。

3. 关于研究方法的述评

第一，产业扶贫现有研究中的实证案例有缺失。现有研究或为既无量化也无案例的宏观描述性研究，或为纯量化研究。现有较少的质性研究或分置于产业选择、产业上马、项目对接这三个领域，或从产业扶贫全过程分析基层治理逻辑。但是，现有研究却缺失了贫困村识别、贫困村产业置换、贫困村产业扶贫奖励型项目治理等方面的案例。第二，产业扶贫及其他政策场域的研究已完成对基层治理分析维度的解读，但各分析维度零散地分置于不同的基层治理场域中，学界尚未形成可对基层治理逻辑进行系统性解读的分析工具。系统性分析工具的缺失，不利于我们全面把握基层治理逻辑，不利于我们系统性诠释基层治理的发生机制，不利于我们深刻解读权威体制与有效治理之间的罅隙。

三 核心概念界定

（一）贫困村

本书中的贫困村是指精准扶贫阶段的贫困村，该阶段的贫困村与精准扶贫之前的贫困村在识别标准、识别程序、帮扶资源、出列标准、出列时间等方面均有差异，精准扶贫视域下的贫困村概念包含以下内容。

1. 识别标准

贫困村识别遵循"一高、一低、一无"的标准。"一高"是指贫困发生率高，具体是指：行政村贫困发生率比全省贫困发生率高一倍以上；"一低"是指农民人均收入水平低，具体是指：行政村2013年全村农民人均纯收入低于全省平均水平60%；"一无"具体是指：行政村无集体经济收入。①

2. 识别程序

第一，贫困村指标规模的分解。各省将该省确定的贫困村规模分解到县，各县将规模分解到乡镇。第二，贫困村识别的流程。乡镇向村庄宣传，村庄自愿申报，乡镇审核并公示，公示无异议后报县扶贫办审核后公示。贫困村名单确定后，县统筹安排贫困村的结对帮扶单位，确定帮扶单位后，村委会、驻村工作队和帮扶单位结合贫困村的实际情况，制订帮扶计划。②

3. 帮扶资源

贫困村的帮扶资源包括人力和财力两类，人力资源主要包括帮扶单位、驻村工作队、第一书记，财力资源主要包括省统筹的专项扶贫资金、市和县配套的专项扶贫资金、各职能部门的帮扶资金、帮扶单位支持的帮扶资金。

4. 出列任务

国家要求，所有贫困村须在2020年前全部出列③，实际上，中部地区于2018年已完成了绝大多数贫困村的出列任务。

5. 出列标准

当前，国家对中部地区贫困村出列设定的标准主要包括三条。第一，综合贫困发生率不高于2%，即，未脱贫贫困户的比例、错

---

① 《国务院扶贫办关于印发〈扶贫开发建档立卡工作方案〉的通知》，国家乡村振兴局官网，http://www.cpad.gov.cn/art/2014/4/11/art_50_23761.html，2014年4月2日。
② 《国务院扶贫办关于印发〈扶贫开发建档立卡工作方案〉的通知》，国家乡村振兴局官网，http://www.cpad.gov.cn/art/2014/4/11/art_50_23761.html，2014年4月2日。
③ 出列：贫困村顺利脱贫，贫困村摘帽。

退人口的比例、漏评人口的比例三项之和不得高于2%。第二，群众满意度不低于90%。第三，贫困村村集体经济收入不低于5万元。① 除此之外，M省②增加了贫困村的出列条件：有一个以上稳定增收的扶贫产业；有通乡镇的硬化路，本村通客车；村主干道基本亮化；便民服务中心正常运作；水质、水量达标的自来水或家用井水、山泉水；户通电，供电满足生产生活需求；村道宽带、移动通信信号稳定覆盖；有可用的清洁能源；适龄儿童全部入学，适龄少年儿童无因贫辍学；有卫生室；新型农村合作医疗参合率达98%以上，符合社会养老保险条件的居民应保尽保，符合五保、低保条件的居民应保尽保；有文化活动场所；广播电视信号全覆盖。

（二）产业扶贫

从精准脱贫帮扶措施的角度，本书中的产业扶贫为精准脱贫"五个一批"③帮扶措施的一种，具体是指：以贫困地区的资源禀赋为前提，以市场需求为导向，以产业发展为抓手，以外部扶贫力量为依托，有效投入技术、信息、资本、土地、劳动等要素，通过科学地确立、培育、管理产业扶贫项目，促进贫困地区经济发展和贫困人口收入增加。④ 按照产业扶贫的利益联结机制，产业扶贫可分为资产收益型、参与劳动型、风险共担型等。

从政策阶段的角度，本书采用产业扶贫的大概念，即，以贫困村为范围，产业扶贫包括贫困村识别阶段、贫困村产业扶贫阶段、贫困村产业扶贫巩固阶段。第一，基于以下两点考虑，本书将贫困村识别阶段纳入产业扶贫的大概念中。其一，在政策时序上，贫困

---

① 《国务院关于印发"十三五"脱贫攻坚规划的通知》，中国政府网，http://www.gov.cn/zhengce/content/2016-12/02/content_5142197.htm，2016年11月23日。
② 遵从学术规范，本研究所涉人名、地名均为化名。
③ 李永东：《产业扶贫与环境扶贫：内涵、模式比较及公共政策》，《宁夏社会科学》2017年第4期。
④ 胡伟斌、黄祖辉、朋文欢：《产业精准扶贫的作用机理、现实困境及破解路径》，《江淮论坛》2018年第5期。

识别是产业扶贫的基础。2014年，中部地区进行了贫困户和贫困村的建档立卡（识别），2015年，中部地区的帮扶干部全部入驻贫困村，自此，产业扶贫全面展开。其二，在政策内容上，发展扶贫产业是贫困村出列的必要条件之一。为确保顺利出列，贫困村必须完成发展扶贫产业的任务，为助力贫困村出列，国家从政策、帮扶单位、扶贫资源方面对贫困村进行帮扶，非贫困村无出列任务，其主要面临的是贫困户的脱贫问题，因此，贫困村的扶贫产业具有必然性和稳定性，非贫困村中的扶贫产业具有偶然性和随机性，在贫困村范围内观察产业扶贫，具有连续性和稳定性。第二，基于以下两点考虑，本书将贫困村产业扶贫巩固阶段纳入产业扶贫的大概念中。其一，在政策时序上，产业扶贫巩固具有必然性。2018年，中部地区基本实现预脱贫，即，绝大多数的贫困村已顺利出列，绝大多数的贫困户已顺利脱贫。然而，贫困户与扶贫产业的利益联结机制并未普遍建立，贫困村的村集体经济收入尚未稳定，长效扶贫机制尚未稳定建立，亟须对现存扶贫产业进行巩固，以确保贫困户的稳定脱贫、贫困村的稳定出列。因此，对优质扶贫产业进行巩固，具有时间序列上的必然性。其二，在政策内容上，产业扶贫巩固具有必要性。未来两年，我国的脱贫攻坚战肩负着三大任务：巩固已有的脱贫成效，确保稳定脱贫；继续攻坚克难深度贫困，确保全面脱贫；完成精准脱贫与乡村振兴的有效衔接，实现城乡融合发展。通过巩固优质扶贫产业，探究稳定的利益联结机制和长效的扶贫机制，以此巩固已有脱贫成效，确保贫困村和贫困户的稳定脱贫。通过巩固优质扶贫产业，将可推广性、可复制性的产业扶贫模式因地制宜地向深度贫困地区推广，以此确保脱贫攻坚战的全面胜利。通过巩固优质扶贫产业，以产业扶贫夯实乡村振兴的物质基础，充分发挥精准脱贫对乡村振兴的基础性作用，总结提炼优质产业模式，以产业为载体实现乡村振兴之"产业兴旺"和"生活富裕"的战略目标，充分发挥产业对精准脱贫与乡村振兴的衔接作用。

(三) 基层治理

"治理"(governance)一词源自拉丁文和古希腊语,意为操控、约束,它与"统治"(government)一词混淆。20 世纪 80 年代以来,"治理"(governance)一词得以复兴,并在多个领域得以应用。当前,学界主要从治理主体与他者关系、治理方式、行为依据、治理工具阐释基层治理的概念。

以治理主体与他者关系为视角阐释基层治理概念的相关研究。王诗宗、杨帆以"调试性社会动员"来解读基层治理中的政府与社会的关系。该研究认为,科层制可能渗透至社会网络,社会网络也可能成为科层制运行的组成部分,基层治理应综合考虑政府控制力的大小和社会动员能力的强弱而形成社会动员策略。在此,基层涉及县政府和乡政府。[①] 熊万胜透过乡村集体企业的兴衰现象解读基层政权与上级政权的关系。该研究认为,集体企业在乡村社会的兴起,是基层政权维护自主权成功的结果,集体企业的集体失败,则是基层政权维护自主权失败的结果。在此,基层涉及乡政府和村两委。[②] 王汉生、王一鸽以目标管理责任制为研究对象解读国家与基层社会的互动关系。该研究认为,目标管理责任制的实施,本质上是国家权力延伸至基层社会,并在基层社会形成新的动员机制和社会秩序的过程。在此,基层涉及县政府、乡镇政府、村两委。[③] 徐林等则从社会网络的角度解读了国家与基层社会的互动关系。该研究认为,国家正式制度与乡村社会非正式制度的碰撞,即,上层政府需要下层的支持和配合,下层需要上层的宣传和回应,将生成制度"再生产"的效应。在此,基层涉及县政府、乡镇

[①] 王诗宗、杨帆:《基层政策执行中的调适性社会动员:行政控制与多元参与》,《中国社会科学》2018 年第 11 期。

[②] 熊万胜:《基层自主性何以可能——关于乡村集体企业兴衰现象的制度分析》,《社会学研究》2010 年第 3 期。

[③] 王汉生、王一鸽:《目标管理责任制——农村基层政权的实践逻辑》,《社会学研究》2009 年第 2 期。

政府、村两委。①

　　以治理方式为视角阐释基层治理概念的相关研究。李林倬解读了基层文件治理这一基层治理方式。该研究认为，基层生产文件的动力包括两种，第一种是以满足治理合法性为需求的生产符号性文件的动力，第二种是以推进实际工作进度为需求的生产实质性文件的动力。在此，基层主要涉及县政府。② 黄宗智解读了简约治理这一基层治理方式。该研究表明，简约治理是高度集权却又有简约治理诉求的治理体制的产物，在这种治理方式导向下，国家依赖社区提名的准官员通过半正式行政的方式进行基层治理，准官员的正式治理方式仅存在于烦琐文书的形式中，基层治理的实质性工作却未得以推进。在此，基层主要涉及村两委。③ 陈家建、李祖佩、陈锋等解读了项目制这一基层治理方式。陈家建从政府动员的角度解读了项目制这一基层治理方式。该研究表明，项目制治理方式赋予了上级部门更多的资源调配权、人事调动权、政府动员权，因此，基层治理的动员机制已由科层制的"层级动员"异化为"多元动员"。在此，基层主要涉及乡镇政府和村两委。④ 李祖佩、钟涨宝从治理结构的角度解读了项目制这一基层治理方式。该研究表明，政治机制、行政机制和治理机制三大机制促成了基层治理的治理结构，并呈现出国家与村庄关系的本质。在此，基层主要涉及县级政府、县涉农部门、乡镇政府、村两委。⑤ 陈锋从治理规则的角度解读了项目制这一基层治理方式。该研究表明，项目制治理方式是压力型体制与基层有效治理之间矛盾的产物，项目制原本致力于建立

---

① 徐林、宋程成、王诗宗：《农村基层治理中的多重社会网络》，《中国社会科学》2017年第1期。
② 李林倬：《基层政府的文件治理——以县级政府为例》，《社会学研究》2013年第4期。
③ 黄宗智：《集权的简约治理——中国以准官员和纠纷解决为主的半正式基层行政》，《开放时代》2008年第2期。
④ 陈家建：《项目制与基层政府动员——对社会管理项目化运作的社会学考察》，《中国社会科学》2013年第2期。
⑤ 李祖佩、钟涨宝：《项目制实践与基层治理结构——基于中国南部B县的调查分析》，《中国农村经济》2016年第8期。

新的治理规则，结果却弱化了基层的治理权，断裂了国家、基层、农民之间的有机关联。在此，基层主要涉及乡镇政府、村两委。①

以行为依据为视角阐释基层治理概念的相关研究。狄金华、钟涨宝注重从规则的角度解读基层治理的行为依据。该研究认为，以往研究更注重从主体间关系入手研究基层治理的行为依据，当前却兴起了一种以"规则"为视角的研究热潮。该"规则"不同于正式制度，却是基层治理实际上遵循的行为准则，其作用甚至远远超过正式制度。在此，基层主要涉及村两委。②刘军强等以"积极的惰性"解读基层治理的行为依据。该研究以产业结构调整为例，阐释了基层政府的"不出事"准则、"完成任务"准则和"政绩"准则。在此，基层主要涉及县政府。③周雪光以"共谋"解读基层治理的行为依据。该研究认为，"共谋"成为基层治理中制度化了的行为惯习，其是制度环境的产物，与正式制度以及治理环境有很强的适应性。在此，基层主要涉及县政府、乡镇政府、村两委。④倪星、王锐以"结构—风险—行为"为分析工具解读基层干部的行为规律。该研究表明，责权制度的不合理不仅无益于基层规避外部性治理风险，还增加了内部运行风险的概率，最终倒逼基层以不同的行为策略应对不同的情形。在此，基层主要涉及县政府、乡镇政府。⑤陈家建、张琼文以制度环境为视角解读基层治理的行为依据。该研究表明，政策适用性和政策执行压力是影响基层治理逻辑的两个重要因素，两个因素的不同组合结果将引发不同的基层治理策

---

① 陈锋：《分利秩序与基层治理内卷化——资源输入背景下的乡村治理逻辑》，《社会》2015 年第 3 期。

② 狄金华、钟涨宝：《从主体到规则的转向——中国传统农村的基层治理研究》，《社会学研究》2014 年第 5 期。

③ 刘军强、鲁宇、李振：《积极的惰性——基层政府产业结构调整的运作机制分析》，《社会学研究》2017 年第 5 期。

④ 周雪光：《基层政府间的"共谋现象"——一个政府行为的制度逻辑》，《社会学研究》2008 年第 6 期。

⑤ 倪星、王锐：《权责分立与基层避责：一种理论解释》，《中国社会科学》2018 年第 5 期。

略。在此，基层主要涉及县政府。①

以治理工具为视角阐释基层治理概念的相关研究。欧阳静研究了运动型治理工具在基层治理与国家宏观治理中的不同。该研究表明，运动型治理工具在国家宏观层面和基层治理中呈现出不同规律。运动型治理工具在国家宏观层面是一种临时性、任意性、非常规性的治理工具，它有逐步发展为与科层制同等重要地位的趋势。运动型治理在基层则是一种常规性的动员机制，它在完成基层"中心工作"的推进中，与科层制居于同等重要的地位。② 田雄、郑家昊研究了国家运动型治理在乡村社会的实际遭遇。该研究表明，当国家运动型治理工具所呈现出的治理逻辑与基层干部及农民的诉求不一致时，公共政策将遭遇乡村社会自主性的对抗，并最终导致治理无效。因此，基层治理应不断调试治理工具与基层社会的适应性，以实现提升基层治理效用的目的。③ 同时，吴新叶也认为，科层制治理工具仅仅突出了国家政权建设的特征，却并未糅合基层治理的需求，因此，不能将科层制视为基层治理的唯一工具，而是应该突破科层制的思维禁锢，从基层属性中寻找治理良方。④

综上，本研究的基层治理是指：县政府、乡镇政府、村庄的权力运作过程。基层治理的目的在于追求公共利益最大化、实现国家的政治意志。基层治理的内容包括处理与他者的关系、选择治理方式、选择行为依据、选择治理工具等。基层治理的方式包括控制、引导、合作、协调、规范等。基层治理的要素包括组织体系及运行机制、治理主体及其关系、治理机制、治理资源、治理权威等。本研究的逻辑是指客观规律性，基层治理逻辑是指县政府、乡镇政府、村庄在权力运作过程中所呈现的客观规律。

---

① 陈家建、张琼文：《政策执行波动与基层治理问题》，《社会学研究》2015 年第 3 期。
② 欧阳静：《论基层运动型治理——兼与周雪光等商榷》，《开放时代》2014 年第 6 期。
③ 田雄、郑家昊：《被裹挟的国家：基层治理的行动逻辑与乡村自主——以黄江县"秸秆禁烧"事件为例》，《公共管理学报》2016 年第 2 期。
④ 吴新叶：《基层治理需要跨越科层制范式的藩篱——与王龙飞博士商榷》，《探索与争鸣》2016 年第 1 期。

四 研究的基本思路

本书聚焦一个问题：基层治理遵循怎样的逻辑？建构一个分析工具：科层理性与关系理性的分析工具。解读产业扶贫三个阶段中的基层治理逻辑：贫困村识别阶段、贫困村产业扶贫阶段及贫困村产业扶贫巩固阶段中的基层治理逻辑。得出五个主要结论：运动式治理也是贫困村产业扶贫的重要治理工具；贫困村产业扶贫的基层治理遵从形式合理；关系理性消解科层理性会引致结果合理失败，亦会引致结果合理的实现；贫困村产业扶贫中的基层治理逻辑与关系理性不完全契合；价值型关系理性互嵌于工具型关系理性。

五 资料来源与研究方法

（一）研究的资料来源

1. 历史文献来源

第一，馆藏文献资料。学校图书馆和学院阅览室藏有百万册图书、数百种期刊，39个中文数据库，46个外文数据库，这些资料囊括了公共管理及相关学科的前沿理论，囊括了有关产业扶贫的研究成果，包含部分国家及各地产业扶贫的实践资料。这些资料对笔者把握本研究的最新动态、形成问题意识、建构恰适性的分析工具等，均十分有益。

第二，地方政府提供的文献资料。书籍类材料：领导讲话资料汇编、专家讲座资料汇编、调研报告资料汇编、创新社会扶贫机制的资料汇编、贫困人口转移就业创业脱贫的资料汇编、生态扶贫机制的资料汇编、扶贫开发机制的资料汇编等。政策类文件：国务院扶贫办的相关政策、M省扶贫办及其他职能部门的相关政策、M市扶贫办及其他职能部门的相关政策、M市下辖县（区）扶贫办及其他职能部门的工作规划、扶贫方案等。工作总结类材料：M市扶贫办及其他职能部门关于精准扶贫的工作总结、M市下辖县（区）扶贫办及其他职能部门关于精准扶贫的工作总结、乡镇政府关于精准扶贫的工作总结、帮扶单位关于精准扶贫的工作总结、村庄关于精准扶贫的工作总结、驻村工作队和第一书记关于精准扶贫的工作总结等。案例类材料：结对帮扶模式的典型案例、入股分红模式的典型案例、基地托养模式的典型案例、资金互助模式的典型案例、资产盘活模式的典型案例、创业培育模式的典型案例、订单带动模式的典型案例、搬迁改造模式的典型案例等。其他材料：M省扶贫工作历程、M市扶贫工作历程、M市产业扶贫工作历程、M市下辖各县（区）扶贫改革研究课题的结题报告以及各乡镇政府的子报告等。

2. 实证资料来源

（1）调研过程

2016年7月10—25日，依托"陵川县产业扶贫绩效评估"项目，在山西省陵川县（贫困县）开展调研；2017年7月10—8月1日，依托2017年6月获得的学校博士生服务团项目，在湖北省罗田县（贫困县）开展调研，并完成《贫困村识别的地方性实践调研报告》；2017年9月18—23日，依托"东部扶贫改革试验区扶贫绩效评估"项目，在广东省清远市（国家扶贫改革试验区）开展调研，并完成《清远市扶贫改革试验区扶贫绩效评估调研报告》；2017年9月23—28日，依托"东部扶贫改革试验区扶贫绩效评估"项目，在福建省三明市（国家扶贫改革试验区）开展调研；2017年11月8—15日，依托"M市贫困县退出第三方独立评估"项目，在M省M市开展调研，并完成《阳县扶贫绩效评估报告》；2017年11月18—23日，依托"信州区扶贫攻坚效果三方评估"项目，在江西省信州区（非贫困县）开展调研，并完成《信州区脱贫攻坚评估报告》；2017年12月11—21日，经导师介绍，在江西省余干县（贫困县）进行调研。

为深入探究贫困村产业扶贫的治理逻辑，笔者打算回到M市再次调研。依托2017年11月获得的"华中师范大学优秀博士学位论文培育项目"以及2017年12月底获得的"清华农村研究博士论文奖学金项目",于2018年1月7—25日,第二次在M市进行调研。2018年3月,M市扶贫办着手筹划9月份的扶贫工作现场会,为充实会议资料,M市扶贫办委托笔者总结全市的产业扶贫模式。依托产业扶贫模式总结工作,于2018年5月8—21日在M市进行第三次调研,于2018年7月21—8月11日在M省M市进行第四次调研,并于2018年11月5—9日在M市进行补充调研。

(2)访谈资料

针对市扶贫办工作人员、县(区)扶贫办工作人员,所获访谈材料主要为:贫困村指标的分配办法、贫困村的扶持措施、产业扶贫规划、产业扶贫的成效及下一步的规划、产业扶贫的主要模式、产业扶贫的困境、扶贫资金使用情况、贫困村产业扶贫奖励项目的治理情况等。针对县(区)农业局工作人员,所获访谈材料主要为:农业局规划与扶贫办规划的结合问题、"一村一品"的进展、农业产业园的打造情况、农业现代化的进展、全县(区)的基础设施建设情况等。针对县(区)财政局工作人员,所获访谈材料主要为:扶贫资金的使用情况、扶贫小额贷款的使用情况、《M市精准扶贫开发资金筹集和使用监管细则》和《M市精准扶贫开发项目审批和资金拨付管理办法》的实际约束力、资产收益型扶贫模式的绩效等。针对乡镇工作人员,所获访谈材料主要为:贫困村指标的分配办法、贫困村的出列情况及下一步的规划、贫困村的扶持措施、贫困户的脱贫情况及下一步规划、产业扶贫规划、产业扶贫示范村和示范片的推进情况、产业扶贫的创新模式、产业扶贫的难点、扶贫产业上马或打造的逻辑、项目审批的逻辑、防控产业风险的办法、对乡镇在产业扶贫中的地位和作用的认识、如何激励村干部等。针对帮扶单位,所获访谈材料主要为:确定驻村工作队人选的依据、对贫困村的帮扶措施、结对帮扶工作中的难点。针对驻村工作队、第一书记、村干部,所获访谈材料主要为:获得贫困村指标的主要因素、贫困村出列的难点、贫困户脱贫的难点、"懒户"问题如何解决、贫困户的脱贫主体性如何、贫困户参与产业扶贫的困境、贫困村扶贫产业的总体情况、上马扶贫产业的考虑、选择性重点打造产业的逻辑、对关系理性相关维度的看法、扶贫产业当前的困境、利益联结机制的建构情况、长效扶贫机制的建构情况、如何处理与扶贫产业实施主体的关系、对扶贫干部在产业扶贫中的地位和作用的认识等。针对农户（包括贫困户和非贫困户），所获访谈材料主要为：村庄获得贫困村指标的影响因素、获得了哪些帮扶、对国家政策的满意度、对扶贫产业的满意度、对村干部的满意度、对驻村工作队的满意度、对第一书记的满意度、参与扶贫产业的情况、对长效脱贫的信心、对国家扶贫工作的诉求等。

（3）案例来源

基于中部地区精准扶贫政策以及脱贫进度的一致性，以中部地区为范围则实现了案例研究的"类型化"。鉴于 M 市精准扶贫政策与脱贫进度在中部地区中的"典型性"，以 M 市为例，采用个案到一般结论的归纳推理形式[①]，实现了分析性的扩大化推理的效果。综上，本书认为，通过解读 M 市贫困村产业扶贫中的基层治理逻辑，可推理出适用于中部地区基层治理逻辑的一般性结论。第一，中部地区有关规模、识别、脱贫的标准基本一致。其一，规模控制标准基本一致。中部地区均以"国家统计局发布的 2013 年底全国农村贫困人口规模 8249 万人为基数"为标准确定贫困户的规模，均以"行政村总数的 20%"为标准确定贫困村的规模。其二，识别标准基本一致。中部地区均以"2013 年农民人均纯收入 2736 元"的标准识别贫困户，均以"贫困发生率比全省贫困发生率高一倍以上，2013 年全村农民人均纯收入低于全省平均水平 60%，无

---

① 王宁：《代表性还是典型性？——个案的属性与个案研究方法的逻辑基础》，《社会学研究》2002 年第 5 期。

集体经济收入"的标准识别贫困村。其三，脱贫标准基本一致。中部地区均采取"有稳定收入来源，人均可支配收入稳定超过国家扶贫标准，实现'两不愁、三保障'"的贫困户脱贫标准，均采取"有一项确保村集体经济年均收入5万元的扶贫产业，综合贫困发生率低于2%"的贫困村脱贫标准。第二，中部地区对扶贫产业的要求基本一致。扶贫产业应确保村集体经济年均收入5万元以上，扶贫产业与贫困户建立稳定的利益联结机制，激发贫困户的脱贫自主性，确保贫困户有稳定的收入。第三，中部地区的扶贫工作进展基本一致。2014年6月份，中部地区基本完成贫困识别工作；2015年3月份，中部地区绝大多数驻村干部入驻村庄，随后，中部地区全面开展产业扶贫；2018年底，中部地区已实现绝大多数贫困户脱贫以及绝大多数贫困村出列；2019—2020年，中部地区一方面要巩固现有脱贫成效，确保脱贫的长效性，另一方面要向深度贫困地区挺进，确保脱贫攻坚的全面胜利，还要探究精准脱贫与乡村振兴的衔接机制，促进农民生活富裕，促进村庄产业兴旺。因此，本书以大别山腹地的M市为例，解读中部地区贫困村产业扶贫中的基层治理逻辑。

  M市为大别山腹地的地级市，其下辖2个区、8个县。本书所涉案例主要来自M市的5个县2个区、23个乡镇、56个村庄。其中，以阳县（贫困县）、信区、英县的案例为主。阳县所涉乡镇为：杨镇、岭镇、江镇、拱镇、英镇、秤乡、莲镇、城镇、埠镇、杜镇。杨镇所涉村庄为：江村、英村、坝村、岩村、田村、坑村、屯村、长村、马村、上村、宫村、毛村、塆村、桥村、龙村、荣村、联村、廊村、雷村、徐村、水村。岭镇所涉村庄为：建村、芦村、岗村、边村。江镇所涉村庄为：铅村、塘村、青村。拱镇所涉村庄为：隔村、平村、拱村、连村、犁村。英镇所涉村庄为：坪村、树村、麻村。杜镇所涉村庄为：溪村、米村。城镇所涉村庄为：元村、塘村。信区所涉乡镇为：坑镇、塘镇、平镇。坑镇所涉村庄为：安村、布村、葵村、枫村、陂村。英县所涉乡镇为：西镇、龙镇。西镇所涉村庄为：赤村、花村。龙镇所涉村庄为：金村、荷村、寨村。州县所涉乡镇为：坪镇、板镇、岸镇、坡镇。其中，岸镇所涉村庄为：冲村、溪村、栏村。南县所涉乡镇为岗镇，所涉村庄为岗镇的涂村和坦村。岗县所涉乡镇为寨镇和香镇。清区所涉乡镇为云镇，所涉村庄为云镇的云村。

（二）研究的主要方法

1. 文献研究法

通过对国内外文献的梳理：明确了本书的学术价值，即解决了"为什么"的问题；发现当前学界有关基层治理逻辑研究结论呈零散状，故而建构了基层治理逻辑的分析工具，即解决了"怎么办"的问题；发现当前研究并未实现基层治理逻辑的系统性解读，故而确定了本书要解决的问题，即解决了"做什么"的问题。

2. 案例研究法

采用半结构式访谈的方式，对市扶贫办工作人员、县（区）扶贫办工作人员、县（区）农业局工作人员、县（区）财政局工作人员、乡镇工作人员、帮扶单位负责人、驻村工作队、第一书记、村干部、扶贫产业工作人员、贫困户、非贫困户进行了深入访谈。访谈内容包括贫困村识别的相关问题、贫困村产业扶贫的相关问题、贫困村产业扶贫巩固的相关问题。半结构式访谈材料、电话回访所获材料、作者在实地的直观感受、M 市提供的相关材料等共同构成案例素材。

案例研究法有两方面的优势：一方面，便于同被访者建立信任关系，从而确保本研究所获调研资料的真实性和完整性；另一方面，通过面对面的沟通，便于直观感受被访者的态度、情绪、价值判断，从而确保本研究对被访者行为逻辑的全方位把握。

基于个案样本数的有限性，案例研究常常面临着研究结论代表性与普遍性方面的质疑。因此，不少研究试图"走出个案"，[①] 例如，费孝通先生的"类型比较法"、格尔茨的"深描说"、布洛维的"扩展个案法"。然而，由于"他们对部分和整体的关系持实体论认知"，因此，此三个学者的理论仅仅实现了理论层面的超越，却未实现事实层面的超越。值得注意的是，案例本身存在"异质性"的特点，通过案例研究虽然难以实现对"实体性整体"的认知，但却可以获得"关系性整体"的知识[②]。也就是说，案例研究秉持非实体论的价值导向，认为个案和整体是某种关系性的存在，如此，异质性问题便不复存在。

上述与本书的研究方法的价值取向具有一致性。现实本质上是一种关系性的存在，关系具有本体论意义上的地位。从关系本体论的角度去解构行动者的行为逻辑，将关系视角延伸至具体案例的研究方法之中，正是案例研究方法的价值所在。因此，证实或者证伪理论并非案例研究价值所在，案例研究的价值在于理清理论在理论与现实之间发挥作用的约束性条件，进而进行理论创新，这也正是本研究的诉求。

六　研究的创新点

（一）分析工具的创新

前述的研究综述已表明，现存研究成果中缺失系统性解读基层治理逻辑的分析工具。正因为此，当前有关基层治理逻辑的研究成果呈零散状，有关基层治理逻辑的研究结论零散地分布于不同的研究中，却未有研究完成对基层治理逻辑的系统性解读。为系统性解读基层治理的逻辑并获得一般性结论，本书建构了基层治理逻辑的

[①] 卢巧临、李雪：《如何走出个案——从个案研究到扩展个案研究》，《中国社会科学》2007年第1期。

[②] 王富伟：《个案研究的意义和限度——基于知识的增长》，《社会学研究》2012年第5期。

分析工具。首先，以现有有关科层制的价值取向和逻辑起点的成果为基础，建构了科层理性的概念，并将科层理性分解为科层制治理工具唯一性、形式合理、结果合理三个维度。其次，根据中国文化"关系"属性及其对基层治理的"映射"，建构了关系理性的概念，又根据韦伯对社会行动的分类，进一步将关系理性分解为价值型关系理性和工具型关系理性，同时将约同于韦伯传统式行动的"惯习"维度纳入价值型关系理性范畴。根据现有研究得出的价值理性重在优化共在关系的结论，进一步将价值型关系理性分解为"惯习"、面向上的价值型关系理性、面向下的价值型关系理性三个维度。综合现有研究得出的工具理性重在获取最大可及利益的结论，进一步将工具型关系理性分解为"规避风险""完成任务""政绩"三个维度。

本书构建的分析工具，弥补了当前研究中基层治理逻辑分析工具的缺失，有利于充实理论研究的工具库，有利于系统性解读经验材料，有利于基层治理逻辑结论的科学性。因此，基层治理逻辑分析工具的构建是本研究的第一个创新点。

（二）研究观点的创新

第一，本书探究了科层理性与关系理性的序列。其一，关系理性并非完全消解科层理性，关系理性消解科层理性以形式合理为行动边界，即形式合理优先于关系理性。前已述及，现有研究表明，关系理性可消解科层理性。然而，利用分析工具解读经验材料后，本书得出了相异的结论。即，形式合理优先于关系理性，关系理性并未完全消解科层理性，关系理性消解科层理性以形式合理为行动边界，关系理性仅在治理工具唯一性和结果合理两个维度消解了科层理性。其二，关系理性消解科层理性可能引致结果合理的实现。前已述及，现有研究表明，关系理性消解科层理性将引致结果合理的失败。然而，利用分析工具解读经验材料后，本书得出了相异的结论。即，关系理性消解科层理性会引致结果合理的失败，亦会引致结果合理的实现。

　　第二，本书探究了关系理性内的基层治理逻辑。其一，基层治理逻辑与关系理性并不完全契合，基层治理逻辑包含于关系理性的六个维度中。前已述及，现有研究表明，基层治理已呈现出关系理性中的六个维度。然而，利用分析工具解读经验材料后，本研究得出了相异的结论。即，基层治理逻辑与关系理性并不完全契合，有些场域中的基层治理逻辑存在分析维度的缺失，基层治理逻辑包含于关系理性的六个维度中，关系理性的分析维度完全覆盖了基层治理逻辑。其二，基层治理在不同政策阶段遵循不同的逻辑，同一治理主体在不同政策阶段遵循不同的治理逻辑。对于该结论，现有研究提供了相关的案例材料，却鲜有研究系统性地探究该规律。其三，价值型关系理性互嵌于工具型关系理性。具体是指，在关系理性分析维度中，"规避风险"居于首位，面向上的价值型关系理性优先于面向下的价值型关系理性，其他三个分析维度可能呈现出相反、相同、交叉的序列。对于该结论，前已述及，现存研究仅零散地探究了基层治理逻辑所遵循的关系理性的维度，却并未进一步探究关系理性中各分析维度的序列。

第一章

基层治理逻辑分析工具建构

借助理论来解读实证材料，便于我们透过复杂的现象把握问题的本质和探究一般性规律，亦有助于我们对理论进行验证和完善。基层治理既受制于正式制度，亦在传统文化的导向下发生异化。即，基层治理的实然过程充斥着正式制度制约与传统文化引导的对抗。"关系"是中国传统文化的本质属性，也是中国社会结构的决定性因素，个体在社会关系网络中的位置才是其根本价值所在。基层治理主体亦是社会关系网络中的个体，其在中国关系文化的长期熏陶下，形成与中国文化相适应的行为策略，其既追求共在关系的优化，亦追求可及利益的最大化。因此，本书建构了科层理性与关系理性的分析工具。科层理性分析维度的建构，旨在解读正式制度规制下的基层治理，关系理性分析维度的建构，旨在解读悬浮于正式制度之外的基层治理。分析工具的建构，有利于系统地解读贫困村产业扶贫三个阶段中的基层治理逻辑，有利于把握贫困村产业扶贫三个阶段中基层治理逻辑的异同并归纳出一般性逻辑。

一 科层理性分析维度的建构

结合已有研究成果，根据科层制产生的理论基础、科层制的理性模式、科层制的基本预设、科层制的价值导向、科层制组织建构和组织运行的理性规则、科层制对基层治理的要求，本书建构了科层理性分析维度，并将科层理性分解为科层制治理工具的唯一性、形式合理、结果合理三个维度。

（一）治理工具的唯一性

1. 科层制的理论定型

第一，科层制的理论基础。19世纪末，国家政治体制因科技与经济的进步而发生变化，行政机构日渐庞大、运行效率日渐衰微。技术治理工具在经济领域的应用体现为制度主义和新制度的形成，其对政治领域的渗透则体现为科层制的出现。泰勒等以车间管理为研究对象的早期组织理论家，注重企业组织的管理模式和运行绩效。20世纪上半叶出现了一种更宏观的知识体系，它把车间管理的理论应用于高层组织的行政管理中，使得组织管理理论更具一般性①，其中，以法约尔《工业管理与一般管理》的组织管理十四条原则为代表。古利克、厄威克等管理学家继承了法约尔的组织管理原则，并与法约尔一起推动了行政管理组织原则的建构，为韦伯的科层制奠定了研究基础。另外，英国学者马丁·阿尔布罗认为，德国的公共行政理论是韦伯科层制的重要理论来源。例如，他认为，韦伯对合议制行政的论述以及把效率纳入行政体制的论述，就是早期德国公共行政的研究内容。② 德国经济社会史学者古斯塔夫·冯·施莫勒、著名的意大利政治理论家加埃塔诺·莫斯卡关于行政组织的研究成果亦为韦伯的科层制理论奠定了基础，所不同的是，韦伯赋予了科层制以中性化的属性③。

第二，科层制的理性模式。韦伯在分析比较了三种权威模式后，建构出以理性为基础的科层制。第一种为传统基础上的权威，

---

① 参见陆江兵《非人的"人"：从"组织图"到科层制——论M.韦伯科层制模式对人性的背离》，《学海》2005年第2期。
② [英]马丁·阿尔布罗：《官僚制》，阎布克译，知识出版社1990年版，第125页。
③ 谭融：《马克斯·韦伯"官僚制"理论探析》，《武汉大学学报》（哲学社会科学版）2013年第6期。

即传统型权威，它的合法性建立在追随者对传统、经验、惯习的坚定信仰的基础上。在该模式中，追随者服从的是传统或者因传统而位居权威地位的个人，因此，权威者也受到传统的严格约束，权威者依靠追随者的自愿而非强制手段来确保政令畅通，并依据先例、惯习等传统文献形成合法性决策。第二种为超凡魅力基础上的权威，即超凡魅力型权威，它的合法性建立在追随者对权威者的英雄崇拜、信仰依赖的基础上。在该模式中，追随者出于激情、绝望、希望而对超凡品质拥有者产生绝对忠诚，领袖根据成员的超凡魅力资质安排职位，并随时根据追随者的超凡魅力资格而发出政令，领袖与追随者之间是一种依靠自愿捐赠为生的共产主义关系，领袖的行为不受规则约束，司法裁判过程亦不以理性为取向，决策根据实际需要具体而定。第三种为理性基础上的权威，即合法型权威，它的合法性建立在成员对既定规则合法性信仰的基础上。在该模式中，组织成员服从的非人格化的秩序和规则，秩序和规则具有普遍性和稳定性，通过受规制的持续的行政行为、分离政策制定者和执行者、等级化制度、完全理性化来确保政令效果，权威者依据非人格化的规则做出决策，权威者有特定的权限范围，任职者不占有职位，书面形式保留下来的决议和规则亦具有合法性[①]。通过前述比较，韦伯认为，在以上三种权威模式中，传统型权威因以保存传统为首任，故而组织效率最差，超凡魅力型权威依靠情感维系组织运行，组织缺乏理性且稳定性差，以理性为基础、以法律制度为保障的法理型的科层制才是行政体制运行的理想模式。

第三，科层制的基本预设。韦伯科层制这一行政体制理想模型的有效运行建立在三大假设的前提下。完全理性人假设认为，专职人员以公共利益为个人行动的诉求，以组织规章制度为个人行动的依据。在基层治理过程中，专职人员如机器一般不偏不倚地行动，

---

① [德]马克斯·韦伯：《经济与社会》（第一卷），阎克文译，上海人民出版社2010年版，第318—386页。

以确保组织行为的预期性并保障科层体制的组织效率和稳定性。中立人假设亦可理解为非人格化,其意为,在基层治理过程中,专职人员完全对组织忠诚,能够摒弃私人感情、压制主观偏好,不折不扣地完成组织目标,最终实现科层制组织效率最大化。一元制权力配置假设意为,科层体制是专职人员权力合法性的唯一来源,专职人员完全遵从科层制为其设定的权力义务边界,一元制的权力配置可确保政令下达效率、各部门的合作效率以及下级的政策执行效率,最终,提升整个科层制的运行效率①。

2. 科层制的价值取向

科层制遵从"效率"的价值取向。在社会治理的价值取向上,韦伯倾向效率优先。韦伯认为,随着理性主义的崛起以及无孔不入地扩展到各个社会领域,个人的自由已经不可避免地退居二线。官僚制是对公平、自主性、多样性等价值的摧毁,因此,韦伯也意识到,面对官僚制的不可避免性,当务之急是如何保留一些个人的自由空间。然而,面对无法阻挡的时代洪潮,韦伯最终还是接受了社会治理的首要价值在于效率这一客观事实②。靳雯以基层政府完成扶贫任务为例解读科层制的效率导向:基层政府在政策执行中以"耗时短、见效快"为宗旨,力求在短期内完成任务。③ 方菲、吴志华以基层政府的帮扶方式为例解读科层制的效率导向:基层政府通过"保姆式"的方式包办了精准脱贫的所有工作,并通过耗时短、见效快、可读性、可见性的物质帮扶的方式,力求尽快完成扶贫任务,通过上级的绩效考核。④ 余海洋以扶贫信息采集为例解读

---

① 张云昊:《规则、权力与行动:韦伯经典科层制模型的三大假设及其内在张力》,《上海行政学院学报》2011 年第 2 期。
② 焦玉良:《共同治理还是官僚治理——马克思和韦伯的社会治理思想比较》,《南通大学学报》(社会科学版) 2015 年第 6 期。
③ 靳雯:《精准扶贫中农户"争贫"行为分析》,《西北农林科技大学学报》(社会科学版) 2018 年第 6 期。
④ 方菲、吴志华:《双重脱嵌:精准扶贫政策的基层实践困境解析——基于湖北省 X 镇的调查》,《学习与实践》2019 年第 1 期。

科层制的效率导向：基层政府以事本主义为原则，忽视国家精准扶贫信息制度与贫困户对收支认知之间的矛盾，刻板地追求可计算性、可复制性、可判断性和可控制性。① 吴元元认为，食品安全治理实然为中国科层制"效率"价值的缺位而引发公众对国家权威的质疑。②

3. 科层制的理性规则

科层制组织建构的理性规则。第一，以理性规则建构科层制组织的内容。李辉认为以理性规则建构科层制组织的有效性应以压缩行政组织中个人魅力和传统观念的空间为前提。③ 于君博和李祖佩认为以理性规则建构的科层制组织应然为：以科层理性行政代替动员型治理体制、以治理方式的制度化、常规化确保组织的稳定性。④ 杨丽萍把以理性规则建构的科层制组织视为实现组织目标的"组织的理性"。该研究认为，在以理性为原则建构起来的行政组织中，个体面对强大的科层理性的压力，不能做任何自由的理性决定，一切个人的选择必须屈从于组织目标的要求。⑤ 成婧认为，以理性规则建构的科层制组织是改革开放以来中国经济迅速发展、分税制有效运行、项目制有序治理的根本原因。该研究认为，卡里斯玛权威伴随着领袖的消失必定逐渐褪去，魅力政治带来的高动员式政治激励也必然随之转型。⑥ 第二，以理性规则建构科层制组织的进展。王自亮、陈洁琼认为，中国公共行政组织缺乏韦伯式科层制的理性

---

① 余海洋：《精准扶贫信息法律制度再造》，《政治与法律》2019年第1期。
② 吴元元：《食品安全共治中的信任断裂与制度因应》，《现代法学》2016年第4期。
③ 李辉：《世俗主义与腐败——基于跨国数据的一项定量分析》，《经济社会体制比较》2013年第4期。
④ 于君博：《改革开放40年来中国行政体制改革的基本逻辑》，《经济社会体制比较》2018年第6期；李祖佩：《乡村治理领域中的"内卷化"问题省思》，《中国农村观察》2017年第6期。
⑤ 杨丽萍：《科层体制的功能与反功能》，《湖北大学学报》（哲学社会科学版）1999年第6期。
⑥ 成婧：《国家治理进程中激励机制的转型与建构》，《南京师大学报》（社会科学版）2017年第6期。

内核，中国亟须以理性价值取向作为现阶段的公共行政组织改革的方向，借此压缩非人格化的理性精神与中国传统人情文化的冲突。① 黄建洪认为，中国科层制的理性化建构尚未完成，政府公共权力大量裸露于仍较为人际化的市场资源配置之中，科层理性仍显不足，因此，转型期中国政府能力建设的重要主题之一便是强化制度建设、建构效能与民主的权威决策和行动系统。② 张冰认为，我国尚未完成科层制的理性化建构，当前，科层制仍然为科层理性包裹下延安模式的延续，例如，以党委（而非以职能部门）为中心的"平面化"管理以及以任务（而非以规则）为中心的层级指挥管理。该研究认为，既得利益群体往往会以最适合自己利益的方式组织国家机构，因此，我国科层制完成理性化转型的难度系数将越来越大。③

科层制组织运行的理性规则。殷浩栋、汪三贵、郭子豪认为韦伯对科层制所预设的理性规则主要包括专业分工、等级制度、法理制度、非人格化。④ 张云昊认为科层制组织运行的理性规则为：法理优先和事本主义的逻辑法则，金字塔型的结构特征，普遍主义的规章制度这几个理性规则。⑤ 马原认为科层制组织运行的理性规则为：恒定且统一的正式规则，公共决策的文本化。⑥ 周望认为科层制组织运行的理性规则为：完备的制度规范，程序合法、行为规范

---

① 王自亮、陈洁琼：《科层理性与人情社会的冲突与平衡》，《浙江学刊》2016年第6期。

② 黄建洪：《现代化进程中的政府能力发展：一般规律与中国选择》，《社会科学研究》2010年第4期。

③ 张冰：《科层困境与国家建设的中国出路——以延安时期党的一元化领导体制为中心》，《广东社会科学》2015年第1期。

④ 殷浩栋、汪三贵、郭子豪：《精准扶贫与基层治理理性——对于A省D县扶贫项目库建设的解构》，《社会学研究》2017年第6期。

⑤ 张云昊：《基层政府权力运行的双向逻辑及其效果分析——基于Y县的实证研究》，《华中科技大学学报》（社会科学版）2010年第2期。

⑥ 马原：《基层维稳实践中的"规范化"形态与非正式治理——以信访专项救助资金的运作实践为例》，《公共行政评论》2014年第6期。

的运作准则，组织结构运作、资源运用与操作方式的合法合理。①宋煜萍认为，科层制组织运行的理性规则应以专业分工为前提。该研究指出：应在强调现代科层理性和制度化建设的基础上，寻求二者的结合点。②与宋煜萍观点一致，蔡禾认为，科层制组织运行的理性规则应以公务员按照办事且不接受领导随意干扰为前提。该研究认为，中央权威与地方有效治理的矛盾削弱了科层制的有效性，例如，中央突破按部就班的科层来实现决策的效率和应急能力，削弱了科层制的法理制度，中央因维护威权的统一性而进行的观念教化，削弱了科层制的非人格化。③金太军、张健荣与前述二人的观点一致，认为科层制组织运行的理性规则应从治理"为官不为"切入，公务员应该以公共目标为导向，既要规避"权力不放手"现象，也要规避"履职不到位"现象。④

综前所述，科层制应以"效率"为价值取向，科层制应遵从理性规则进行组织建构，完成组织运行。因此，本书将科层制这一理性化的治理工具及其组织建构和运行的理性规则定义为科层理性的第一个维度，它包括三个方面的内容。第一，科层制以"效率"为价值导向。科层制是建立在"理性"基础上的行政体制的"理性类型"，"效率"是科层制这一治理工具的应然结果。第二，科层制遵从理性规则进行组织建构。它的内容为：以制度化的治理方式确保行政组织的规范性，以法制化的组织结构确保行政组织的稳定性，以个人目标服从组织目标的组织理性确保行政组织目标的可预见性。第三，科层制遵从理性规则完成组织运行。科层制组织运行的理性规则包括四点。一是，专业分工。专职人员获得专业化领域的专项训练是职能专业化的基础。在科层制中，专职人员通过考试

---

① 周望：《均衡性治理：当代中国国家治理的一个特定逻辑》，《天府新论》2013年第6期。
② 宋煜萍：《动态治理在中国：何以可能与如何可为》，《学术研究》2012年第12期。
③ 蔡禾：《国家治理的有效性与合法性——对周雪光、冯仕政二文的再思考》，《开放时代》2012年第2期。
④ 金太军、张健荣：《"为官不为"现象剖析及其规制》，《学习与探索》2016年第3期。

获得证书来证实自我的专业业务资格，科层制根据专业业务资格任命专职人员。职能专业化是专业分工的基础。专业分工是组织成员角色定位的基础，科层制按照理性原则把组织中的所有岗位划分为若干单元，再根据专职人员的业务资格进行任职。二是，等级制度。其一，权责明确。专职人员有确定的职务，该职务的职权、义务都被清晰界定。其二，科层体系中层级森严。科层制根据职位等级的不同，给予专职人员不同等次的经济报酬，因此也形成了以经济关系为基础的不对等的权利义务关系。其三，上下级互相监督。当管辖"权限"原则得到充分实现时，等级制的隶属关系不仅仅意味着上级有权接管下级的事务，下级亦可向上级提起诉讼。三是，规章制度。规章制度应遵循普遍规则的原则，其内容上应该大体是稳定的，并且应该是详尽无遗的，以至于专职人员可以从中找到所有的执法依据。明确的规章制度，确保专职人员行政行为有据可循，提升科层制的稳定性、可预期性、效率性，为确保义务得以履行而设定的强制手段亦最大限度减少组织内部的"共谋"或外部的寻租。①四是，非人格化。非人格化是现代科层制的显著特征。科层制根据个人的专业技术进行专业分工，以等级制度确定上下级的权责关系，以规章制度明确执法依据。科层制非人格化的特征，仅仅把人定位于"物"的性质，人在组织中的执法行为构成科层制大机器运转的局部，专职人员在执行公务时，应摒弃个人偏好，克制主观能动性，排除私人情感好恶，以国家公共意志为导向，以实现政策目标为目标，理性、客观地执行公共政策。②

（二）形式合理与结果合理

韦伯强调科层制的形式合理。韦伯的科层制是建立在"理性"

---

① 史普原：《科层为体、项目为用：一个中央项目运作的组织探讨》，《社会》2015 年第 5 期。
② ［美］彼得·布劳、马歇尔·梅耶：《现代社会中的科层制》，马戎、时宪民、邱泽奇译，学林出版社 2001 年版，第 35—37 页。

基础上的分析概念，其本质是"形式合理性""目的—手段理性"。在行政学的早期发展中，韦伯的突出贡献在于放弃了西方学者若干世纪以来普遍采用的以叙述制度的价值规范为主的研究方式，转而以合理主义价值立场和类型化比较研究与发生学因果分析相结合的"理想类型"的方法论。① 形式合理性，又称工具合理性，是指纯粹从技术上可以使科层制达到最高完善程度之上的合理的统治形式。韦伯认为，资本主义合理性的本质即为形式合理。资本主义所追求的经济性的内核即为形式合理，例如，货币运算是工厂资本核算的基础，精准的货币运算即是以形式合理为价值导向的管理制度。另外，官僚制不仅遵从形式合理的运行机制，官僚制本身也是形式合理的化身，迅速、专业、明确、等级、分工等，这些理念在官僚制的运行中均有体现。而结果合理性，则是建立在完全基于价值判断的基础之上，是对行动的目的和后果做出价值评价的一种主观合理性。因此，韦伯认为结果合理性总是不理性的，而科层制应然持续"理性"，它包括规则、目的、手段的理性以及非人格下的理性行为。②

现有研究认为，科层制既要实现形式合理亦要实现结果合理，科层制应融入价值判断，通过价值判断确保基层治理从形式合理走向结果合理。王浦劬、李锋认为，传统科层制度要求公务员按照组织科层理性原则而不是公共道德和价值行事，容易引发治理失效问题。③ 周望强调通过制度规范、行为规范、组织结构合法、操作方式合法来确保社会正义的实现。④ 马原认为，科层制应该通过形式

---

① 孔繁斌：《行政管理理性化的追求与困境——马克斯·韦伯的官僚制理论分析》，《南京大学学报》（哲学·人文·社会科学）1998 年第 1 期。
② 彭国甫、李春、刘期达：《基于完善科层制的县级政府管理体制创新》，《北京行政学院学报》2005 年第 2 期。
③ 王浦劬、李锋：《我国公务员信任公民的影响要素实证分析》，《中共中央党校学报》2016 年第 1 期。
④ 周望：《均衡性治理：当代中国国家治理的一个特定逻辑》，《天府新论》2013 年第 6 期。

合理确保结果的效率和公平，确保基层治理的可预见性。① 陈毅认为，科层制应该把社会矛盾冲突纳入法律制度的渠道来解决，以法律理性来规约人们的恣意妄为或想当然的臆断，尊崇法律权威，坚守从形式合理走向实体正义。② 郭景萍强调科层制的"功能理性"的重要性，该研究认为，科层理性是科层制对个人服从组织目标的功能角色所要求的理性，个人应通过对自我情感冲动的系统控制来适应组织的目标。③

现有研究阐释了科层制仅实现形式合理而未实现结果合理的治理积弊。一些研究阐释了科层制这一治理工具在定位政府与市场关系中仅实现形式合理而未实现结果合理的治理积弊。谢小芹研究发现，科层理性的强势性与社会多元主义相互冲突，将引发政策执行结果与扶贫初衷严重背离的后果。④ 汪锦军研究发现，政府的科层理性与社会的多元主义之间严重的分离，将导致政府政策和项目的灾难性后果。⑤ 周庆智认为，政府公权力应回归科层理性、退出资源配置领域，将功能限定在市场规则的确定上和维护市场秩序上，让市场发挥资源配置的决定性作用。⑥ 还有一些研究阐释了基层治理仅遵从科层理性的形式合理而忽视结果合理的治理积弊。杨艳文研究发现，街道办事处仅遵循科层理性，注重行政属性而忽视社会属性，强调汲取和渗透能力而忽视沟通和协调的建制，这将造成街道办事处失去群众认同合法性以及生存合法性被削弱的结果。⑦ 马

---

① 马原：《基层维稳实践中的"规范化"形态与非正式治理——以信访专项救助资金的运作实践为例》，《公共行政评论》2014 年第 6 期。

② 陈毅：《中国转型社会的国家治理有效性——基于国家自主性的视理治理》，《社会科学》2013 年第 1 期。

③ 郭景萍：《情感控制的社会学研究初探》，《社会学研究》2003 年第 4 期。

④ 谢小芹：《"双轨治理"："第一书记"扶贫制度的一种分析框架——基于广西圆村的田野调查》，《南京农业大学学报》（社会科学版）2017 年第 3 期。

⑤ 汪锦军：《合作治理的建构：政府与社会良性互动的生成机制》，《政治学研究》2015 年第 4 期。

⑥ 周庆智：《代理治理模式：一种统治类型的讨论——以基层政府治理体系为分析单位》，《北京行政学院学报》2016 年第 3 期。

⑦ 杨艳文：《街道治理的结构、动力及其逻辑》，《学术论坛》2013 年第 12 期。

原研究发现，基层政府对"信访专项救助资金"的治理遵从"情理高于规则"的逻辑与个案化解的处理原则，仅仅满足了科层理性在外形上的规范性特征，却无法保证类似案件处理结果的确定与公正。① 靳雯研究发现，基层政府的贫困治理受到科层理性的结构性因素制约，仅可确保在短期内完成扶贫任务，却无法满足稳定脱贫对农户主体性的要求。② 方菲、吴志华研究发现，基层政府遵循科层理性，注重物质帮扶而忽视精神帮扶的贫困治理方式，仅仅实现了科层理性对形式合理的要求，却未实现科层理性对贫困户精神脱贫这一结果合理的要求。③ 余海洋研究发现，基层政府遵循科层理性，注重贫困户信息采集的可计算性和可判断性而忽视了贫困户对收支知识的认知与国家精准扶贫信息制度的矛盾，仅仅实现了科层理性对形式合理的要求，却未实现科层理性对贫困户收支信息精准性这一结果合理的要求。④

综前所述，科层制的运行结果包括形式合理和结果合理两个分析维度，因此，从科层制运行结果出发，本书将形式合理定义为科层理性的第二个分析维度，将结果合理定义为科层理性的第三个分析维度。形式合理是指，基层治理要严格遵从可量化的、可检测的刚性约束，确保程序正义。结果合理是指，基层治理应以公共价值为导向，贯彻落实政策精神，切实实现政策目标，实现国家的政治意志，促进社会公平，确保治理结果正义。为确保基层治理的稳定性和可预见性，本书将形式合理视为结果合理的必要不充分前提，仅将同时符合形式合理和结果合理的治理结果视为基层治理实现了科层理性。对于既不符合形式合理亦不符合结果合理、符合形式合

---

① 马原：《基层信访治理中的"法治"话语冲突——基于华北 S 县的实证观察》，《环球法律评论》2018 年第 1 期。
② 靳雯：《精准扶贫中农户"争贫"行为分析》，《西北农林科技大学学报》（社会科学版）2018 年第 6 期。
③ 方菲、吴志华：《双重脱嵌：精准扶贫政策的基层实践困境解析——基于湖北省 X 镇的调查》，《学习与实践》2019 年第 1 期。
④ 余海洋：《精准扶贫信息法律制度再造》，《政治与法律》2019 年第 1 期。

理却不符合结果合理、不符合形式合理却符合结果合理这三类治理结果，本书均视为基层治理未实现科层理性。

笔者认为，科层理性是以"理性"为内核的理性化的分析工具。本迪克斯认为，建立在"理性"基础上的行政组织比传统型权威、超凡魅力型权威的运行更有效。[1] 施鲁赫特指出，在具体的现实事务中，科层理性的"理性"特征具备完全的"效率"。[2] 科层理性是行政体制的一个分析工具，它是行政体制的理想类型，是行政体制改革的终点。韦伯认为，建立在大量案例基础上的描述或个案基础上的分析，难以真正把握复杂社会的本质，而在某一价值预设下，建立在多种观点、多个案例分析基础上的抽象的分析概念，才能助益于把握复杂社会的本质。科层理性即是如此，它源于实践、超越实践，并有利于理解社会实践。正如化学反应中不存在绝对的纯净物一样，科层理性是行政体制的"乌托邦"，是行政体制改革的极限终点，因而可用于检视现行行政体制的瑕疵。"理想类型"不是为了提供对现象的细节描述而是提供一种分析工具，在这一点上，科层理性提供了一个有益的分析起点而非分析终点[3]。

二 关系理性分析维度的建构

结合已有研究成果，根据中国文化的"关系"属性、"关系"对基层治理的映射，本书建构了关系理性的分析维度。根据韦伯对社会行动的分类，将关系理性分解为价值型关系理性和工具型关系理性，并将"惯习"纳入价值型关系理性的维度。根据现有研究得出的关系理性旨在优化共在关系的结论，价值型关系理性又可继续

---

[1] Reinchard Bendix, *Max Weber: An Intellectional Portrait*, Doubleday & Company, Inc., 1960, p. 427.

[2] ［德］沃尔夫冈·施鲁赫特：《理性化与官僚化——对韦伯之研究与诠释》，顾忠华译，（台北）联经出版事业有限公司1986年版，第134—135页。

[3] 黄小勇：《韦伯理性官僚制范畴的再认识》，《清华大学学报》（哲学社会科学版）2002年第2期。

分解为面向上的价值型关系理性和面向下的价值型关系理性，根据现有研究得出的关系理性旨在追求最大可及利益的结论，工具型关系理性又可继续分解为"规避风险"、"完成任务"和"政绩"三个分析维度。

（一）中国文化的"关系"属性

1. 中国文化"关系"属性的发端

农耕民族自给自足、无事外求的生存状态，形塑了"天人相应"和"物我一体"的观念，[①] 因此，关系本体论文化是顺应自然的产物。"关系性""本体论""关系本体论"之类的术语，未曾出现在中国文化的相关表述中，但类似思想却弥漫于中国文化的主流共识中，并深具中国特色。早期的文化经典著作《周易》有云："是以立天之道，曰阴与阳"，[②] 其含蓄地表达了道在天地之先的本体论观点。《老子》中"有物混成，先天地生。寂兮寥兮，独立不改，周行而不殆，可以为天下母。吾不知其名，强字之曰道"[③] 的表述则继承了道的本体论的观点。甚至医学经典《黄帝内经》也有类似表述："阴阳者，天地之道也，万物之纲纪，变化之父母，生杀之本始，神明之府也。"[④] 上述"道"非实体而是关系，是阴阳和合转化的关系统一体，是中国文化"关系"属性的最初表述。秦亚青认为，"关系"是中国文化和社会关系的根本，是社会生活的本质内容，是一切社会活动的核心。儒家的政治哲学理念亦是以"关系"为基点，它认为，社会规范的价值在于调节社会关系，而社会和政治稳定的前提正是规范社会关系，因此，它通过划定各类关系界限来维护社会等级和政治秩序。中国传统的阴阳观视"关系"为中国人生活的全部内容，因此，将对"关系"的研究定位

[①] 钱穆：《中国文化史导论》，九州出版社2011年版，第2—3页。
[②] 余敦康：《周易现代解读》，华夏出版社2006年版，第370—371页。
[③] 沙少海、徐子宏译注：《老子全译》，贵州人民出版社1989年版，第46页。
[④] 崔为译注：《黄帝内经·素问》，黑龙江人民出版社2003年版，第26页。

为其研究的关键内容。① 赵汀阳从哲学研究的视角指出,儒家的在世哲学实然也应然是一种道本主义的关系本体论。儒家将社会秩序的希望寄托于"关系",甚至将"关系"视为治理现实问题的根本路径,在"关系"中,"共在关系"优先于"客观存在"。儒家的在世哲学认为,某人在未进入某种关系之前,其处于离场状态,只有与他人在事件中形成某种关联,其才具备了在场状态。选择一种关系即为选择某种共在关系,共在关系的形成是在世意义的必要前提。② 中国文化中的这种本体论共在关系假定决定了中国关系主义的基本分析单位是关系而非个体,个体必须置于关系框架中才能被准确定位和理解。③

2. 中国文化"关系"属性的解读

韦伯的"儒教与道教"视中国文化的"关系"属性为"特殊主义",其区别于清教伦理启发的西方现代性的"普遍主义",并支配着传统中国社会结构和社会秩序。"特殊主义"要求个体从伦理关系的视角确定其在不同人伦角色中的道德义务,并将与生俱来的恭顺关系转化到其他与此同构的关系上,将人紧紧固定在以对君、父、夫、兄(包括师)、友的义务为伦理约束的血缘共同体中。④ 此"特殊主义"映射于中国的政治、经济、社会领域,成为支配中国社会的全部规则。帕森斯的《社会行动的结构》继承了韦伯对中国文化"特殊主义"的属性定位。他认为,"特殊主义"的本质属性在于"私","私"强调根据关系亲疏决定主观态度,并

---

① 秦亚青:《关系本位与过程建构:将中国理念植入国际关系理论》,《中国社会科学》2009 年第 3 期。

② 赵汀阳:《共在存在论:人际与心际》,《哲学研究》2009 年第 8 期。

③ Y. F. Hoand and C. Y. Chiu, "Collective Representationsasa Metaconstruct: An Analysis Based on Meth-odological Relationalism ", *Culture and Psychology*, No. 3, 1998, pp. 349 – 369. D. Y. F. Ho., "Relational Orientation and Methodological Relationalism", *Bulletinof the Hong Kong Psychological Society*, Vol. 26, 1991, pp. 81–95.

④ [德] 马克斯·韦伯:《中国的宗教·宗教与世界》,康乐、简惠美译,广西师范大学出版社 2004 年版,第 489 页。

忽视个人关系之外的关系及连带责任或义务①，支持着整个中国的社会结构。梁漱溟的《中国文化要义》视中国文化的"关系"属性为"伦理本位"。"伦理本位"否定团体控制个人或个人争取自由，肯定人与人的伦理关系，意味着深沉的道德与情感，包含人生根本意义之解，关乎个人在团体中的根本价值，不仅包括我们日常生活中"人际关系"或"社会网络"的含义，还包括排名定位并指明相互间权利义务的含义。因此，梁先生对中国文化"伦理本位"的阐释偏重关系的价值属性。②费孝通的《乡土中国》视中国文化的"关系"属性为"差序格局"。他以西方的"团体格局"对比中国文化的"差序格局"。在"团体格局"中，个人类似于田地里的捆柴，单独的稻草结成把、把结成扎、扎结成捆、捆结成挑，每个人都属于一定的把、扎、捆、挑，每个人都可以找到同把、同扎、同捆、同挑，同把、同扎、同捆、同挑中的人平等地享有权利和义务，同个团体里面的人与团体的关系是相同的。"差序格局"就好像把一块石头丢在水面上所引起的一圈圈的波纹。个人类似于水波中心的石头，个人的社会关系类似于围绕在石头周围的水波，水波距离石头越近，社会关系和个人的亲密度越高，个人在不同的时间、地点、环境中启动不同的社会关系。费先生认为中西方社会关系差异源自初民生活状态的不同，"团体格局"产生于部落的游牧形态，"差序格局"产生于只有偶然才感觉伙伴重要的农耕文明。③中国文化的"关系"属性，决定了"社会关系"是一切社会生活的意义所在，是一切社群活动的纽带，是社会结构的决定性因素，是社会知识的核心和根本，这就决定了关系而非个体将成为中国社会关系的基本分析单位，个体必须被置于关系网络中方可被全面理解。

---

① ［美］塔尔科特·帕森斯：《社会行动的结构》，彭刚、张明德、夏翼南译，译林出版社2003年版，第644页。
② 梁漱溟：《中国文化要义》，香港三联书店1987年版，第257页。
③ 费孝通：《乡土中国》，上海世纪出版集团2007年版，第23—30页。

（二）"关系"对基层治理的映射

1. 基层治理"关系"属性的发端

基层治理的"关系"属性首次引起学界的普遍关注，是以1966年的"庇护主义"为起点的。中国共产党为中国带来了新的政治生态，其中，以科层制的发展为主要内容。在1966年之前，中国科层制的运作遵循常规性的运作机制，科层制内鲜有制度外行为。1966年，中国的科层制被政治策略的调整侵蚀，科层制的松动催生了人们在既有体制中寻求信任的关系。人们为了减少不确定性而依赖科层制组织中的"关系"，其中，党的基层组织在群众中构筑起社会关系网，建构了党组织与群众高度依赖的庇护体系，在党的基层组织之外，人们以实用性为原则构筑起另一套社会关系网。[①]

戴慕珍的《当代中国的国家与农民》揭示了人民公社时期基层干部与上级领导、基层干部与民众之间的"关系"的本质。该研究超越了正式制度与非正式关系的割裂格局，以庇护主义为视角解构了"关系"影响国家政策执行和政策结果的发生机制。该研究认为，用于补充或规避正式制度的策略性行为对政策的影响甚至比正式制度更甚，那些超越了正式制度的制度外行为在地方治理的场域中均有其合理性基础，这些制度外行为严重影响着国家政策走向和公共资源分配格局。一方面，基层干部与上级官员之间存在庇护关系。为解决农业收成有限性和各方诉求无限性之间的矛盾，生产队干部通过策略性地减少对国家的上缴配额从而实现截留，如此，既完成了国家的任务，又缓和了各方的矛盾，上级官员通过为生产队干部提供活动空间的方式，实现其维护生产队干部忠诚度的诉求。另一方面，基层干部与民众之间存在庇护关系。民众利用"关系"

---

① Parish, William L., "Factions in Chinese Military Politics", *The China Quaterly*, No.10, 1973, p.56.

影响生产队干部对物质、机会的分配方式,生产队干部通过维护"关系"实现其对政治忠诚度和政治声望的诉求。戴慕珍认为,庇护主义的根本原因在于社会主义政治经济制度与社会资源的匮乏,庇护主义生成的根本机制在于单一政党及其地方代理人掌控着全部重要资源与机会的分配。①

魏昂德以"新传统主义"解构了中华人民共和国成立初期中国城市单位中"关系"的本质。制度性依附结构和工厂的制度文化是"新传统主义"的基本内容。其中,制度性依附结构是指,基于国家政治与经济体制的特殊性,即消费品供不应求和工作单位对个人的重要性,工人依附于企业以实现经济诉求,工人依附于党政领导以实现政治诉求,工人依附于车间领导以实现社会关系的诉求。其中,工厂的制度文化包括领导和下属的关系、工人之间的关系,其本质是上下间施恩回报的关系网络。最终,在"关系"的影响下,在物质、收入、提升机会等分配中存在着一种"制度性的特殊主义"。②

2. 基层治理"关系"属性的解读

现有有关基层治理"关系"属性不同表述的研究。黄宗智将清代地方治理中官民对立的情形称为"半正式的基层行政"③。孙立平等把国家与乡村社会互动时的权力运作策略和技术称为"非正式运作"。④ 艾云则以计划生育的基层治理为例,阐释了基层政府的非正式组织行为对公共政策偏差的影响,艾先生称其为"非正式应对"。⑤ 尹利民通过阐释基层政府的信访治理逻辑,发现了基层政府

---

① Oi Jean C., "Communism and Clientelism: Rural Politics in China", *World Politics*, No. 2, 1985, p. 37.

② Walder Andrew G., *Communist Neo-traditionalism: Work and Authority in Chinese Industry*, University of California Press, Vol. 13, 1986, p. 46.

③ 黄宗智:《中国正义体系中的"政"与"法"》,《开放时代》2016 年第 6 期。

④ 孙立平、郭于华:《"软硬兼施":正式权力非正式运作的过程分析——华北 B 镇收粮的个案研究》,《清华社会学评论》(第二辑),鹭江出版社 2000 年版,第 103 页。

⑤ 艾云:《上下级政府间"考核检查"与"应对"过程的组织学分析——以 A 县"计划生育"年终考核为例》,《社会》2011 年第 3 期。

在信访治理过程中过于注重行为的策略性而忽略正式规则确定性作用的现象，他将科层体系中的人格性称为"逆科层化"。① 张云昊认为基层政府组织中科层理性与关系行为之间的竞争实质上为关系网络的效率诉求与正式制度的合法性诉求之间的矛盾。科层理性导向下形成的正式制度以社会公平与整体效益为价值导向，关系行为逻辑导向下的关系网络以个人或小团体利益为价值导向。他将以工具理性为导向的关系行为视为"过度关系化行为"，将该行为所形成的关系网络视为"过度关系化网络"，将此类行为和关系网络在组织中的表现形式视为"过度关系化现象"。② 崔晶认为基层公务员在政策执行时常常出现"非自主性理政"的状态，这主要表现为无功而返的执行、不得已的执行和无可奈何的有限执行行为。③ 丁轶以基层政府的信访治理为例，阐释了基层政府的"反科层制治理"机制，即，依托常规化的科层组织，但在运作机理和运行逻辑方面迥然对立于科层制原理的治理机制。④ 李有学将典型治理、运动治理与工作队治理视为国家"反科层治理"的三种基本治理机制，并认为其有效弥补了科层制的治理不足，成为执政党解决社会问题，实现国家意图的有效治理工具。⑤

现有有关基层治理"关系"属性下策略性行为的研究。庄垂生用"选择性的政策执行"来呈现基层治理的"关系"属性：受到自身作为政治家与行政官僚双重身份约束，基层政府在政策制定者与执行者之间、地方政府与劳动行政之间以及就业议题与劳动保护

---

① 尹利民：《逆科层化：软约束条件下基层政府的信访治理与组织运作——基于基层政府行为的组织学分析》，《学习与实践》2014年第5期。
② 张云昊：《基层政府权力运行的双向逻辑及其效果分析——基于Y县的实证研究》，《华中科技大学学报》（社会科学版）2010年第2期。
③ 崔晶：《城镇化进程中基层政府"非自主性理政"行为研究》，《华中师范大学学报》（社会科学版）2016年第5期。
④ 丁轶：《反科层制治理：国家治理的中国经验》，《学术界》2016年第11期。
⑤ 李有学：《反科层治理：机制、效用及其演变》，《河南大学学报》（社会科学版）2014年第1期。

之间进行选择性的政策执行。① 陶郁等用"张弛有别"来呈现基层治理的"关系"属性：高层特别重视的政令能在相当程度上下达基层，但乡、村两级治理机构往往更倾向于主动重视那些与本位利益直接相关的工作，并有选择地忽视那些上级重视程度不高、不易考核和难以直接带来本位利益的工作。② 陈家建等以"波动式执行"来呈现基层治理的"关系"属性：政策适用性低与执行压力变化是导致消极执行与运动式执行的根源，在政策适用性低的条件下，政策执行压力小，基层政府选择"消极执行"，政策执行压力大，基层政府选择"运动式执行"。③ 周雪光等提出上下级谈判模型来呈现基层治理的"关系"属性：面对委托方的"常规模式"与"动员模式"，代理方以"正式谈判"、"非正式谈判"和"准退出"应对，在委托方采纳动员模式的条件下，"准退出"是代理方的最佳应对策略，而在常规模式下，代理方的应对策略选择有着更大空间。④ 他还认为，在中国现行的行政体制中，"共谋"已经成为基层治理中被制度化了的非制度化行为，这一治理逻辑与现存的正式制度以及治理环境相契合，具有深厚的合法性基础。⑤ 吕方则以"申诉"来呈现基层治理的"关系"属性：在风险约束硬化的情境下，若地方政府通过"变通"或"共谋"规避风险的行为存在着现实的困难，则只能试图通过"申诉"，达到说服决策层变革治理目标并寻求软化风险约束的目的。⑥

现有有关基层治理"关系"属性归因的研究。张云昊以竞争目

---

① 庄垂生：《政策变通的理论：概念、问题与分析框架》，《理论探讨》2000年第6期。
② 陶郁、侯麟科、刘明兴：《张弛有别：上级控制力、下级自主性和农村基层政令执行》，《社会》2016年第5期。
③ 陈家建、边慧敏、邓湘树：《科层结构与政策执行》，《社会学研究》2013年第6期。
④ 周雪光、练宏：《政府内部上下级部门间谈判的一个分析模型——以环境政策实施为例》，《中国社会科学》2011年第5期。
⑤ 周雪光：《基层政府间的"共谋现象"——一个政府行为的制度逻辑》，《社会学研究》2008年第6期。
⑥ 吕方：《治理情境分析：风险约束下的地方政府行为——基于武陵市扶贫办"申诉"个案的研究》，《社会学研究》2013年第2期。

标差异命题、制度约束效力递减命题、成本比较命题来阐释基层治理"关系"属性的原因,① 倪星等认为政府财政汲取能力减弱和公民意识崛起导致基层政府行政逻辑从"邀功"到"避责"的调整,② 刘升认为科层结构中的信息不对称造成"街头官僚"的信息"搭便车"行为,③ 李金龙等认为政策执行主体由于自身的态度、素质和能力等原因造成了公共政策执行梗阻,④ 王惠娜认为基层政府的控制权与上级委托方的控制权的结构性矛盾使科层组织控制权发生分离,⑤ 林雪霏认为理性官僚制逻辑与政治承包责任制逻辑这两种逻辑间的内在冲突导致了基层政府在任务与资源之间的不匹配。⑥

(三)关系理性的基本内涵

1. 关系理性的基本内涵

综前所述,本书将关系理性界定为:中国文化的"关系"属性映射于基层治理场域而形成的,引发制度外的关系化的、人情化的行为依据。韦伯把社会行动分为四类:工具理性式、价值理性式、情绪式、传统式。工具理性式行为是指:通过对周围环境和他人客观行为的预期所决定的行动,这种期待被当作达到行动者本人所追求的和经过理性计算的目的的"条件"或"手段"。价值理性式行动是指:通过有意识地坚信某些特定行为(伦理的、审美的、宗教

---

① 张云昊:《基层政府运行中的"过度关系化现象"——一个政府行为的组织制度与关系网络的竞争逻辑》,《华南农业大学学报》(社会科学版)2010年第3期。

② 倪星、王锐:《从邀功到避责:基层政府官员行为变化研究》,《政治学研究》2017年第2期。

③ 刘升:《信息权力:理解基层政策执行扭曲的一个视角——以A市中街城管执法为例》,《华中农业大学学报》(社会科学版)2018年第2期。

④ 李金龙、杨洁:《基层精准扶贫政策执行梗阻的生成机制及其疏解之道》,《学习与实践》2018年第6期。

⑤ 王惠娜:《基层政府的控制权:对Q市环保大检查的个案研究》,《中国行政管理》2017年第1期。

⑥ 林雪霏:《扶贫场域内科层组织的制度弹性——基于广西L县扶贫实践的研究》,《公共管理学报》2014年第1期。

的或者其他任何形式)的自身价值,无关能否成功,纯由其信仰所决定的行动。① 情绪式行为是指:通过当下的情感和感觉所决定的行动。理性行为是本研究的前提,因此,情绪式行为不在本研究的研究范畴内。传统式行为是指通过根深蒂固的习惯所决定的行动,它接近布迪厄对"惯习"的定义,即,行动者以往结构性的实践活动长期积累内化为意识,并以此调动个人和群体的行为,使行动者产生各种"合乎理性"的常识性行为。② 因"由于和习惯的联系,行为可以在不同程度上被有意识地加以维持,此时,传统式行为接近于价值理性式行为",且理性行为是本研究的前提,故而,可将"惯习"纳入价值理性式行为的分析框架。综上,依据韦伯对社会行动的分类,基层治理可分为价值理性式行为和工具理性式行为,据此,关系理性可分解为价值型关系理性和工具型关系理性,且"惯习"为价值型关系理性的一个维度。

2. 价值型关系理性的基本内涵

当前有关价值型关系理性的研究认为,关系理性坚持明确的关系价值及实现手段,人们遵从关系理性旨在创造最优共在关系并改善自己所处的共在关系结构。刘兴盛从哲学的角度来阐释关系理性,他认为,所谓关系理性,是一种立足于自我与他者、个体与共同体的主体间关系来理解人的理性形态,它将自我与他者、个体与共同体的主体间关系确立为人生存发展的尺度和根据。③ 马光选等从认识论的角度阐释关系理性,他认为,关系理性是主体间客观关系有序性反应于人们头脑而形成的知识有序性,反之,关系理性应用于实践活动,理顺实践主体关系的过程被认为是关系理性化过程。④ 岳柏冰、李芊蕾和秦琴、郑震从共在关系的角度阐释关系理

---

① [德] 马克斯·韦伯:《经济行动与社会团体》,康乐、简惠美译,广西师范大学出版社 2011 年版,第 51—54 页。
② [法] 皮埃尔·布迪厄:《实践感》,蒋梓骅译,译林出版社 2003 年版,第 118—121 页。
③ 刘兴盛:《"关系理性"与人的解放》,《理论探索》2016 年第 5 期。
④ 马光选、刘强、李保林:《"亲密陷阱"与风险治理——基于关系理性范式的讨论》,《思想战线》2016 年第 2 期。

性。岳柏冰认为,"关系理性"是在保留"个体理性"积极效应的基础上,注重从关系维度来理解个体生存意义、存在依据和生活模式的理性①;李芊蕾和秦琴认为,在价值理性的驱使下,行动者首先在"关系序列"中定位"己",然后,按照具有"关系序列"特征的"礼"在这种"关系序列"中实现自己的利益,它要求行动者在行动过程中,始终不能像"经济人"那样只计算自己的利益,而是需要在"关系"中权衡利弊;②郑震认为,任何个体都是从社会关系中获得其存在的意义,没有人能够独立于关系之外而存在,非二元论的关系是最为真实的社会现象。③郑航从个体的社会认同角度阐释关系理性,他认为,基于个体的社会认同过程,儒家德育传统需要以社会个体为基点,指向"完整的人",需要认识和理解"关系",并在共同体建构中养成基于关系的品格,从而实现由关系主义向关系理性的超越。④贺来等以人类关系理性的逻辑来反窥自然,他认为,"关系理性"是一种冲破实体思维总体性和同一性,建立在"关系"基础上对人与世界关系的存在根据和整体意义展开理解的人类理性形式。⑤综前所述,本书将价值型关系理性定义为:基层在治理场域中长期形成的被其所在社会关系网络认同的"惯性"的、常识性的行为依据,以及在"关系"属性的行政文化浸染下形成的以优化共在关系为目标的行为依据。价值型关系理性以伦理来定位关系,其核心是强调个体之间的关系序列和差序格局原

---

① 岳柏冰:《关系理性:社会自主性生成的价值选择及其实现》,《安徽师范大学学报》(人文社会科学版)2017 年第 5 期。

② 李芊蕾、秦琴:《试论中国人的"关系理性"》,《中共浙江省委党校学报》2008 年第 3 期。

③ 郑震:《关系主义——以中国视角与西方社会学对话》,《社会科学》2018 年第 8 期。

④ 郑航:《儒家德育传统:由关系主义向关系理性的超越》,《华南师范大学学报》(社会科学版)2018 年第 1 期。

⑤ 贺来、冯珊:《以"关系理性"回应自然——当代生态文明建设前提性反思》,《理论探讨》2018 年第 2 期。

则的"伦理本位"。① 个体需先在关系序列中定位自己,然后遵循既定的行事规则开展合宜的行为。价值型关系理性下的行为模式并不符合西方经济学中假定的"理性人",个体并不追求利益最大化,而是在关系序列中做出选择。②

"惯习"为价值型关系理性的第一个维度,本书将其定义为:基层在治理场域中长期形成的被其所在社会关系网络认同的"惯性"的、常识性的行为依据。根据基层治理所要建构的共在关系的面向,价值型关系理性又可继续分解为面向上的价值型关系理性和面向下的价值型关系理性。面向上的价值型关系理性为价值型关系理性的第二个维度,本书将其定义为:在政治关系网络中,地位较低者以建构与地位较高者的关系为目标的行为依据。面向下的价值型关系理性为价值型关系理性的第三个维度,本书将其定义为:在政治关系网络中,地位较高者以维护与地位较低者关系为目标的行为依据。价值型关系理性通过主动地建构最优共在关系,既实现了对系统内既有的价值理念的维护,保证了既有系统的整体性,获得系统的认可,又改善了自己的关系处境,促进自己的可及利益最大化。在此,应注意区分面向下的价值型关系理性与"庇护"的区别。"庇护"的场域仅限于科层制内,"面向下的价值型关系理性"逻辑还包括科层制外的治理场域,比如,因在意家乡人民对自己的评价而改变治理策略。

3. 工具型关系理性的基本内涵

当前有关工具型关系理性的研究认为,关系理性在既定的关系框架内界定利益并确定实现方式,人们遵从工具型关系理性旨在实现共在关系框架中可及利益的最大化③。赵泉民等研究了后乡土时

---

① 梁漱溟:《中国文化要义》,三联书店1987年版,第257页;费孝通:《乡土中国》,上海世纪出版集团2007年版,第23—30页。
② 李芊蕾、秦琴:《试论中国人的"关系理性"》,《中共浙江省委党校学报》2008年第3期。
③ 高尚涛:《关系主义与中国学派》,《世界经济与政治》2010年第8期。

代中农民人际关系理性化的特点，并称其为"'自主性选择'人际关系"或"自主塑造人际关系"。① 赵汀阳将关系理性用于建立全球游戏规则，即，互相伤害最小化优先于各自利益最大化。② 李芊蕾等区分了工具型"关系理性"与价值型"关系理性"，认为在工具型"关系理性"的导向下，行动者并非从价值上认同这些"关系"，而是明确地将"关系"作为自身资源获取的手段，故而，"关系"的意涵也从狭窄的伦理关系扩展为一切对"己"有用的人与人之间的关系，在这样的行动中，手段和目标很明确，即通过非制度性的资源——"关系"，来获取既得利益，也就是说，行动者的行动是工具导向的。③ 综前所述，本书将工具型关系理性定义为：基层以个体可及利益最大化为目标、以政治关系和国家资源工具化为方式的行为依据。在工具型关系理性场域中，个体不再被动地接受"伦理本位"约束，而是主动建构社会关系，以改善个体在科层组织中的地位。工具型关系理性以个体利益最大化为行动理据，在工具型关系理性的导向下，个体不再被动地接受"伦理本位"规定的各种关系，而是主动建构对自己有用的关系，并将这种关系视为自身获取资源的手段。

结合上述分析及学界现存研究④，可将工具型关系理性分解为"规避风险"、"完成任务"和"政绩"三个维度。贝克提出"有组织的不负责任"的概念，用来描述一种制度性风险的存在。即，一些行动者在互动过程中制造了风险，但由于风险产生的原因与灾害之间的关联性非常复杂和隐蔽，致使这些行动者可以避免承担各自

---

① 赵泉民、井世洁：《"后乡土"时代人际关系理性化与农民合作的困境与出路》，《江西社会科学》2018 年第 3 期。

② 赵汀阳：《全球化之势：普遍技术和关系理性》，《探索与争鸣》2017 年第 3 期。

③ 李芊蕾、秦琴：《试论中国人的"关系理性"》，《中共浙江省委党校学报》2008 年第 3 期。

④ 为避免重复表述，工具理性的现有研究在后文有关基层治理逻辑与工具型关系理性契合性部分，有具体论述。

的责任。① 有鉴于此,"规避风险"为工具型关系理性的第一个维度,本书将其定义为:规避因未遵守程序、未完成任务、项目失败、治理失序而引发的上级问责以及最大收益失败后保底收益也同时落空的风险。其中,规避最优收益失败后保底收益也同时落空的风险是指,为防止收益落空,治理主体放弃对更高目标的争取,稳妥地选择保底收益。比如,风险共担型产业扶贫模式为高收益高风险模式,保底分红模式为低收益低风险模式,为避免一无所获,治理主体选择保底分红的产业扶贫模式。"完成任务"为工具型关系理性的第二个维度,本书将其定义为:达到上级政府要求的最低任务标准。"政绩"为工具型关系理性的第三个维度,本书将其定义为:当治理结果可量化比较时,做出比竞争者更优的成绩,当治理结果难以量化比较时,做出具有特色的、亮点的工作。"规避风险"与"完成任务"的关联性为:若未完成任务,则有可能面临被问责的风险。"政绩"与"完成任务"的关联性为:"完成任务"仅追求任务量的最低标准,"政绩"追求更好、更快、更有效地完成任务以及在完成任务基础上的区别性优势。"规避风险"与"政绩"的区别为:"规避风险"但求无过,"政绩"追求积极建功。

综前所述,基层治理逻辑可分为科层理性和关系理性两个维度,科层理性包括科层制治理工具的唯一性、形式合理、结果合理三个维度,关系理性可分解为价值型关系理性和工具型关系理性,价值型关系理性又包括"惯习"、面向上的价值型关系理性和面向下的价值型关系理性三个维度,工具型关系理性又包括"规避风险"、"完成任务"和"政绩"三个维度。基层治理逻辑的分析工具如图1—1所示。

---

① Beck Ulrich, *Risk Society: Towards a New Modernity*, London: Sage, 1992, p. 351.

```
基层治理逻辑 ┬ 科层理性 ┬ 科层制治理工具的唯一性
           │         ├ 形式合理
           │         └ 实质合理
           └ 关系理性 ┬ 价值型关系理性 ┬ 惯习
                    │              ├ 面向上的价值型关系理性
                    │              └ 面向下的价值型关系理性
                    └ 工具型关系理性 ┬ 规避风险
                                   ├ 完成任务
                                   └ 政绩
```

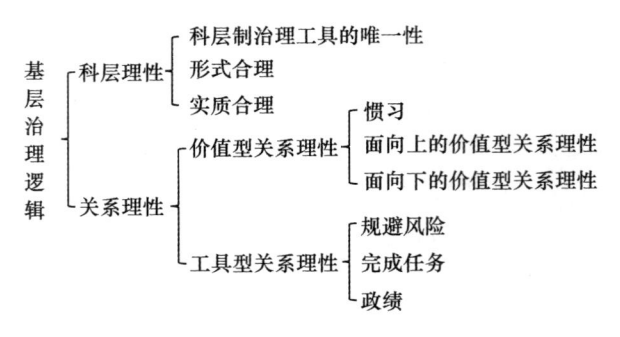

图1—1　基层治理逻辑分析工具

三　分析工具与本研究的恰适性

分析工具与研究问题的恰适性，是研究有效开展的基础。恰适性的分析工具，是有效解读经验材料的前提，是获得科学性的研究结论的前提。因此，有必要论证科层理性与关系理性分析工具与本研究的恰适性。

（一）科层理性分析维度的恰适性

第一，县域治理中大部分日常性分工明确的治理事务均通过科层制完成。其一，基层治理的专业分工。从机构设置的角度看，县政府以专业分工为标准设置了组织部、财政局、计生局、纪检局、信访局、安监局、民政局、国土局等部门，乡镇政府对应地设置了组织员办、财经办、计生办、纪检办、信访办、安监办、民政所、国土所等下属机构。从人员配置的角度看，公务员可分为综合管理类、行政执法类和专业技术类三大类型，每种类型的公务员都有专项的招录和管理办法。其二，基层治理的等级制度。县域范围内的等级制度主要包括三个方面：县政府、乡镇政府、村庄的等级关系，县各局对乡各所的归口管理，乡各所受县归口部门和乡镇政府的双重领导。其三，规章制度。各岗位有其明确的岗位权责和办事流程，不同部门及科室有履行职能的法定职权，职能部门按照规章制度调动本部门资源履行其法定职责，而不管职责之外的事情。其四，非人格化。基层治理的非人格化亦可称为法定主义、技术主义、去人性化、事本主义等，具体表现为自由裁量权的适用领域被压缩、办事流程规范化加强、检查问责力度逐年增强。由此可见，科层制治理工具是基层治理的主要工具。第二，基层治理应严格地以政策规定的组织目标、治理方式为行为理据，客观、公正、有效地完成政策执行任务，确保政策执行的程序正义。由此可见，形式合理可作为基层治理逻辑的分析维度。第三，基层治理应实现政策结果正义，具体包括：确保国家资源的效率，实现政策的公共价值，实现国家的公共意志，促进社会公平正义的建设进程，维护社会稳定和繁荣。由此可见，结果合理可作为基层治理逻辑的分析维度。

（二）关系理性分析维度的恰适性

价值型关系理性分析维度的恰适性。第一，"惯习"分析维度与基层治理的恰适性。张元昊认为，基层工作人员来自社会公众，基层工作人员的工作对象为社会公众，因此，基层政府治理难以摆脱中国传统文化中的"惯习"。[①] 殷浩栋等人研究发现，因基础设施项目容易通过上级的项目审核且基础设施完备是贫困地区脱贫的前提，基层政府形成将项目向基础设施倾斜的"惯习"。[②] 第二，面向上的价值型关系理性分析维度与基层治理的恰适性。李祖佩将面向上的价值型关系理性分为领导挂点、乡情回馈、工作检查三种方式。[③] 领导挂点是指村庄因领导挂扶而获得项目；乡情回馈是指村庄因是领导家乡而获得项目；工作检查是指村庄因领导专门指示

[①] 张云昊：《基层政府权力运行的双向逻辑及其效果分析——基于 Y 县的实证研究》，《华中科技大学学报》（社会科学版）2010 年第 2 期。

[②] 殷浩栋、汪三贵、郭子豪：《精准扶贫与基层治理理性——对于 A 省 D 县扶贫项目库建设的解构》，《社会学研究》2017 年第 6 期。

[③] 李祖佩：《项目制的基层解构及其研究拓展——基于某县涉农项目运作的实证分析》，《开放时代》2015 年第 2 期。

而获得项目。孙德超、曹志立研究发现,为建构与省领导的关系,县政府重点打造省领导挂扶的和省委办公厅帮扶的贫困村,县各重要的职能部门将大量的项目向两村所在乡镇倾斜。① 许汉泽、李小云研究发现,贫困村李村的脱贫绩效已非常显著,但是,为建构与县领导的关系,乡镇把整村推进的唯一指标分配给了李村。② 第三,面向下的价值型关系理性与基层治理的恰适性。杨亮承研究表明,为兼顾各乡镇的利益、维持各乡镇之间的平衡,县扶贫办按照"利益均沾"的原则将贫困村指标分配至各乡镇,即,各乡镇多少都会分得一定的贫困村指标。③ 原贺贺研究表明,乡镇出于对村庄平衡、忠诚度、积极性的保护,优先将贫困指标分配给连续几年未享受优惠、对乡镇工作配合度高、工作积极性高的村庄。④ 综上,价值型关系理性分析维度与基层治理具有恰适性。

工具型关系理性分析维度的恰适性。第一,"规避风险"分析维度与基层治理的恰适性。贺雪峰等分析了农业税取消后基层政权行为逻辑的新变化,他称乡村基层政权运转遵循的"风险规避"为"不出事"逻辑,其核心表现为消极和不作为。⑤ 周晓露等以基层政府在藏区纠纷调解中的"摆平"策略来阐释"规避风险"导向。⑥ 倪星等以基层政府的"避责"行为来阐释"规避风险"导向。他们认为,风险规避者并不是指一个人在本质上追求确定性和安全感而对风险产生厌恶,而是指其做出风险决策时,相对于一个

---

① 孙德超、曹志立:《产业精准扶贫中的基层实践:策略选择与双重约束——基于A县的考察》,《社会科学》2018年第12期。
② 许汉泽、李小云:《精准扶贫背景下农村产业扶贫的实践困境——对华北李村产业扶贫项目的考察》,《西北农林科技大学学报》(社会科学版)2017年第1期。
③ 杨亮承:《扶贫治理的实践逻辑——场域视角下扶贫资源的传递与分配》,中国农业大学博士学位论文,2016年,第82页。
④ 原贺贺:《贫困村识别的基层实践逻辑解构——以湖北J县为例》,《西北农林科技大学学报》(社会科学版)2018年第2期。
⑤ 贺雪峰、刘岳:《基层治理中的"不出事逻辑"》,《学术研究》2010年第6期。
⑥ 周晓露、李雪萍:《摆平:藏区基层政府纠纷调解的运作逻辑——以四川省甘孜藏族自治州G县大调解团解决牦牛纠纷为例》,《中南民族大学学报》(社会科学版)2017年第2期。

具有更高预期收益的选择，更愿意接受另一个相对保险但预期收益较低的选择。① 容志、陈奇星以"稳定政治"来阐释"规避风险"导向，认为，目前"维稳"的运作逻辑虽然在一定程度上起到了化解矛盾、定纷止争的作用，但也有其局限性，缺少整体性的战略和规划②。第二，"完成任务"分析维度与基层治理的恰适性。寇浩宁、李平菊提出"过度化执行"的概念，阐释基层治理中的"完成任务"导向，即，视达成上级设定行政目标为主要任务而不问当地实际需要。他们认为，上级政府想要强力推进某一项政策，只能把该政策上升到涉及人事任免和财力奖惩的高度，或使之成为一项"政治任务"，才能促使基层政府视完成任务或目标为最高目的，才能逼迫不惜一切手段甚至违反政策规定来完成任务③。刘军强等通过分析基层政府产业结构调整的运作机制，阐释基层治理中的"完成任务"导向，即，上级领导的频频视察、上级机关的频频督导等考核压力，催生了"完成任务"导向。④ 第三，"政绩"分析维度与基层治理的恰适性。周黎安以"晋升锦标赛治理模式"解构基层政府在行政性分权和财政包干下的政治晋升博弈行为。他认为，晋升锦标赛作为中国政府官员的激励模式，该模型为理解我国区域经济竞争与合作问题提供了一个系统的视角和框架，它尤其有助于解释我国长期存在的地方保护主义、"大而全"的地区发展战略和地区间形形色色的产业"大战"和恶性竞争。但由于晋升锦标赛自身的一些缺陷，尤其是其激励官员的目标与政府职能的合理设计之间存在严重冲突，它目前正面临着重要的转型。⑤ 袁明宝以精准脱贫

---

① 倪星、王锐：《从邀功到避责：基层政府官员行为变化研究》，《政治学研究》2017年第2期。

② 容志、陈奇星：《"稳定政治"：中国维稳困境的政治学思考》，《政治学研究》2011年第5期。

③ 寇浩宁、李平菊：《"过度化执行"：基层政府与农村低保政策的执行逻辑》，《深圳大学学报》（人文社会科学版）2017年第3期。

④ 刘军强、鲁宇、李振：《积极的惰性——基层政府产业结构调整的运作机制分析》，《社会学研究》2017年第5期。

⑤ 周黎安：《中国地方官员的晋升锦标赛模式研究》，《经济研究》2007年第7期。

为例，阐释了基层政府囿于精准脱贫的考核压力采取策略性应对的情形，具体表现为，将金融扶贫贷款发放给中等条件的农户而将真正的贫困户排斥于外。① 胡洪以城市房屋拆迁的基层治理为例，认为基层政府自利行为的目的包括满足收入需求的财政动机、为获取和积累政治资源大兴土木的职能动机、出于政权稳定性考虑平衡多方博弈的政治动机。② 综上，工具型关系理性分析维度与基层治理具有恰适性。

四　本章小结

本章以现有研究为基础，建构了基层治理逻辑的分析工具。其中，科层理性可分解为科层制治理工具唯一性、形式合理、结果合理三个维度。其中，关系理性可分解为价值型关系理性和工具型关系理性两个维度，价值型关系理性又可进一步分解为"惯习"、面向上的价值型关系理性和面向下的价值型关系理性三个维度，工具型关系理性又可进一步分解为"规避风险"、"完成任务"和"政绩"三个维度。

在论证了基层治理逻辑分析工具与本书的恰适性后，本书将借助分析工具，依次解读贫困村识别中、贫困村产业扶贫中、贫困村产业扶贫巩固中的基层治理逻辑。

---

① 袁明宝：《扶贫吸纳治理：精准脱贫政策执行中的悬浮与基层治理困境》，《南京农业大学学报》（社会科学版）2018 年第 3 期。

② 胡洪：《城市房屋拆迁中基层政府的行为逻辑分析》，《学习与实践》2014 年第 8 期。

第二章

产业扶贫政策的演变历程

在完成基层治理逻辑分析工具的建构后,本书需进一步梳理产业扶贫政策的演变历程。通过梳理国家产业扶贫政策的演变历程,明确产业扶贫政策的历史必然性和现实必要性。通过梳理 M 市产业扶贫政策的演变历程,明确 M 市贫困村产业扶贫三个政策阶段的内在逻辑,明确贫困村产业扶贫三个政策阶段的政策目标、政策价值、政策工具,并为后文 M 市贫困村产业扶贫中的基层治理逻辑解读提供参照。

一 国家产业扶贫政策的历史考察

以时间为序列解读国家产业扶贫政策的演变历程,可将其划分为四个阶段:1949 年至 1985 年的以制度改革促进农民增收的阶段,1986 年至 2000 年的开发式扶贫正式启动阶段,2001 年至 2012 年的开发式扶贫深化阶段,2013 年以来精准脱贫背景下的开发式扶贫阶段。随着产业扶贫政策的不断演进,产业扶贫的政策单元呈现出逐渐精细化的特征,产业扶贫的政策目标呈现出逐渐清晰化的特征,产业扶贫的政策效果呈现出逐渐显著化的特征。因此,产业扶贫的提出具有历史必然性和现实必要性。通过梳理精准脱贫阶段的产业扶贫政策,可进一步明确产业扶贫在贫困村和贫困户层面的政策目标,明确产业扶贫对巩固已有脱贫成效、攻坚克难深度贫困、衔接精准脱贫与乡村振兴的重要性。

（一）制度促增收阶段（1949—1985）

1949年至1978年以计划经济体制促进农民增收为制度促增收的第一个阶段，此阶段，国家尚未形成明确的扶贫政策或措施，主要通过农业生产合作化促进农民增收。1949年至1953年为农业生产合作化的探索阶段，1951年9月中共中央的第一次农业互助合作会议形成了《中共中央关于农业生产互助合作的决议（草案）》，截至1952年底，全国已发展形成830余万个农业互助合作组织。1954年4月，中共中央召开第二次农村工作会议并做出支持农业生产合作化的决定，截至1955年4月，全国已发展至农业生产合作社（初级社）阶段。1955年10月，中共中央七届六中全会通过《关于农业合作化问题的决议》，要求在全国推广初级社。1956年6月，第一届全国人民代表大会第三次会议通过《高级农业生产合作社示范章程》，自此，农业生产合作化运动正式推开。1952年到1958年的农业生产合作化运动是政府强力干预的结果，这一制度变迁通过促进粮食产量增加有效缓解了普遍贫困问题。[①] 1978年至1985年以土地改革促进农民增收为制度促增收的第二个阶段。1978年，党的十一届三中全会通过《中共中央关于加快农业发展若干问题的决定（草案）》，自此，土地联产承包在全国范围内推广，土地包产到户通过激发农民积极性从而促进农民增收。这一阶段的扶贫政策目标主要以区域瞄准为主。1982年12月，国务院决定对甘肃定西地区、河西地区和宁夏西海固地区进行重点帮扶，1983年3月，《中华人民共和国国民经济和社会发展第七个五年计划》明确了对"老、少、边、穷"的18个集中连片贫困地区的支持政策。此阶段，土地承包责任制之"土地处置权归国家"的硬

---

① 张磊：《中国扶贫开发政策演变（1949—2005年）》，中国财政经济出版社2007年版，第39—42页。

约束导致土地难以有效流转，① 规模化扶贫产业难以形成，国家对贫困地区的扶持主要是以"撒胡椒面"式的实物救济"输血"为主，救济形式单一、分散、力度较低，很难集中解决一些制约区域发展的重要问题。

（二）开发式扶贫启动阶段（1986—2000）

1986 年 5 月，国务院扶贫开发领导小组成立。从此，中国的扶贫工作从道义性走向制度化、常规化，扶贫方式从救济式向开发式转变。② 八七扶贫攻坚阶段，国家尝试改变以往无偿救助为主的扶持政策，转而以生产帮助为主、无偿救济为辅，其主要内容是为贫困农户提供信贷资金，实行以工代赈，兴建基础设施，建设基本农田，推广农业实用技术，扩大就业机会等。③ 1994 年的《国家八七扶贫攻坚计划》明确了"以省为主"的工作责任制和扶贫资金、权力、任务、责任"四到省"的扶贫治理方式。此阶段的贫困瞄准从区域缩小到县，以 1992 年人均收入低于 400 元为标准，共 592 个县被纳入国家贫困县序列，这些县主要分布于"老、少、边、穷"的 18 个集中连片贫困地区。④ 此阶段的产业扶贫主要表现为乡镇企业发展引起的普惠性的益贫效益，1997 年 1 月开始施行的《乡镇企业法》明确了国家对乡镇企业的政策支持，包括税收优惠政策、信贷优惠政策、乡镇企业发展基金、人才扶持政策和科技扶持政策。同时，作为精准帮扶结对帮扶前身的党政机关定点扶贫工作和作为社会扶贫前身的民间扶贫工作也逐步提上日程。综上，开发式扶贫起始于八七扶贫攻坚阶段，但是该阶段尚未形成系统的产业扶

---

① 申秋：《中国农村扶贫政策的历史演变和扶贫实践研究反思》，《江西财经大学学报》2017 年第 1 期。
② 刘娟：《我国农村扶贫开发的回顾、成效与创新》，《探索》2009 年第 4 期。
③ 曾小溪、汪三贵：《中国大规模减贫的经验：基于扶贫战略和政策的历史考察》，《西北师大学报》（社会科学版）2017 年第 6 期。
④ 汪三贵、曾小溪：《从区域扶贫开发到精准扶贫——改革开放 40 年中国扶贫政策的演进及脱贫攻坚的难点和对策》，《农业经济问题》2018 年第 8 期。

贫政策。

（三）开发式扶贫深化阶段（2001—2012）

2000年底，绝对贫困人口降至3000万左右，贫困发生率仅为3%。① 八七扶贫攻坚计划的结束，意味着中国基本上解决了贫困人口的温饱问题。但是，全面建设小康社会的目标提出后，城乡收入差距以及农村内部收入分化问题便成为新世纪扶贫攻坚的新挑战。2001年5月，中共中央第三次扶贫工作会议通过《中国农村扶贫开发纲要（2001—2010年）》（以下简称《纲要》），《纲要》要求将扶贫瞄准区域从县调整到村、将扶贫资金分配由县级瞄准向村级瞄准转移，并从生活状况、生产生活条件、卫生教育状况、村庄基础设施建设等8个方面明确了贫困村的标准。在此标准下，全国共确定了148051个贫困村，这些贫困村分布于1861个县域，其覆盖的贫困人口占全国贫困总人口的83%。② 贫困瞄准对象从县到村的调整大大提升了贫困的精准性。在产业扶贫方面，《纲要》明确提出"积极推进农业产业化经营"的要求，具体内容为：按照产业园化发展方向，连片规划建设，形成有特色的区域性主导产业，积极发展订单农业，引导和鼓励具有市场开拓能力的大中型农产品加工企业到贫困地区建立原材料生产基地，为贫困农户提供产前、产中、产后系列服务，形成贸工农一体化、产供销一条龙的产业化经营。同时，《纲要》明确了龙头企业的认定标准、龙头企业的申报和认定程序、龙头企业的支持政策等。2006年中央一号文件提出，要着力培养一批竞争力、带动力强的龙头企业和企业集群示范基地，推广龙头企业、合作组织和农户有机结合组织形式。③ 2007年

---

① 张磊：《中国扶贫开发政策演变（1949—2005年）》，中国财政经济出版社2007年版，第39—42页。

② 杨亮承：《扶贫治理的实践逻辑——场域视角下扶贫资源的传递与分配》，博士学位论文，中国农业大学，2016年，第30页。

③ 《中共中央国务院关于"三农"工作的一号文件汇编（1982—2014）》，人民出版社2015年版，第106页。

中央一号文件提出，金融机构要加大对龙头企业的信贷支持，有关部门要加强对龙头企业的指导和服务。①2009年的中央一号文件指出，要扶持农民专业合作社和龙头企业发展，开展农民专业合作社示范社建设行动。②

（四）精准脱贫中的开发式扶贫阶段（2013年至今）

产业扶贫的概念在精准脱贫阶段正式提出，产业扶贫亦被称为开发式扶贫。"十三五"时期，是全面建成小康社会、实现第一个百年奋斗目标的决胜阶段，也是打赢脱贫攻坚战的决胜阶段。随着扶贫工作的不断推进，贫困人口的分散性也随之增强，为增强扶贫资源的瞄准性，确保2020年脱贫攻坚战的全面胜利，精准脱贫阶段正式开启，其中，以习近平总书记2013年10月在湖南省考察为标志。2011年7月，《中国农村扶贫开发纲要（2011—2020年）》正式发布，其对扶贫产业提出两方面的要求。第一，结合当地的实际情况发展产业。即，"充分发挥贫困地区生态环境和自然资源优势，推广先进实用技术，培植壮大特色支柱产业，大力推进旅游扶贫"。第二，产业应与贫困户建立稳定的利益联结机制。即，"通过扶持龙头企业、农民专业合作社和互助资金组织，带动和帮助贫困农户发展生产"。《纲要》对贫困村扶贫产业的任务包括两方面：在贫困户方面，完成"2015年实现1户1项增收项目"的任务；在贫困村方面，完成"2020年初步建构特色支柱产业体系"的任务。③2014年2月，《关于创新机制扎实推进农村扶贫开发工作的意见》提出贫困识别、结对帮扶模式、贫困村产业扶贫利益联结机

---

① 《中共中央国务院关于"三农"工作的一号文件汇编（1982—2014）》，人民出版社2015年版，第145页。

② 《中共中央国务院关于"三农"工作的一号文件汇编（1982—2014）》，人民出版社2015年版，第192页。

③ 《中国农村扶贫开发纲要（2011—2020年）》，中国政府网，http://www.gov.cn/jrzg/2011-12/01/content_2008462.htm，2011年12月1日。

制的总体性意见。① 2014年4月,《扶贫开发建档立卡工作方案》明确了贫困识别的具体工作方案,包括识别标准、识别程序、贫困帮扶等工作方案。在贫困户层面,确定了"2013年农民年人均纯收入2736元(相当于2010年2300元不变价)以下"的识别标准,明确了"采取规模控制,各省将贫困人口识别规模逐级分解到行政村"的指标分解方式,规定了2014年7月底前完成贫困户帮扶计划的刚性任务。在贫困村层面,确定了"行政村贫困发生率比全省贫困发生率高一倍以上,行政村2013年全村农民人均纯收入低于全省平均水平60%,行政村无集体经济收入"的识别标准,明确了"采取规模控制,各省将贫困村识别规模逐级分解到乡镇"的指标分解方式,规定了2014年7月底前落实结对帮扶单位和制订帮扶计划的刚性任务。② 2015年11月,《中共中央国务院关于打赢脱贫攻坚战的决定》明确了贫困识别动态调整的管理机制、驻村干部的考核和奖励机制,提出了因地制宜发展扶贫产业、推进"一村一品"、各部门将项目向贫困村倾斜的政策要求。③ 2016年4月,《关于建立贫困退出机制的意见》明确了贫困村以"贫困发生率降至2%以下(西部地区降至3%以下)"为主要衡量标准的退出标准。④ 经过两年的贫困村产业扶贫整村推进工作后,2016年11月,《"十三五"脱贫攻坚规划》提出了健全产业到户到人的精准扶持机制和贫困村建成特色产业的政策要求,明确了贫困村扶贫产业满足村集体经济年收入高于5万元的贫困村退出标准。⑤

---

① 《〈关于创新机制扎实推进农村扶贫开发工作的意见〉印发》,中国政府网,http://www.gov.cn/jrzg/2014-01/25/content_2575505.htm,2014年1月25日。

② 《国务院扶贫办关于印发〈扶贫开发建档立卡工作方案〉的通知》,国家乡村振兴局官网,http://www.cpad.gov.cn/art/2014/4/11/art_50_23761.html,2014年4月2日。

③ 《中共中央 国务院关于打赢脱贫攻坚战的决定》,中国政府网,http://www.gov.cn/xinwen/2015-12/07/content_5020963.htm,2015年12月7日。

④ 《中共中央办公厅 国务院办公厅印发〈关于建立贫困退出机制的意见〉》,中国政府网,http://www.gov.cn/zhengce/2016-04/28/content_5068878.htm,2016年4月28日。

⑤ 《国务院关于印发"十三五"脱贫攻坚规划的通知》,中国政府网,http://www.gov.cn/zhengce/content/2016-12/02/content_5142197.htm,2016年11月23日。

时至精准扶贫政策中期，精准脱贫攻坚战的主要任务为：继续巩固已有脱贫成果，探究扶贫长效机制，建立更加稳定的利益联结机制，确保贫困户的稳定收益；重点攻克深度贫困地区的脱贫任务；探究精准脱贫与乡村振兴的衔接机制。2017年10月，党的十九大报告指出，培育新型农业经营主体，加快推进农业农村现代化。此要求将贫困村扶贫产业的定位从带动贫困户脱贫和贫困村出列提升至带动贫困户致富和贫困村兴旺。2018年1月，《中共中央 国务院实施乡村振兴战略的意见》对贫困村扶贫产业的深化提出要求。其中，"推进农业绿色化、优质化、特色化、品牌化"的要求，旨在促进扶贫产业从量向质提升、从带动脱贫向带动致富提升；"打造一村一品、一县一业发展新格局"的要求，旨在激励扶贫产业提升绩效；"建设现代农业产业园、农业科技园"的要求，旨在整合优势资源发挥其辐射带动效应；"实现稳定脱贫"的要求，旨在建构扶贫长效机制、确保贫困户收入稳定。① 2018年6月，《中共中央 国务院关于打赢脱贫攻坚战三年行动的指导意见》要求，以县为单位整合扶贫绩效突出的贫困村因地制宜地打造一、二、三产业融合发展扶贫产业园，以此增强扶贫产业的辐射和带动效应。② 2019年1月，《中共中央 国务院关于坚持农业农村优先发展做好"三农"工作的若干意见》则进一步明确了贫困村产业扶贫和乡村振兴的关系。③ "注重发展长效扶贫产业，提高贫困人口参与度和直接受益水平"，将对贫困村产业扶贫的要求从带动贫困户脱贫提升至带动贫困户稳定脱贫；"坚持和推广脱贫攻坚中的好经验好做法好路子"旨在对可复制、可推广性的贫困村产业扶贫模式进行激励，并将其延伸至乡村振兴领域；"做好脱贫攻坚与乡村

---

① 《中共中央 国务院关于实施乡村振兴战略的意见》，中国政府网，http://www.gov.cn/zhengce/2018-02/04/content_5263807.htm，2018年1月2日。
② 《中共中央 国务院关于打赢脱贫攻坚战三年行动的指导意见》，中国政府网，http://www.gov.cn/zhengce/2018-08/19/content_5314959.htm，2018年8月19日。
③ 《中共中央 国务院关于坚持农业农村优先发展做好"三农"工作的若干意见》，中国政府网，http://www.gov.cn/zhengce/2019-02/19/content_5366917.htm，2019年1月3日。

振兴的衔接，对摘帽后的贫困县要通过实施乡村振兴战略巩固发展成果"则明确了贫困村产业扶贫和乡村振兴的关系，贫困村产业扶贫为乡村振兴奠定了基础，乡村振兴可进一步巩固贫困村产业脱贫成效，二者是"互涵"的关系；"因地制宜发展多样性特色农业，倡导'一村一品''一县一业'"则鼓励基层政府在原有扶贫产业的基础上继续提升，发展形成具有区别性特色的贫困村产业扶贫模式、贫困村产业扶贫项目等。①

二　M市产业扶贫政策的发展历程

以时间为序列解读 M 市产业扶贫政策的演变历程，可将 M 市产业扶贫政策划分为三个阶段：2014 年的贫困村识别阶段，2015 年至 2018 年的贫困村产业扶贫阶段，2018 年以来的贫困村产业扶贫巩固阶段。上述三个阶段不仅具有政策时间上的连续性，还存在政策内容上的相互关联性。贫困村的精准识别，是贫困村产业扶贫和贫困村产业扶贫巩固政策有效性的重要前提，是贫困村产业扶贫和贫困村产业扶贫巩固阶段扶贫资源投放精准性的重要基础。贫困村产业扶贫是贫困村出列和贫困户脱贫的有效措施，贫困村产业扶贫的有效性是贫困村产业扶贫巩固的必要前提。贫困村产业扶贫巩固是贫困村稳定出列和贫困户长效脱贫的有效措施，贫困村产业扶贫巩固是巩固已有产业脱贫成效、实现产业对精准脱贫和乡村振兴衔接的必要措施。

（一）贫困村识别阶段

2013 年 11 月，习近平总书记在湖南湘西十八洞村调研扶贫攻坚时指出："要精准扶贫，切忌喊口号。"② 2014 年，《关于创新机

---

① 豆书龙、叶敬忠：《乡村振兴与脱贫攻坚的有机衔接及其机制构建》，《改革》2019 年第 1 期。
② 《习近平：坚决打赢脱贫攻坚战》，人民网，http://cpc.people.com.cn/xuexi/n1/2017/1103/c385474-29626301.html，2017 年 11 月 3 日。

制扎实推进农村扶贫开发工作的意见》提出:"建立精准扶贫工作机制。"改为:2014年,《关于创新机制扎实推进农村扶贫开发工作的意见》提出:"建立精准扶贫工作机制。"① 自此,精准扶贫攻坚战正式打响。贫困的精准识别是精准扶贫政策效果的基础,在贫困识别阶段,M市的政策历程主要分三步走。

第一步,贫困村和贫困户的建档立卡。为确保精准扶贫工作进程,2013年3月,M市扶贫开发领导小组办公室发布《M市扶贫开发领导小组办公室成立的通知》,扶贫开发领导小组的成立标志着精准扶贫攻坚战役正式拉开帷幕。2014年4月,国务院扶贫办印发《扶贫开发建档立卡工作方案》,紧接着,M省印发《M省农村扶贫开发建档立卡工作方案》,明确了贫困村、贫困户的识别标准、识别程序、指标约束。

第二步,明确帮扶责任。2014年10月,M市扶贫开发领导小组办公室发布《关于做好精准脱贫派驻帮扶干部工作安排的通知》,明确了贫困村驻村干部的选派对象和范围、入选条件、选派程序,并要求所有驻村干部于2015年3月前全部入驻贫困村。2015年5月,M市扶贫开发领导小组办公室发布《关于开展全市扶贫开发责任到人工作的通知》,要求驻村干部为贫困村制订帮扶计划,并"规划到户、责任到人"。2015年6月,M市扶贫开发领导小组办公室制定《M市精准扶贫精准脱贫驻村干部管理办法》,明确了驻村干部的管理办法、培训义务、工作职责、考核办法,并做出"考核结果作为评选先进、提拔使用、晋升职级的重要依据"的规定。2015年7月,M市扶贫开发领导小组办公室发布《关于落实M市精准扶贫精准脱贫派驻帮扶干部相关待遇的通知》,明确了驻村干部的工作补贴、差旅报销标准、工作经费、生活和办公条件等事项。2015年8月,中共M市委办公室、M市人民政府办公室印发

---

① 《〈关于创新机制扎实推进农村扶贫开发工作的意见〉印发》,中国政府网,http://www.gov.cn/jrzg/2014-01/25/content_2575505.htm,2014年1月25日。

《市四套班子领导成员精准扶贫联系县、挂扶镇和挂扶贫困村安排表》，明确了市四套领导班子的帮扶联系县（区）、挂扶镇、挂扶贫困村。2015年8月，M市扶贫开发领导小组办公室印发《M市精准扶贫帮扶工作方案》，明确了贫困村和扶贫重点镇的帮扶单位。2015年8月，M市扶贫开发领导小组办公室发布了《关于建立我市脱贫攻坚乡镇帮扶工作组的通知》，决定以乡镇为单位、解决非贫困村分散贫困人口的脱贫问题，以确保非贫困村贫困户的脱贫进度。

第三步，精准识别回头看及贫困村出列规划。2015年8月，M市扶贫开发领导小组办公室发布了《关于进一步加强我市精准扶贫对象识别核查调整工作的通知》，要求重新识别贫困户，以降低错评率、错退率和漏评率。从基层实践来看，截至2018年10月，M市分别于2015年、2016年、2017年进行过三次大规模的建档立卡动态调整，通过不断地"精准识别回头看"，不断地修正贫困户的"三率一度"问题。值得注意的是，国家并未出台贫困村动态调整的相关政策，实践中亦鲜见贫困村动态调整问题。2015年10月，M省印发《M省贫困村出列实施办法》，明确了贫困村出列的标准，并提出所有贫困村需于2018年12月前出列的任务。随后，M市制定了《M市贫困村出列实施办法》，明确了M市贫困村出列的15条标准，并提出所有贫困村需于2017年10月前出列的任务。

（二）贫困村产业扶贫阶段

2015年11月，中共M市委、M市人民政府出台了《关于精准脱贫三年攻坚的实施意见》，《意见》要求，到2018年，稳定实现农村贫困人口"两不愁三保障"、基本公共服务主要领域指标达到全省平均水平的目标。至此，贫困村产业扶贫正式拉开帷幕。值得注意的是，从实践层面看，自2013年精准扶贫正式拉开帷幕以来，产业扶贫就已陆续开始。例如，有一定产业基础的贫困村结合精准扶贫政策提前展开扶贫工作，还有一些企业获知精准扶贫政策信息后提前主动联系贫困村开展产业扶贫。

第一，M市贫困村产业扶贫政策历程。其一，市农业局和产业扶贫相关的政策。2012年3月，M市农业局出台《M市"一村一品"实施规划》，自此，M市下辖村庄着手打造村庄主导产业。经过两年的努力，各村庄已具备一定的产业基础，部分村庄形成了村庄产业名片，2014年8月，M市农业局出台《M市"一镇一业"富民兴村三年行动方案（2014—2017年）》，要求各乡镇在"一村一品"的基础上打造乡镇的主导产业，以此发挥资源集聚效应，进一步增加农户收入。为加快推进农业供给侧结构性改革，促进农业产业结构优化，2016年3月，《M市农业现代化"十三五"规划》要求，县（区）在"一村一品、一镇一业"的基础上打造现代农业产业园。2017年5月，M市出台《M市现代农业产业园扶贫绩效评价办法》，明确了现代农业产业园的绩效考核办法。其二，M市的产业扶贫政策。2016年1月，M市农业局、M市扶贫开发领导小组办公室《关于印发〈M市农业产业脱贫攻坚三年行动实施方案（2016—2018年）〉的通知》发布，标志着产业扶贫攻坚战全面启动。2016年3月，中共M市委办公室、M市人民政府办公室印发《M市农业"3个三工程"实施方案的通知》，要求各县（区）以"品种、品质、品牌"为理念着力打造山田鸡、柑橘、茶叶三大主导产业。2017年1月，《M市"十三五"期间推进贫困村产业扶贫建设实施意见》和《M市关于做好扶持贫困户开展脱贫增收项目的通知》对贫困村产业扶贫的规划、任务、模式、绩效等做出要求。2017年3月，M市出台《M市贫困村产业扶贫绩效考核办法》《贫困村产业扶贫绩效考核指标体系解释》，对贫困村扶贫产业的运作模式、利益联结机制、益贫效应、可推广性进行了考核。在此基础上，M市扶贫开发领导小组办公室于2017年9月发布了《关于做好申报创建贫困村产业扶贫示范村的通知》，欲通过对示范村的奖励和扶持，进一步推动贫困村的产业扶贫绩效，凸显全市的扶贫成效。为实现农业局现代农业产业园与产业扶贫的结合，并发挥产业扶贫示范村的辐射效应，2017年9月，M市扶贫开发领导小组办公室出台《M市关于开展产业扶贫示范片的实施办法》，要求各县（区）集中三个以上贫困村连线成片打造产业扶贫示范片，以推动产业扶贫的辐射带动效应。

第二，产业扶贫的相关配套政策。2016年1月，M市工商业联合会出台《"千企帮千村"精准脱贫三年攻坚的实施方案》，要求以民营企业为帮扶方，以贫困村为帮扶对象，推进产业扶贫的多元主体协同治理模式。2016年3月，M市科学技术局印发了《关于开展省级农业科技特派员精准脱贫"千村大对接"行动的通知》，要求尽快开展省级农业科技特派员与贫困村的对接，确保对贫困村扶贫产业的技术支撑。2016年3月，M市财政局印发《M市精准扶贫开发资金筹集和使用监管细则》《M市精准扶贫开发项目审批和资金拨付管理办法》《M市产业扶贫项目审批流程》《M市扶贫小额信贷工作实施方案》《M市推进普惠金融发展实施方案（2016—2020年）的通知》等，为贫困村产业扶贫的资金管理和项目管理提供了政策依据。2016年5月，M市国土局出台《土地利用计划指标下达方案》，为贫困村扶贫产业的土地整合工作提供了政策依据，2017年3月，M市政府出台《M市关于探索金融扶贫拓宽贫困户收益的试行办法》。

第三，本书涉及的其他相关政策。为强化贫困村"绿色、生态、可持续"的扶贫产业发展理念，2015年10月，M市扶贫开发领导小组办公室印发《关于开展贫困村美好乡村创建的通知》，2016年4月，M市市委农办印发《〈关于推进贫困村人居环境综合整治工作行动计划〉的通知》。为督促各贫困村在发展扶贫产业的同时注重基础设施、公共服务、村容村貌、治理秩序等方面的工作，2016年8月，M市市委、M市政府联合印发了《省定贫困村创建社会主义新农村示范村的实施方案》。随后，M市委农办印发了《关于申报省定贫困村申报创建新农村示范村计划的通知》和

《省定贫困村创建社会主义新农村示范村省级财政资金奖补和使用监管办法》。

（三）贫困村产业扶贫巩固阶段

为贯彻党的十九大做出的实施乡村振兴战略的重大决策部署，2018年5月，M市委、市政府联合印发了《关于成立市委实施乡村振兴战略领导小组的通知》和《〈关于推进乡村振兴战略的实施意见〉的通知》，2018年12月，《M市乡村振兴综合改革实施方案》要求各县（区）紧紧围绕"产业兴旺、生态宜居、乡风文明、治理有效、生活富裕"的总要求，做好精准扶贫与乡村振兴的衔接工作。

2017年10月，M市下辖贫困村全部出列，M市下辖贫困县全部摘帽。为创建精准脱贫与乡村振兴的联结机制，M市选择产业扶贫成效突出的贫困村或乡镇进行巩固。一方面，进一步推动产业扶贫进程，优化产业扶贫与贫困户的利益联结机制，探索可复制性、可推广性的产业扶贫模式，推动建立更长效的扶贫机制。另一方面，探索精准扶贫与乡村振兴的联结机制，即，以产业扶贫为载体，推动贫困村从"出列"向"产业兴旺"进阶，推动贫困户从"两不愁三保障"向"美好生活"进阶。

为巩固优质扶贫产业，M市共出台了两类奖励政策。一类为普惠型奖励项目。该类项目对申报者要求较低，故，绝大多数有扶贫产业的出列贫困村均可达标。该类项目的奖励力度小、受众面大，申报者获得项目奖励后无须承担任何相关义务，故，该类项目重在奖励、补贴。一类为提升型奖励项目。该类项目对申报者要求较高，故，绝大多数贫困村或乡镇需产业升级后方可达标。该类项目的奖励力度大、受众面小，故，该类项目重在激励扶贫产业的提升。市科技局的奖励项目即为普惠型奖励项目。2018年3月，M省科技厅出台《关于实施省科技创新战略专项资金项目的通知》，随后，M市配套出台《关于组织M市2018年度省科技创新战略专项资金项目的通知》。市扶贫办的奖励项目即为提升型奖励项目。2018年6月，M省扶贫办出台《M省产业扶贫提升工程行动计划》。紧接着，M市扶贫办出台《M市产业扶贫提升工程行动计划》《M市产业扶贫提升工程创建申报流程、指标体系及指标解释》。随后，M市各局、县（区）出台了配套政策，例如，市财政局出台了《M市产业扶贫提升工程财政资金奖补和使用监管办法》，市委农办出台了《M市农村基础设施管护办法》，各县（区）出台了《M市加强农村项目建设管理办法》，等等。

三　M市产业扶贫政策的范式变迁

政策范式镶嵌于政策制定者开展工作所使用的政策术语中，解读产业扶贫的政策范式，有利于从宏观上理解产业扶贫的历史必然性和现实必要性，有利于从宏观上把握贫困村产业扶贫三个政策阶段在时间序列上和政策内容上的内在关联。本书从政策目标、政策价值、政策工具三个方面解读M市产业扶贫政策范式，界定贫困村产业扶贫三个阶段政策执行的理想状态，并为后文解读三个政策阶段中的基层治理逻辑提供一个有益的分析起点。

（一）政策目标分解

贫困村产业扶贫的政策目标牵涉矛盾甚多、涉及主体复杂。但是，构成政策目标的关键主体始终指向一个对象——贫困村，具体则包括贫困户脱贫和贫困村出列两个方面。以时间为序列，贫困村产业扶贫大致包括贫困村识别、贫困村产业扶贫、贫困村产业扶贫巩固三个阶段，每个阶段均蕴藏着不同的政策目标。

1. 贫困村识别阶段的政策目标分解

在贫困村识别阶段，政策目标主要指向精准识别、精准派人。精准识别的政策目标包括贫困户和贫困村的精准识别两部分，贫困户的精准识别是贫困村精准识别的基础，但是贫困村的精准识别不仅包括贫困户识别，还包括村庄集体经济收入①等硬约束。贫困户和贫困村的精准识别并非一蹴而就的工作，在贫困村产业扶贫的整个政策过程中，夹杂着贫困户和贫困村的动态调整，比如，贫困识别回头看，脱贫贫困户和错评贫困户的清退，漏评贫困户的重新纳入，等等。精准派人的政策目标包括帮扶单位的精准配对和驻村干部的精准派遣两部分。帮扶单位的精准配对，要求国家综合考虑贫困村的村庄基础、脱贫压力、帮扶单位的帮扶资源，将帮扶能力强的帮扶单位与脱贫任务重的贫困村进行结对，将帮扶能力一般的帮扶单位与脱贫任务较轻或非贫困村②进行结对。驻村干部的精准派遣，则应派遣政治素养好、45 周岁以下、组织协调能力强、身体健康、有一定农村工作经历、对农村工作充满热情的中共党员。③

在贫困村识别阶段，所涉矛盾主要包括指标约束与实际需要、贫困村标准与关系理性、识别标准统一化与贫困程度精算难的矛盾。其中，指标约束与实际需要之间的矛盾是指，贫困村指标的总数远远小于符合贫困村条件的村庄总数。贫困村标准与关系理性之间的矛盾是指，国家对贫困村"一高一低一无"④的统一化标准设定与地方纷繁复杂的实际情况之间的矛盾而催生的关系理性的空间，以及贫困村识别标准硬约束与刚性约束对地方政策执行规制力度不足之间的矛盾而催生的关系理性的空间。识别标准统一化与贫困程度精算难的矛盾是指，"行政村贫困发生率比全省贫困发生率高一倍以上、行政村 2013 年全村农民人均纯收入低于全省

---

① 《M 省扶贫办关于农村扶贫开发建档立卡工作方案的通知》，2014 年 4 月 12 日。
② 在精准扶贫场域中，根据贫困程度，村庄可分为贫困村和非贫困村两种类型，各地区就非贫困村形成了不同的称谓。比如，广东省、福建省根据对村庄帮扶方式的不同，将村庄分为贫困村和面上村；江西省根据村庄贫困户的发生率不同，将村庄分为贫困村和分散村；湖北省、河南省根据贫困户脱贫压力的不同，将村庄分为重点村（贫困村）和非重点村（非贫困村）。不论何种称谓，村庄划分的本质标准均在于贫困发生率。
③ 中共 M 市委组织部《关于做好精准扶贫精准脱贫派驻帮扶干部工作安排的通知》，2016 年 4 月 14 日，M 市扶贫办提供。
④ M 省人民政府扶贫开发办公室《M 省农村扶贫开发建档立卡工作方案》，2014 年 4 月 11 日。

平均水平60%"① 的识别条件与识别标准不完善、政策执行时限短、农户收入精算难所导致的贫困程度精算难之间的矛盾。

2. 贫困村产业扶贫阶段的政策目标分解

在贫困村产业扶贫阶段，政策目标主要指向精准帮扶。精准帮扶的政策目标涉及产业扶贫实施主体有效性、产业内容有效性、扶贫模式长效性、资金和项目投入高效率等目标。其中，产业扶贫实施主体有效性是指，产业扶贫的实施主体应为产品竞争力强、管理运营良好、资金实力雄厚、社会责任意识强的企业或合作社。产业内容有效性是指，扶贫产业所实施的项目应为与村庄的种养殖历史及地理条件相契合、产业的市场竞争力强、能够有效整合村庄资源的农业项目。扶贫模式长效性是指，扶贫产业应为贫困户参与程度高、产业与贫困户利益联结机制稳定、可激发贫困户的内生动力的产业扶贫模式。资金和项目投入高效率是指，资金和项目的申报、审批、实施应严格遵循国家政策，资金和项目的投放应以产业发展实际需要为考虑，以促进产业实际发展和产业的益贫效益为目的。贫困村产业扶贫阶段所涉矛盾包括资源约束与实际需求、产业扶贫实施主体的营利性与产业扶贫的公益性、农业周期长与脱贫任务重、产业扶贫政策公共性与基层治理的私人诉求等。其中，资源约束与实际需求之间的矛盾是指，扶贫项目和资金资源的有限性与扶贫产业实际需求的无限性之间的矛盾。正因为此，扶贫项目和资金与扶贫产业的配对中嵌入了基层治理的关系理性，导致扶贫项目和资金异化为基层治理的政治资本和激励手段。产业扶贫实施主体的营利性与产业扶贫的公益性之间的矛盾是指，作为产业扶贫实施主体的企业或合作社是以营利为宗旨的经济组织，追求的是部门或小团体利益的最大化，而产业扶贫作为公共产品，它的直接目的在于贫困村和贫困户的普遍受益，最终目的在于促进社会公平、维护社

---

① M省人民政府扶贫开发办公室《M省农村扶贫开发建档立卡工作方案》，2014年4月11日。

会稳定、增强国家权威的有效性。正因为如此，导致了产业扶贫实施主体"弱势吸纳"①的选择偏差，以及产业扶贫实践中"引进来怕发展不好，发展好了怕留不住"的政策结果。农业周期长与脱贫任务重之间的矛盾是指，农业产业成本高、发展周期长、见效慢、自然和市场风险大的特点与产业扶贫脱贫任务时间短、任务重、考核严、政治性强之间的结构性矛盾。正因为如此，导致了产业扶贫领域"未经严密论证就匆忙上马产业"②的产业选择偏差，以及"前期投入集中后期治理无序"③的产业治理失序。产业扶贫政策公共性与基层治理的私人诉求之间的矛盾是指，产业扶贫政策的政策目标在于促进贫困户增收、确保贫困户脱贫和贫困村出列、以产业扶贫撬动乡村振兴、维护社会公平、增强政府的合法性基础，而贫困村产业扶贫的基层治理首先追求个人私利，其次追求部门或行业利益，最后才追求政策的公共性。正因为如此，产业扶贫政策的政策执行全过程均嵌入了基层治理的关系理性，最终引致国家公共资源的浪费、国家公共意志被肢解的治理后果。

3. 贫困村产业扶贫巩固阶段的政策目标分解

在贫困村产业扶贫巩固阶段，普惠型奖励项目的政策目标在于，通过对产业扶贫绩效考核优异者进行奖励，为产业扶贫政策的深化推进提出方向并兑现国家对基层扶贫干部的承诺。因普惠型奖励项目的奖励金额小，因此，其申报条件低、项目指标多、中标者无后续义务、项目进行直接奖补。普惠型奖励项目治理所涉矛盾包括指标约束与实际需要、申报约束与关系理性、申报标准明确性与产业评价模糊性之间的矛盾。其中，指标约束与实际需要之间的矛盾是指，普惠型奖励项目申报条件低所导致的符合条件者与项目总

---

① 许汉泽、李小云：《精准扶贫背景下农村产业扶贫的实践困境——对华北李村产业扶贫项目的考察》，《西北农林科技大学学报》（社会科学版）2017年第1期。

② 邢成举：《产业扶贫与扶贫"产业化"——基于广西产业扶贫的案例研究》，《西南大学学报》（社会科学版）2017年第5期。

③ 梁栋、吴惠芳：《农业产业扶贫的实践困境、内在机理与可行路径——基于江西林镇及所辖李村的调查》，《南京农业大学学报》（社会科学版）2019年第1期。

指标约束之间的矛盾。申报约束与关系理性之间的矛盾是指，虽然普惠型奖励项目对申报贫困村的扶贫绩效、申报程序、指标规模作了详尽规定，但申报条件低却为临时"拼凑"留下了足够的空间，最终引致私人诉求超越国家诉求的治理效果。申报标准明确性与产业评价模糊性之间的矛盾是指，虽然普惠型奖励项目对申报贫困村的扶贫绩效、申报程序、指标规模均作了刚性约束，但是为上级主观价值所预留的评价空间以及产业扶贫绩效评价本身难以量化而共同导致的产业扶贫评价的模糊性，最终损害了政策的公平性价值。

在贫困村产业扶贫巩固阶段，提升型奖励项目的政策目标在于，通过选拔绩效优异者进行奖励和提升，实现扶贫长效机制的建构，实现以产业扶贫对精准扶贫与乡村振兴的衔接。正因为如此，提升型奖励项目的申报条件高、项目指标少、中标者后续义务重、项目按照以奖代补的方式进行。提升型奖励项目的政策矛盾包括申报约束与关系理性、申报标准明确性与产业评价模糊性、产业周期长与项目周期短之间的矛盾。其中，申报约束与关系理性的矛盾，其本质是科层理性与私人诉求之间的矛盾，提升型奖励项目相较于普惠型奖励项目而言相当于优中选优，若是扶贫产业本身的条件与申报要求相去甚远，则很难在短期之内打造，但是提升工程高额的奖补资金对基层治理的激励性非常强，因此，基层会竭尽全力打造条件申报项目，最终提升型奖励项目治理中嵌入了基层治理的关系理性。申报标准明确性与产业评价模糊性的矛盾是指，提升型奖励项目的申报标准虽然明确，但是产业评估本身模糊性，例如有的产业突出农业现代化、有的凸显帮扶模式、有些凸显特色产品，产业评估的模糊性导致提升型奖励项目治理中嵌入了基层治理的关系理性。产业周期长与项目周期短性的矛盾是指农业产业周期长、见效慢的特点与项目执行周期短之间的矛盾，这引发了奖励型项目强激励下的"项目硬上马"现象，最终，削弱了国家资源投向精准度，提升型奖励项目的政策目标被扭曲。

(二) 政策价值取向

罗尔斯提出正义的两条原则：第一，每个人都在最大程度上平等地享有和其他人相当的自由权利；第二，社会和经济的不平等被调解，使得人们有理由指望它们对每个人都有利，并且它们所设置的职务和岗位对所有人开放。① 第一条原则简称为自由原则，第二条原则简称为差别原则。第二条原则规定了经济和社会福利领域的不平等权利的适用范围和条件，要求社会利益和经济利益的不平等分配应该对处于社会最不利地位的人最有利，这条原则实质是要求国家应对社会成员的社会经济差别予以调节，使之最大限度地改善最差者的地位②。本研究对正义的定义遵循罗尔斯的第二条原则，即贫困村产业脱贫的政策价值在于改善贫困人口和贫困村的地位。本研究效率的定义遵循一般意义上的效率概念，即投入产出比最小化、性价比最大化③。

1. 贫困村识别阶段的政策价值取向

主导贫困村识别阶段的政策价值取向为：正义。贫困村识别政策的正义导向表现为四个方面。第一，贫困程度深的村庄应优先纳入贫困村序列。贫困村程度深的判断指标包括贫困发生率、村庄集体经济收入水平、村庄基建水平、村庄地理位置、村庄产业发展条件等。第二，按照贫困程度从强到弱，村庄可分为深度贫困村、贫困村、非贫困村，按照政策要求，深度贫困村应包含于贫困村，但因为首轮识别偏差而导致漏评村庄在深度贫困攻坚战中被列为深度贫困村，所以深度贫困村和贫困村是交叉关系。因此，贫困村识别的基层治理并未完全遵从正义的价值取向。第三，通过贫困识别回头看及时将漏评贫困村纳入贫困村序列。自 2014 年首轮贫困识别后，国家组织了多次的贫困识别回头看行动，即贫困动态调整工

---

① [美] 罗尔斯：《正义论》，何怀宏等译，中国社会科学出版社 1998 年版，第 292 页。
② 程世礼：《评罗尔斯的正义论》，《华南师范大学学报》（社会科学版）2002 年第 5 期。
③ 张江华：《工分制下的劳动激励与集体行动的效率》，《社会学研究》2007 年第 5 期。

作。从社会正义的角度讲，贫困动态调整应包括贫困村和贫困户两个方面的动态调整，但是，在政策层面，国家仅出台了贫困户动态调整的相关政策，鲜见贫困村动态调整的正式政策，在基层实践层面，亦鲜见贫困村的动态调整问题。第四，通过动态调整及时清退脱贫贫困村。将已经达到脱贫标准的贫困村及时清退，不再将其作为帮扶重点对象，有利于扶贫资源效率的提升。

2. 贫困村产业扶贫阶段的政策价值取向

主导贫困村产业扶贫阶段的政策价值取向为：效率优先、兼顾正义。贫困村产业扶贫政策的效率优先价值导向包括四个方面。第一，扶贫产业的效率导向。扶贫产业的效率导向是指，政府选择实力雄厚的企业或合作社担当产业扶贫实施主体，贫困村选择市场效益好的产业项目，企业或合作社选择与村庄基建水平好、区位优势明显、土地连片程度高、村庄治理有序、村干部工作能力强的贫困村合作。因此，扶贫产业的效率导向主要是市场逻辑支配的结果。第二，产业上马的效率导向。为加快贫困户脱贫和贫困村出列，尽快完成国家的脱贫任务，在"规避风险"的前提下，基层更容易审批通过可行性强、市场潜力大的产业。因此，项目审批的效率导向是国家政治意志与市场逻辑相结合的结果。第三，项目投放的效率导向。为建构扶贫长效机制，探索可推广性的产业扶贫模式，政府倾向于将扶贫项目投放于扶贫成效凸显的扶贫产业，例如，为打造示范村和示范片，政府倾向于将项目、资金投向扶贫成效凸显的扶贫产业。因此，项目投放的效率导向亦是国家政治意志与市场逻辑相结合的结果。第四，脱贫序列的效率导向。为确保完成脱贫任务，基层结合贫困村和贫困户的贫困程度和国家的脱贫任务，制定相应的脱贫序列，其中，贫困程度低的贫困村和贫困户优先脱贫。因此，脱贫序列的效率导向亦是国家政治意志与市场逻辑相结合的结果。贫困村产业扶贫政策兼顾公平价值导向是指，不论贫困村或贫困户的贫困程度如何，2020年，所有贫困户要全部脱贫，所有贫困村要全部出列，一个都不能落下。

3. 贫困村产业扶贫巩固阶段的政策价值取向

主导贫困村产业扶贫巩固阶段的政策价值取向为：效率。贫困村产业扶贫奖励项目政策遵从效率价值取向的原因在于：其一，贫困村产业扶贫奖励项目的政策目标在于，评估扶贫产业的绩效后，对扶贫绩效突出者进行奖励，维护国家权威；其二，通过对绩效突出者的进一步支持，巩固长效扶贫机制，总结可复制、可推广性的产业扶贫模式，并通过产业扶贫推进"产业兴旺、生态宜居、乡风文明、治理有效、生活富裕"，实现精准扶贫与乡村振兴的衔接。普惠型奖励项目的效率取向体现为扶贫绩效凸显者优先获得项目奖励，提升型奖励项目的效率取向体现为扶贫绩效凸显者优先获得更高额度的奖补资金，例如，在贫困村产业扶贫提升工程中，贫困村产业扶贫的绩效越突出，其获得的奖补资金额度越高，其中，产业扶贫示范镇获得奖补资金额度最高。贫困村产业扶贫奖励项目政策的效率导向是国家政治意志与市场逻辑相结合的结果。

（三）政策工具选择

国家对贫困村产业扶贫的治理主要涉及行政发包制、锦标赛制、市场工具三个治理工具。行政发包制是我国科层制上下分治[①]的治理工具之一，在这一治理工具中，中央依赖层级化的科层体系逐级将治理任务向下安排。锦标赛制是上级政府为推动发包任务的进度而为下级政府设计的一种职位晋升比赛。[②] 市场工具是指，政府利用市场这一资源配置机制实现公共服务目标的方式。[③]

1. 贫困村识别阶段的政策工具选择

贫困村识别阶段的基层治理主要依赖行政发包制政策工具，

[①] 周黎安：《转型中的地方政府：官员激励与治理》，格致出版社2008年版，第67页。
[②] 周黎安：《中国地方官员的晋升锦标赛模式研究》，《经济研究》2007年第7期。
[③] 陈振明：《政策科学——公共政策分析导论》，中国人民大学出版社2003年版，第172页。

即，中央依靠"层级分流"① 的行政体制将贫困户和贫困村的识别任务逐层向下发包。贫困村的识别以贫困户识别为基础，贫困户识别的任务包括指标分解、初选对象、公示公告、结对帮扶、制定规划。其中，应于 2014 年 5 月前完成贫困户的识别工作，应于 2014 年 7 月之前制定贫困户的结对帮扶方案、明确结对帮扶关系和帮扶责任人、制定贫困户的脱贫规划。贫困村识别的任务包括规模分解、初选对象、公示公告、结对帮扶、制定规划。其中，应于 2014 年 6 月前完成贫困村的识别工作，应于 2014 年 7 月之前确定贫困村的结对帮扶单位、制定贫困村的脱贫规划。②

2. 贫困村产业扶贫阶段的政策工具选择

贫困村产业扶贫阶段的基层治理主要依赖行政发包制、锦标赛制、市场工具这几个治理工具。行政发包制工具主要应用于贫困户脱贫和贫困村出列方面。产业扶贫在贫困户脱贫方面的任务为，在 2020 年之前，贫困户的收入稳定且达到国家统一标准。③ 产业扶贫在贫困村出列方面的任务为，在 2018 年之前，贫困村的贫困发生率低于 2%，至少有一个确保村集体经济年均收入高于 5 万元的扶贫产业。锦标赛制主要应用于利益联结机制创新、产业扶贫模式创新、产业扶贫绩效的激励。其中，利益联结机制包括资产收益型、到户增收型等创新机制，产业扶贫模式包括现代农业、金融扶贫、农旅结合等创新模式，产业扶贫绩效包括贫困户收益稳定性水平、利益联结机制的程度、贫困村村集体经济收入水平、村庄环境整洁度等方面的激励。市场工具主要应用于产业扶贫实施主体的选择、上马项目的选择、扶贫模式的选择等领域。此时，政府以服务者、协调者、引导者、监督者的身份④，以市场经济规律为导向，结合

---

① 周雪光：《从"官吏分途"到"层级分流"：帝国逻辑下的中国官僚人事制度》，《社会》2016 年第 1 期。
② 《M 省扶贫办关于农村扶贫开发建档立卡工作方案的通知》，2014 年 4 月 12 日。
③ 《中共中央办公厅、国务院办公厅关于建立贫困退出机制的意见》，2016 年 4 月 29 日。
④ [美] 罗伯特·B. 登哈特、珍妮特·V. 登哈特：《新公共服务：服务，而不是掌舵》，丁煌译，中国人民大学出版社 2013 年版，第 100—111 页。

脱贫任务、产业扶贫实施主体的诉求、贫困村的实际情况,引进综合实力强的企业或合作社,上马适合当地种养条件的产业,建构适合贫困村实际情况的扶贫模式,通过发挥市场对资源配置的决定性作用来激发农民脱贫的主体意识。

3. 贫困村产业扶贫巩固阶段的政策工具选择

贫困村产业扶贫巩固阶段的基层治理主要依赖行政发包制、锦标赛制、市场工具这几个治理工具。行政发包制主要运用于普惠型奖励项目的治理,以科技局奖励项目为例,其依赖行政发包制治理项目是指 M 省依赖科层制将项目指标逐级向下分解,贫困村依自愿原则申报项目,M 市科技局负责审核、公示和奖励。锦标赛制同时并存于普惠型和提升型奖励项目的治理。以 M 市科技局奖励项目为例,锦标赛制在普惠型奖励项目治理领域的运用表现为,M 市以产业扶贫绩效为标准确定项目审批序列。以 M 省产业扶贫提升工程为例,锦标赛制在提升型奖励项目治理领域的运用表现为,M 市以产业扶贫绩效为标准确定项目审批序列、项目奖励等级、项目奖励额度。市场工具亦同时并存于普惠型和提升型奖励项目的治理。市场工具的运用体现为,奖励性项目的依据并非政治忠诚度、工作积极性,而是扶贫产业的益贫效益、扶贫产业的发展潜力、产业扶贫模式的可推广性等效率型指标。

四 本章小结

本章重在考察国家产业扶贫政策以及 M 市产业扶贫政策的演变逻辑。研究表明,国家产业扶贫政策大致经历了四个阶段。第一阶段为 1949 年至 1985 年的制度改革促增收阶段。其中,1949 年至改革开放前,国家主要通过农业生产合作化促进粮食增收进而缓解普遍贫困问题,改革开放至 1985 年,国家主要通过土地改革制度激发农民种粮积极性来缓解贫困问题。中华人民共和国成立至八七扶贫攻坚之前,国家主要通过救济式的治贫方式来缓解普遍贫困问题。第二阶段为 1986 年至 2000 年的开发式扶贫启动阶段。此阶段，国家从救济式扶贫转向开发式扶贫，贫困瞄准从区域精准到县。第三阶段为 2001 年至 2012 年的开发式扶贫深化阶段，此阶段，国家确定了以产业促扶贫的治贫方式，贫困瞄准从县精准到村。第四阶段起始于 2013 年的精准扶贫阶段。此阶段，贫困县、贫困村的标准有了新的内涵，产业扶贫作为精准扶贫的"五个一批"之一被正式提出，贫困瞄准从村精准到户。2018 年后，产业扶贫成为衔接精准脱贫与乡村振兴的链接，因此，2018 年后，产业扶贫不仅要建构扶贫长效机制，还要探索一般性、可推广性的扶贫模式以促进产业扶贫对精准脱贫与乡村振兴的衔接进程。

以时间为序列，M 市的贫困村产业扶贫政策经历了 2014 年的贫困村识别阶段、2015 年至 2018 年的贫困村产业扶贫主要实施阶段、2018 年以来的贫困村产业扶贫巩固阶段。三个阶段的政策目标不断升级，其中，贫困村识别是贫困村产业扶贫的基础，贫困村产业扶贫巩固以贫困村产业扶贫绩效为基础。三个阶段的政策价值定位在正义和效率之间转换，并从正义取向向效率取向不断过渡。三个阶段的政策工具包括行政发包制、锦标赛制、市场工具。接下来，本书将按照 M 市贫困村产业扶贫政策的时间序列，依次解读贫困村产业扶贫各阶段中的基层治理逻辑。

第 三 章

贫困村识别阶段中的基层治理逻辑

产业扶贫主要在贫困村中进行，产业扶贫巩固亦主要在贫困村中进行，贫困村识别是产业扶贫和产业扶贫巩固的前提和基础，在建构了分析工具和梳理了产业扶贫政策的演变历程后，本书进入基层治理逻辑解读的第一个阶段——贫困村识别阶段。本书主要在贫困村范围内解读产业扶贫中的基层治理逻辑，主要基于以下考虑。第一，将研究范围主要集中于贫困村，可稳定观察产业扶贫的基层治理逻辑。有一项以上确保村集体经济收入5万元以上的扶贫产业，是中部地区贫困村出列的必要条件之一。为确保顺利出列，当前，绝大多数贫困村已经形成扶贫产业。非贫困村主要面临贫困户脱贫问题，国家对其是否发展扶贫产业并无硬性要求，绝大多数非贫困村并未形成扶贫产业。第二，将研究范围主要集中于贫困村，可清晰观察产业扶贫的基层治理对村庄的影响。为助力贫困村出列，国家在政策、人力、项目等方面对贫困村进行专项支持，而非贫困村在村庄层面所获资源取决于村干部的争取能力，非贫困村在村庄层面所获国家扶持力度小且稳定性差。第三，将研究范围主要集中于贫困村，可确保产业扶贫三个阶段的连续性。产业扶贫主要在贫困村中进行，产业扶贫巩固亦主要在贫困村中进行，将研究范围主要集中于贫困村，可确保本书在产业扶贫三个阶段中的连续性。2014年4月11日，国务院扶贫办印发《扶贫开发建档立卡工作方案》(后文简称《国扶办方案》),次日,M 省印发《M 省农村扶贫开发建档立卡工作方案》(后文简称《M 省方案》),《M 省方案》要求,省将贫困村指标分解到县,县将贫困村指标分解到乡镇,乡镇组织符合条件的村庄申报,乡镇审核并公示后将名单提交至县扶贫办审核并公示。下面,以 M 市贫困程度最深、贫困村指标最多(79 个)的阳县为例,阐释县扶贫办的贫困村识别逻辑,以阳县下辖的贫困村指标最多的杨镇(13 个)为例,阐释乡镇政府的贫困村识别逻辑。阳县于 2015 年被纳入国家主体功能区,以小型水电和蔬菜闻名全国。阳县下辖 10 个乡镇,分别为杨镇、秤乡、莲镇、岭镇、英镇、城镇、拱镇、江镇、埠镇、杜镇。

一 科层理性制约下的贫困村识别

科层理性的实现是基层治理的应然结果,在贫困村识别阶段,科层理性要求县扶贫办和乡镇政府以科层制作为唯一治理工具,严格遵从政策规范(形式合理),实现贫困村精准识别的政策目标(结果合理)。在贫困村识别阶段,科层理性通过识别条件控制、指标规模控制、申报程序控制来约束县扶贫办和乡镇政府的贫困村识别实践,压缩关系理性的空间,确保贫困村的精准识别,为贫困村产业扶贫和贫困村产业扶贫巩固夯实基础。

(一)识别条件控制

《国扶办方案》对贫困村的识别标准做出要求:贫困村识别原则上按照"一高一低一无"的标准进行。即,行政村贫困发生率比全省贫困发生率高一倍以上,行政村 2013 年全村农民人均纯收入低于全省平均水平的 60%,行政村无集体经济收入。依照国扶办要求,结合 M 省扶贫开发实际,M 省扶贫办制定了《M 省方案》,《M 省方案》的贫困村识别条件与国扶办一致。贫困户识别是贫困村识别的基础,但贫困户识别难度大。第一,识别标准不完善。当时，政策尚未明文规定贫困户的九条红线，也并未将"两不愁三保障"纳入识别标准。贫困户识别仅"2013年农民年人均纯收入2736元以下"一个收入线标准。第二，政策执行时间短。M省于2014年4月12日出台工作方案，要求5月底完成贫困户识别，乡镇政府于4月18日召集村支书开会，要求5月20日完成贫困户识别。阳县下辖村庄村均400户农户，村庄须每天完成15户的入户任务，才能如期完成贫困户识别工作，以现有的村干部人员配置水平，不具备现实可能性。对此，岩村支书的应对策略为："民兵连长给几个指标，妇女主任给几个指标，具体怎么弄，他们小组报给我就行。"① 第三，农户收入精算难。2017年11月，笔者在湾村进行贫困户的"三率一度"评估检查，经过两个小时的入户了解，认为代家的收入不达退出线并认定其为错退户。然而，湾村第一书记指出，代某今年打零工收入的5000元被其有意隐瞒。农户代某却认为："我身体不好的时候，好几个月都没钱赚。"② 代某坚持认为，5000元不应该算作其稳定收入。因此，精准计算农户收入的工作难度十分大。"我来村里一年了，都不敢说算得清各家收入。"③贫困户识别标准不完善、政策执行时间短、农户收入精算难，最终，在贫困村识别阶段，基层治理仅遵从了"无集体经济收入"这一硬约束。

与杨镇相邻的沟镇建有雪米饼企业，因扩建基地需要，租用了邻近杨镇的颜、王、邓、通、熊、高六村土地，每年付给此六村10万到20万元不等的土地租金。此次贫困村识别"无集体经济收入"的硬约束，恰好将此六村排斥于外。"镇里前几次行动，颜村和王村都没赶上，俩村意见很大，想（借贫困村政策）安抚一下。"④"无集体经济收入"的硬约束，将有固定集体经济收入的6个村庄

---

① 2018年1月25日，阳县杨镇岩村村支书L访谈记录。
② 2018年1月13日，阳县杨镇湾村贫困户D访谈记录。
③ 2018年1月9日，阳县杨镇湾村第一书记H访谈记录。
④ 2018年1月7日，阳县杨镇党委书记L访谈记录。

排斥于外，将杨镇的贫困村识别范围由原先 41 个村庄缩减为无集体经济收入的 35 个村庄，提升了贫困村政策益贫性的概率，同时，压缩了乡镇政府关系理性的空间。

（二）指标规模控制

《国扶办方案》对贫困村的规模做出要求：按照"省负总责"的要求，由省级扶贫开发领导小组研究确定本省贫困村规模，中部 10 省贫困村识别规模原则上控制在行政村总数的 20% 左右。可见，国扶办对贫困村识别规模的要求，实现了对省级层面的指标控制。《M 省方案》指出：按照国扶办要求，各县（区）应按照行政村总数 20% 左右的比例识别贫困村，但考虑到重点县和片县（区）基础设施落后、贫困程度深的实际，大别山地区按照 25% 比例识别。阳县下辖 289 个行政村，共分得 79 个贫困村指标。可见，M 省对贫困村识别规模的要求，实现了对县级层面的指标控制。

虽然国务院或省的规章制度无法精准规制县到乡镇或乡镇到村的指标分配，科层理性却可在一定程度上规制关系理性的空间。第一，规制县扶贫办到乡镇指标分解中关系理性的空间。按照以往经验，杨镇找县里争取，基本上可争取个别指标，但此次贫困村政策的监督力度大，县政府要求严格执行指标分配决议。"以前肯定能争取一两个（指标），现在卡得严，一个没给。"① 第二，规制乡镇到村庄指标分配中关系理性的空间。为降低村庄竞争而引起的内部消耗，确保如期完成贫困村识别工作，乡镇领导班子决定，A 类村庄②中享受过大兴苑改造和美丽乡村政策的，不予考虑。至此，部分综合条件好的村庄被排斥于外，乡镇到村指标分配中关系理性的

---

① 2018 年 1 月 23 日，阳县杨镇镇长 M 访谈记录。
② 村综合排名满分 100 分，共八个指标："党群工作 21 分""精准脱贫 14 分""财经工作 8 分""美丽乡村 16 分""农村农业工作 12 分""卫生计生食药 13 分""安全维稳 9 分""民生事业 7 分"。按照综合排名，杨镇下辖行政村分为四个等级：1—10 名为 A 类村庄，11—20 名为 B 类村庄，21—30 名为 C 类村庄，剩余为 D 类村庄。

空间由 35 个村压缩至 29 个。

（三）申报程序控制

《国扶办方案》对贫困村申报程序的要求为：以公开公平为原则，按照"村委会自愿申请、乡镇人民政府审核、县扶贫开发领导小组审定"的流程进行。参照《贫困村建档立卡工作示意图》，各省须在六月底前完成县扶贫开发领导小组对全县贫困村名单的审定。另外，申报贫困村的行政村须填写《贫困村登记表》，如实统计行政村基本情况、发展水平、基础设施状况、生产生活条件、公共服务情况、帮扶情况和帮扶成效。《M 省方案》对贫困村申报程序的规定与国扶办一致。在贫困村申报程序上，阳县严格遵循"村庄自愿申请，乡镇政府审核，报县扶贫办备案"的流程。2014 年 4 月 20 日始，阳县各乡镇组织符合条件的行政村填写《贫困村登记表》和《贫困村申请书》，要求将"村庄总户数、贫困户总户数、贫困发生率、2013 年农民人均纯收入和村集体经济收入"等重要判断依据详细填报。2014 年 5 月 10 日前后，阳县各乡镇陆续公示贫困村拟定名单，公示结束后，各乡镇向县政府提交《关于审核确认贫困村的报告》，随后，县扶贫办公示全县贫困村名单。

"像徐村这类（经济基础好的）村，容易出效果，以前都是优先考虑，这次搞得严，报上去怕是也没用。"① 杨镇书记认为，若把经济基础好的村纳入贫困村，则有利于将来贫困村如期出列，可确保政策执行效果。但是，当前贫困村申报程序十分严格，若将该类村庄的情况如实填报，则很难通过县扶贫办的审核；若修改该类村庄数据，即便通过了县扶贫办的审核，亦难以规避其他村庄的监督。最终，申报程序的严格性，将徐村等 3 个具有村集体产业的村庄排除在外，科层理性规制了乡镇工具型关系理性的空间，把乡到村指标分配中关系理性的空间由 29 个村压缩至 26 个。另外，黄村

---

① 2018 年 1 月 18 日，阳县杨镇党委书记 L 访谈记录。

为县财政局包的村，亦是市委副书记的家乡，当前，黄村的村庄综合实力已位居杨镇前3名，杨镇本想将其纳入贫困村序列，以借此建构和上级的关系，但是，贫困村申报程序的严格性以及贫困村政策的公开性，倒逼杨镇将黄村等3个具有高层政治资源但村庄综合排名位居前列的村庄排除在外，至此，乡到村指标分配中关系理性的空间由29个村压缩至23个。

二 关系理性导向下的贫困村识别

科层理性约束的有限性为基层治理的关系理性留下空间。需要注意的是，因贫困村指标总数小于符合贫困村条件的行政村总数之故，贫困村识别中的基层治理缺失了"完成任务"维度。在价值型关系理性的导向下，县扶贫办和乡镇政府遵从面向上的价值型关系理性、"惯习"和面向下的价值型关系理性三个维度。在工具型关系理性的导向下，县扶贫办和乡镇政府遵从"规避风险"和"政绩"两个维度。

（一）价值型关系理性导向下的贫困村识别

1. 面向上的价值型关系理性导向下的贫困村识别

县扶贫办在面向上的价值型关系理性导向下的贫困村识别。第一，县扶贫办将指标向市委重点打造的"特色工程"倾斜。2012年以来，M市连片整合阳县岭镇、英县龙镇、信区坑镇的3000亩土地打造现代农业产业园，园区建立以来，三县已统筹财政资金和各类项目支持园区发展，精准脱贫政策实施以来，三县亦不断将贫困村指标和各类扶贫项目注入园区，其中，阳县扶贫办将岭镇参与其中的4个村庄全部纳入贫困村序列。"这一年各部门资源都往那集中，岭镇已建设得相当好，本想借此次扶贫好好打造一下（县城）周边乡镇，没办法，得先紧着上面。"① 第二，县扶贫办优先照顾领导的诉求。最终，照顾领导诉求共用去 12 个指标。

乡镇政府在面向上的价值型关系理性导向下的贫困村识别。江村、宫村、联村、马村进入贫困村序列，均为乡镇遵循面向上价值关系理性之结果。其中，江、宫二村得助于内生性政治资源，即获得和村庄有血缘（是本村人）、业缘（在本村工作过）、地缘（在本村生活过）关联的政治关系网络内地位较高者的帮助。江村拥有血缘类政治资源，因此，即便江村的综合排名为第 13，乡镇依旧将其纳入贫困村之列。宫村拥有业缘类政治资源，因此，宫村被纳入贫困村之列。值得注意的是，毛村是县委组织部长的家乡，但是近几年，毛村村干部矛盾极深，各村民小组素来不睦，村庄治理失序严重。毛村在杨镇综合排名为第 36，按照贫困村的标准，理应将其纳入贫困村序列，但杨镇却在"规避风险"的导向下将其排除于外。联、马二村得助于外生性政治资源，即获得村庄自主建构的与政治关系网络内地位较高者的关系的帮助。其中，联村得益于省统计队建构的帮助。2014 年，省统计队在联村驻村期间获得村支书的积极配合，为表感谢，省统计队帮联村进入贫困村序列。马村获得贫困村指标为偶然事件引起科层制高层关注之结果。"俺村的一个大学生，给报纸写了文章，才给俺村弄上。"② 与若干农户及村干部核实后发现实情如下：杨镇贫困村名单公示后，马村一名在读硕士在当地报纸著文，认为马村的道路等基础设施水平落后，应该被定为贫困村，此事引起省对市的问责，最终，在 2015 年的精准识别回头看时，马村取代余村，进入贫困村序列。

2. "惯习"导向下的贫困村识别

县扶贫办在"惯习"导向下的贫困村识别。偏北部的杨镇、秤乡、莲镇的基建水平落后于阳县的平均水平，原因有二。第一，区

---

① 2018 年 1 月 17 日，阳县扶贫办主任 Z 访谈记录。
② 2018 年 1 月 8 日，阳县杨镇马村贫困户 Z 的访谈记录。

位优势差。阳县北高南低,地貌为长条形,偏南部的乡镇(岭镇、拱镇、江镇)靠近高速路口并与其他县毗邻,地理位置优越,偏北部的乡镇(杨镇、秤乡、莲镇)远离县城,偏居深山、地形复杂、交通不便。第二,土地碎片化程度高。杨镇、秤乡、莲镇地处丘陵地带,土地碎片化情况非常严重,"我的3亩地分了11个地方,最小的地才2分,现在种地不行了,也就够吃饭"。① 因此,三个乡镇土地整合难度大,产业发展基础差。基层倾向于基础设施建设的惯习有其现实考虑,在精准脱贫之前,基础设施建设项目容易获批的项目实践强化了基层对基础设施建设重要性的观念,另外,乡镇之间差距过于悬殊,可能损坏乡镇对县扶贫办的信任度,导致县扶贫办工作难以开展。"现在扶贫力度这么大,(贫困村)指标这么多,他们(杨镇、秤乡、莲镇)的基建比其他镇差是共识,视而不见。"② 最终,县扶贫办在"惯习"的导向下,根据实际情况分给杨镇13个指标、秤乡7个指标、莲镇5个指标。

乡镇在"惯习"导向下的贫困村识别。"村里搞得太差,对我们也不好,我们也想帮着搞一搞。你不能光看到(成为贫困村的)好处,所有的(贫困村)将来都得脱贫,上面有严格的(贫困村)出列标准,村太差了到时候脱不了贫。"③ 杨镇副镇长的意思是,村庄基础设施建设水平低会影响乡镇的绩效考核,若扶持村庄提升基建水平,不仅对乡镇的绩效评估有好处,还能拉近乡镇干部与村干部的关系,提高村民对政府的信任度。但是,贫困村项目不同于一般的"先建后补"项目,其涉及一系列的贫困村出列考核指标,基础设施水平低的村庄,村干部治理能力、产业基础、地理位置、村庄秩序一般也比较差,若将这样的村庄列为贫困村,未来将面临非常大的出列压力。因此,在"惯习"的导向下,杨镇象征性地将基础条件较差但出列压力相对较小的坝村和屯村列为贫困村。

---

① 2018年1月15日,阳县杨镇田村非贫困户D的访谈记录。
② 2018年1月21日,阳县扶贫办主任Z访谈记录。
③ 2018年1月16日,阳县莲镇分管扶贫副镇长T访谈记录。

3. 面向下的价值型关系理性导向下的贫困村识别

县扶贫办在面向下的价值型关系理性导向下的贫困村识别。为平衡各乡镇的关系,县扶贫办要确保每个乡镇政府均有一定的贫困村指标支配权,因此,除前述杨镇、秤乡、莲镇外,县扶贫办给其他7个乡镇均分配了2个指标。最终,乡镇的贫困村指标分配呈"利益均沾"的特点。"好乡镇也有穷村,所有的乡镇都得分几个(指标),不然以后乡镇工作咋干。"① 在确保各乡镇均获得指标后,县扶贫办将指标向个别乡镇倾斜。

乡镇政府在面向下的价值型关系理性导向下的贫困村识别。雷村、英村、田村进入贫困村之列,均为乡镇政府遵循面向下价值关系理性的结果。其中,雷村得助于乡镇对片区平衡的诉求。"南片、西片、东片、北片都有指标,就算中片条件好,也不能不分啊,否则,不利于平衡。"② 最终,为平衡片区间关系,乡镇将中片条件最差的雷村(排名第14)纳入贫困村序列。其中,英村得助于乡镇对自身权威维护的诉求。南片的农田综合整治,西片的美丽乡村示范基地打造,中片的网络升级改造,北片的农村示范社区整片推进,东片的党员群众服务中心整体改造,英村均未被纳入规划。"之前我答应(英村)好几次(把它纳入规划),可次次没兑现,这次扶贫政策力度这么大,再不考虑(英村),以后谁还信咱?"③ 乡镇政府若想维护自身权威,则必须维护村支书对乡镇政府的信任,最终,英村进入贫困村序列。其中,田村得助于乡镇对村干部工作配合的诉求。"咱先不管(村庄)条件好坏,每次乡镇有啥号召,人家(田村)跑得最快,这样的(村支书)咱不考虑,以后谁还跟咱。"④ 基于对村干部工作配合的需求,尽管田村的综合排名第8,乡镇仍将其纳入了贫困村序列。坑村与此情形相反,村支书

---

① 2018年1月10日,阳县扶贫办副主任L访谈记录。
② 2018年1月24日,阳县杨镇镇长M访谈记录。
③ 2018年1月20日,阳县杨镇镇长M访谈记录。
④ 2018年1月15日,阳县杨镇镇长M访谈记录。

自几年前因工作方式不当被群众举报后,对乡镇工作持消极态度。"我找他(坑村支书)谈过几次,没用。"① 坑村支书因不能满足乡镇对村干部忠诚度的要求,尽管其综合排名第32,却被斥于贫困村序列之外。

(二) 工具型关系理性导向下的贫困村识别

1. "规避风险"导向下的贫困村识别

县扶贫办在"规避风险"导向下的贫困村识别。2013年,埠镇下辖三个村庄项目治理问题严重,以凤山村的项目治理为例,例证该三个村庄的项目治理问题。第一,村干部所在的村民组全部完成了道路硬化,其他村民组的路依旧为土路。第二,六组和七组之间的一段灌溉管道失修,若是在此安装一段钢筋管道,费用小且经久耐用,但是村支书却申报了U型槽项目。原因在于,钢筋管道方案费用小达不到项目申报标准,U型槽方案费用大可申报项目,便于寻找项目寻租空间。第三,按照项目申报书的要求,村主干道应该以3.0的标准施工,实际上却按照1.5的标准施工,这导致道路不足一年便几近坍塌。连续几年的项目治理失败后,凤山村村民上访频繁,村支书被给予党内严重警告,村庄治理失序。按照M市的项目管理规定,400万元以上的项目,乡镇政府组织项目公开竞标,20万—400万元的项目,乡镇政府组织项目竞争性招标,5万—20万元的项目,乡镇政府自主委托企业承包项目,5万元以下的项目,由村庄自主完成。因此,乡镇政府对项目治理失败难辞其咎,然而,埠镇的党委书记仅被调走,并未接受行政问责。2014年,埠镇的治理秩序有所改善但仍劣于全县其他乡镇。该乡镇与杨镇、秤乡、青镇情况类似,基础设施建设低于全县的平均水平,按照前述的"惯习"导向,县扶贫办应多给埠镇分配几个指标,然而,县扶贫办在"规避风险"导向下,仅分给埠镇2个贫困村

---

① 2018年1月22日,阳县杨镇镇长M访谈记录。

指标。

乡镇在"规避风险"导向下的贫困村识别。第一，长村进入贫困村序列得助于乡镇"规避风险"的诉求。长村干部分工明确，村支书负责村庄外的项目争取、关系建构等，其他村干部负责村庄内的治理事宜。村委班子向心力强，村支书在村庄内部有很强的话语权，其他村干部亦认同其权威。长村村民仅"官"姓一个大姓，村民结构单一，邻里和睦，村民认同村干部的治理能力，村庄治理水平高。邻近的上村则不同。上村的村委班子稳定性差，有能力的村民对任职村干部一事持消极回避态度，当值的村干部因能力不胜引致村委班子频频换届。上村的村民由"肖""雷"两大姓氏组成，两大家族素来不睦、互相拆台。"（上村）两个（姓氏）大事也打，小事也闹，好些年了。"① 对于善治的村庄，贫困村指标可促进村庄各类事业发展，村庄可如期出列。乱村的政策执行环境差，不仅可能导致政策流产，甚至还可能加剧村庄内部矛盾，引发"上访"等不稳定因素，给乡镇带来治理风险。长村的乡镇综合排名为第6名，上村为第31名，即便如此，在"规避风险"的价值引导下，乡镇将长村纳入贫困村序列，将上村排斥在外。第二，湾村进入贫困村序列亦得助于乡镇"规避风险"的诉求。在合组并村的政策推动下，原湾村、前湾村、后湾村合并成湾村。村干部队伍由三村组合而成，原湾村的支书担任合并村的支书，前湾村的会计担任合并村的会计，后湾村的妇女主任担任合并村的妇女主任。村支书村庄治理经验不足一年，村会计和妇女主任以原村庄代言人的身份与村支书斡旋，村委班子联结松散，村支书治理权威严重不足。村民对本村外的村干部缺乏信任，在村庄公共议事层面缺乏合作精神，他们以原地域为单位抱团，明争暗斗、各为阵营。群众矛盾尖锐，内部冲突不断，找乡镇"告状"或外出"上访"事件频繁发生。为规避湾村的治理风险，杨镇将湾村纳入贫困村序列，并将阳县仅有

---

① 2018年1月13日，阳县杨镇上村贫困户Q访谈记录。

的两个省级扶贫工作队之一的 M 省科技学院，指派给湾村。"这么多资源给了谁，都能做成亮点，但是，没办法，先把湾村弄好了再说。"①

2. "政绩"导向下的贫困村识别

县扶贫办在"政绩"导向下的贫困村识别。阳县被划入国家主体功能区后，县域内不允许发展工业，农业收益低且耕地可承载的人口有限，阳县外出务工率居全市最高，阳县的土地抛荒情况非常严重，加之阳县地处丘陵地带，土地碎片化程度非常高，因此，亟须对阳县的土地进行治理。2013 年县委书记着手推动土地托管政策，即，整合抛荒土地集中流转给农业合作社，合作社规模化整治土地进行农业生产，这不仅可以防止土地因长期抛荒而失去种植功能，还可以使农户获得土地租金和务工收入。为将抛荒土地治理工作打造成为工作亮点，县委书记打算先选取几个乡镇进行试点，待模式成熟后再向全县推广。拱镇和江镇被选为试点乡镇的原因在于：二者地处高速路口，外出务工十分便利，因此，土地抛荒程度较高，在此试点，便于为后期的全面推广工作积累丰富的实践经验；二者与两县三乡毗邻，其治理绩效易于"被察觉"；二者基础设施建设完备、乡镇治理有序、农业产业基础较好，容易出成果。考虑到此二乡镇的区位优势明显且产业基础好，县扶贫办认为，若将贫困村指标向其倾斜，则既无须担心贫困村的出列问题，亦可打造贫困村产业扶贫示范点，既可助力县委推动土地托管政策，亦可凸显县扶贫办的扶贫成效。因此，县扶贫办经实地考察后，将有一定产业基础的拱镇 7 个村庄和江镇有产业基础的 6 个村庄全部纳入贫困村序列。

乡镇政府在"政绩"导向下的贫困村识别。第一，岩村进入贫困村序列得助于乡镇的"政绩"诉求。岩村坐落于杨镇的主干道上，是杨镇政府的所在地，岩村村委会距镇政府 1.2 千米，是 M 市

---

① 2018 年 1 月 8 日，阳县杨镇党委书记 L 访谈记录。

到阳县、M市到杨镇以及阳县到杨镇的必经之村。通过打造岩村,可将杨镇的形象展现给途经的领导以及媒体,既实现了对杨镇的正面宣传,又不失自然。在"政绩"导向下,即使岩村的综合排名第10,其仍然被纳入了贫困村序列,并成为全镇首个整村推进的贫困村。值得一提的是,岩村上报给县扶贫办的党群服务中心维修预算经费为40万元,乡党委书记认为岩村是杨镇的"门面",须重力打造,经其向县扶贫办争取,预算金额被追加至170万元。廊村未进入贫困村序列亦是乡镇在"政绩"导向下的治理结果。廊村地处偏僻,距离乡镇主干道2.2千米,驱车于乡镇主干道时很难注意到它,故而不足以影响领导或媒体对杨镇的整体判断。"没办法,(贫困村)指标有限,以后再说吧。"① 最终,在"政绩"导向下,尽管综合排名位列杨镇第28,廊村仍然并未被纳入贫困村序列。第二,桥村进入贫困村序列亦得助于乡镇对"政绩"的追求。桥村全村总面积5967亩,是杨镇占地面积最大的村庄,总人口3328人,是杨镇人口最多的村庄。将桥村纳入贫困村,借助扶贫项目完善其村庄建设,有助于大幅度提升乡镇整体的道路硬化率等数据,有利于乡镇的考核成绩。最终,即便桥村的综合排名第12,乡镇仍将其纳入贫困村序列。龙村和荣村未进入贫困村序列亦是乡镇在"政绩"导向下的治理结果。龙村全村总面积976亩,全村358人,是杨镇人口及面积第一小村,在杨镇综合排名第29;荣村全村总面积1021亩,全村429人,是杨镇人口及面积第二小村,在杨镇综合排名第38。尽管排名靠后,乡镇仍将二者排斥于贫困村序列之外。"趁着精准脱贫国家这么大力度,赶快把桥村这些大头解决掉,对咱镇各项指标提升也快啊,龙村和荣村小,最后实在没法了乡镇自己也能解决。"②

---

① 2018年1月15日,阳县杨镇镇长M访谈记录。
② 2018年1月7日,阳县杨镇镇长M访谈记录。

三 基层治理逻辑

贫困村识别阶段中的基层治理逻辑包括两方面的内容。第一，科层理性与关系理性的序列；第二，关系理性中的基层治理逻辑。

（一）科层理性与关系理性的序列

在贫困村识别阶段中，科层理性之形式合理优先于关系理性。第一，形式合理优先于面向上的价值型关系理性。前已述及，在科层理性之"申报程序控制"的约束下，杨镇放弃了3个有高层政治资源但村庄综合实力位居前列的村庄，其面向上的价值型关系理性的空间被压缩。第二，形式合理优先于面向下的价值型关系理性。前已述及，在科层理性之"无集体经济收入"的约束下，杨镇将有集体经济收入的6个村庄排除在外，遏制了杨镇借贫困村政策安抚颜、王二村的面向下的价值型关系理性的空间。另外，科层理性之"指标规模控制"的约束，制约了阳县扶贫办主任对杨镇党委书记以及杨镇书记对熊村支书的面向下的价值型关系理性。最终，面向下的价值型关系理性的空间被压缩。第三，形式合理优先于"政绩"。在科层理性之"申报程序控制"的约束下，杨镇将徐村等3个经济强村排除在外，其"政绩"诉求的空间被压缩。第四，形式合理优先于"惯习"和"规避风险"。不论是"惯习"导向下，县扶贫办将指标倾斜于基础设施建设水平差的岭镇、拱镇、江镇，还是在"规避风险"导向下，杨镇将指标分配给治理有序的长村以及"矛盾外显"的湾村，所有被列入贫困村的村庄均需满足科层理性中可量化、可考核的硬约束。

（二）关系理性中的基层治理逻辑

1. "规避风险"居首

第一，"规避风险"优先于面向上的价值型关系理性。前已述及,毛村综合排名为第36名且为县委组织部长的家乡,但因治理失序而被排除于贫困村序列之外。由此可证,"规避风险"优先于面向上的价值型关系理性。第二,"规避风险"优先于"惯习"。其一,县扶贫办的"规避风险"优先于"惯习"。前已述及,杨镇、秤乡、青镇、埠镇的基础设施水平均低于全县水平,县扶贫办在"惯习"导向下为前三个乡镇分配了指标,埠镇并未因县扶贫办的"惯习"诉求而获得指标,而是因县扶贫办的"规避风险"诉求获得2个指标。由此可证,县扶贫办的"规避风险"优先于"惯习"。其二,乡镇政府的"规避风险"优先于"惯习"。前已述及,杨镇、秤乡、青镇并未将因县扶贫的"惯习"诉求而获得的指标悉数分给基建水平低的村庄,而是为规避贫困村出列的风险,象征性地将少许指标分给基础条件较差但出列压力相对较小的村庄。由此可证,乡镇政府的"规避风险"优先于"惯习"。第三,"规避风险"优先于面向下的价值型关系理性。前已述及,在"规避风险"导向下,县扶贫办仅分给埠镇2个指标。第四,"规避风险"优先于"政绩"。如前文杨镇书记所述,将贫困村指标和省级工作队指标给任何一个好村,均可打造亮点,但"规避风险"比"政绩"重要,最终,杨镇将资源分配给湾村。由此可证,"规避风险"优先于"政绩"。

2. 面向上的价值型关系理性次之

第一,面向上的价值型关系理性优先于面向下的价值型关系理性和"惯习"。前已述及,县扶贫办在满足了市"特色工程"需求和领导诉求后,才将指标向基础设施水平低于全县平均水平的杨镇、秤乡、青镇倾斜,继而将剩余指标向其他乡镇分配。由此可证,面向上的价值型关系理性优先于"惯习"和面向下的价值型关系理性。另外,前述因省对市的问责,马村取代余村进入贫困村序列,佐证了面向上的价值型关系理性大于面向下的价值型关系理性的结论。第二,面向上的价值型关系理性优先于"政绩"。阳县借贫困村政策打造县城周边乡镇的想法最终让步于市政府的"特色工程",由此可证,面向上的价值型关系理性优先于"政绩"。

3. "惯习"优先于面向下的价值型关系理性

前已述及,县扶贫办将贫困村指标向杨镇、秤乡、青镇倾斜后,县扶贫办先确保其他6镇均有2个指标支配权,再把指标向配合县扶贫办工作的英镇、县扶贫办主任家乡杜镇、县扶贫办所在地的城镇倾斜。由此可证,"惯习"优先于面向下的价值型关系理性。

4. 面向下的价值型关系理性与"政绩"交叉

第一,县扶贫办的面向下的价值型关系理性与"政绩"交叉。县扶贫办先确保埠镇以外其他乡镇的2个指标支配权,而后将指标向土地托管示范镇倾斜,最后将指标向对县扶贫办工作配合程度高的英镇、县扶贫办主任的家乡杜镇、县扶贫办所在地的城镇倾斜。由此可证,县扶贫办面向下的价值型关系理性之"平衡"优先于"政绩","政绩"优先于面向下的价值型关系理性的其他维度。第二,乡镇政府的面向下的价值型关系理性与"政绩"交叉。杨镇基于片区平衡的诉求分给中片一个指标,确保各片区均分得指标后,先将指标优先分配给乡镇"门面"的岩村和乡镇第一大村的桥村,而后才将指标分给数年未享受政策优惠的英村和配合乡镇工作的田村。由此可证,乡镇的面向下的价值型关系理性之"平衡"优先于"政绩","政绩"优先于面向下的价值型关系理性的其他维度。

四 本章小结

本章为贫困村产业扶贫的第一个阶段——贫困村识别阶段。本章以贫困村识别阶段为场域,解读基层治理逻辑,并得出如下结论。第一,科层理性之形式合理优先于关系理性。第二,在关系理性分析维度中,"完成任务"缺失,"规避风险"居首,面向上的价值型关系理性次之,"惯习"优先于面向下的价值型关系理性,面向下的价值型关系理性与"政绩"交叉。

最初的贫困村识别出现了一定的偏差,有基层干部经验不足的因素，也有基层干部政策执行偏差的缘故。针对这一问题，M 市于 2015 年 3 月和 2015 年 12 月开展了两轮"贫困识别回头看"，一改最初村庄申报、乡镇审核的简单做法，而是严格执行村庄申报、乡镇建议、县级多部门联合审查的程序，经过两轮的贫困识别回头看，贫困村精准率显著提升，扶贫资金的瞄准率明显提升，这为后期的产业扶贫和产业扶贫巩固的精准开展奠定了基础。

按照政策的时间序列，M 市于 2014 年 6 月完成贫困村识别工作，于 2014 年 10 月完成贫困村与帮扶单位的结对方案以及贫困村的脱贫规划[①]，于 2015 年 3 月完成帮扶干部的入村工作。M 市完成贫困村识别和帮扶干部入村的工作后，下一步将在全市范围内正式开展贫困村产业扶贫工作[②]，因此，下一章，将在贫困村识别的基础上解读贫困村产业扶贫场域中的基层治理逻辑。

[①] 《M 省扶贫办关于农村扶贫开发建档立卡工作方案的通知》，2014 年 4 月 12 日。
[②] 在贫困村识别之后，在帮扶干部入村之前，一小部分贫困村已经着手开展产业扶贫工作。本研究用"正式"一词，旨在强调帮扶干部入村后产业扶贫的全面开展阶段。

第四章

贫困村产业扶贫阶段中的基层治理逻辑

在完成贫困村识别阶段中的基层治理逻辑解读后，本章进入贫困村产业扶贫阶段。2015年，M市正式进入产业扶贫阶段，为了提升产业扶贫的质量，M市进行了一系列的制度创新。通过组织重心下移，在村民小组一级成立党支部和村民理事会，从而发挥党组织对产业扶贫的引领作用，充分调动群众参与产业扶贫的积极性。通过对农村土地资源、涉农资金的高效整合，提升土地的规模化程度，打通资金统筹壁垒，从而推动扶贫产业的规模化。虽然在三年攻坚克难过程中M市的产业扶贫政策执行发生了一些偏差，但是总体上仍然取得了巨大的成效。在旅游方面，M市通过美丽乡村建设工程，在市域范围内连片建成了9个美丽田园、生态小镇、农旅生态园。例如，龙镇的农旅生态园带动了230名村民就业，帮助40多户贫困户实现稳定脱贫。在社会扶贫方面，M市通过"千企帮千村"精准扶贫行动，在贫困村和企业之间建立起结对关系，由企业带动贫困村因地制宜地发展产业。例如，阳县兴达公司借助"公司+基地+农户"的模式，带动600多户农户年增收150多万元。在文化扶贫方面，M市通过"特色古村"建设工程，在全市建成12个特色古村落，借助当地的特色文化资源，大力发展文化产业，极大地拓宽了贫困户的收入渠道。例如，龙镇水村以红色文化为底色成功打造了红色示范村，水村依托"新8竹海瑶"实施了12个扶贫项目，吸纳了全村70%的村民参与项目，带动全村村民稳定增收。在产业扶贫示范片方面，M市将贫困户整合起来连片发展产业，通过更大范围的土地连片、更大规模的项目资金整合、更大深度的资源优化配置，在扶贫产业与贫困户之间构建了更加稳定的利益联结机制。例如，坑镇通过1000亩示范基地带动辐射周边四个镇，最终形成了四万亩优质稻谷种植区的规模化效应。

一 科层理性制约下的贫困村产业扶贫

科层理性是基层治理的应然结果，在贫困村产业扶贫阶段，科层理性要求基层以科层制作为唯一治理工具，严格遵从政策规范（形式合理），实现贫困村产业扶贫的政策目标（结果合理）。在贫困村产业扶贫阶段，科层理性通过准入门槛、绩效考核、激励措施约束基层（县扶贫办、乡镇政府、村庄）对扶贫产业实施主体的选择，通过准入门槛、产业规划约束基层对扶贫产业主导项目的选择，通过参与方式、政策目标约束产业扶贫中的利益联结机制，科层理性通过压缩关系理性的空间，确保贫困村出列和贫困户脱贫，确保贫困村产业扶贫政策的有效性，为贫困村产业扶贫巩固夯实基础。

（一）产业实施主体的规制

1. 准入门槛规制

科层理性通过设置准入门槛规制基层对扶贫产业实施主体的选择。2015年11月，《中共中央 国务院关于打赢脱贫攻坚战的决定》提出，扶持建设一批贫困人口参与度高的特色农业基地，加强贫困地区农民合作社和龙头企业的培育，发挥其对贫困人口的组织和带动作用。[①] 2016年3月，《M市农业"3个三"工程实施方案》

---

① 《中共中央 国务院关于打赢脱贫攻坚战的决定》，中国政府网，http://www.gov.cn/xinwen/2015-12/07/content_5020963.htm，2015年12月7日。

提出，要发挥龙头企业的作用，充分利用其在种苗繁育、标准化养殖技术、市场开拓能力、加工能力等方面的优势，带动专业大户、农民专业合作社等广泛参与山田鸡养殖，实现产业迅速壮大，对生产全过程实施标准化、规范化管理。2016 年 11 月，《国务院关于印发"十三五"脱贫攻坚规划的通知》提出，支持各类新型经营主体通过土地托管、土地流转、订单农业、牲畜托养、土地经营权股份合作等方式，与贫困村、贫困户建立稳定的利益联结机制。① 2017 年 3 月，《M 省农业现代化"十三五"规划》提出，要做强现代种业、农产品加工物流和休闲农业等关联产业，加快推进农业供给侧结构性改革，促进农业产业结构优化。

由上所述，扶贫产业实施主体的应然条件为：产业技术成熟、资金实力雄厚、管理模式规范、市场份额稳定、社会责任感强的县级以上农业龙头企业或合作社。在科层理性的制约下，M 市下辖各县扶贫办将扶贫产业实施主体限定为县级以上龙头企业或合作社，如此，资质等级等于或低于县级示范龙头企业或合作社被排斥于扶贫产业实施主体之外，这一定程度上确保了扶贫产业实施主体的带动能力。

2. 绩效考核规制

科层理性通过绩效考核规制基层对扶贫产业实施主体的选择。2017 年 5 月，《M 省现代农业产业园扶贫绩效评价办法》明确了产业益贫绩效考核办法：新型农业经营主体与农民建立农户土地入股、资金入股分红等利益联结机制，新型农业经营主体为农户统一提供农业生产性服务和农产品销售服务，则视为紧密型关系，获得 A 等级；企业或农民合作社对农产品进行收购，双方签订合同，为农民出售农产品提供了便利，则视为松散型关系，获得 B 等级；园区企业没有与农民或农民合作社签订农产品购销合同，农产品自由

---

① 《国务院关于印发"十三五"脱贫攻坚规划的通知》，中国政府网，http://www.gov.cn/zhengce/content/2016-12/02/content_5142197.htm，2016 年 11 月 23 日。

买卖，则视为辐射型关系，获得 C 等级；未建立稳定利益联结机制，评为 D 等级。紧接着，M 市制定《贫困村产业扶贫绩效考核指标体系解释》，旨在考核扶贫主体数量及农产品质量，具体考核标准为：新型产业扶贫主体的户数大于等于 3 家的通过审核，否则不通过；扶贫产业农产品取得 1 个以上无公害、绿色或者有机农产品认证的通过审核，否则不通过。

由上所述，扶贫产业应然的益贫效益为：对贫困户的组织和带动能力强，贫困户参与度高，贫困户受益程度高，贫困户与产业形成稳定的利益联结机制。在科层理性的制约下，M 市下辖各县扶贫办将扶贫产业实施主体的条件限定为带动贫困户 30 户以上的龙头企业或合作社，这一定程度上确保了扶贫产业的质量。

3. 激励措施引导

科层理性通过激励措施引导基层对扶贫产业实施主体的选择。2017 年 1 月，《M 市关于做好扶持贫困户开展脱贫增收项目的通知》提出，要扶持"一次性投入、多年收益"、贫困户参与度高、利益联结机制紧密的农业产业项目，要为扶贫绩效突出的龙头企业、专业合作社提供贷款、贴息等方面的资金支持。2018 年 5 月，M 市《关于推进乡村振兴战略的实施意见》提出，实施龙头企业培优工程，扶持和鼓励主导产业的龙头企业做大做强，支持符合条件的生产、加工、贸易企业申报市级、省级和国家级农业龙头企业，同时推进农民合作社规范化建设，开展省、市、县三级联创农民合作社示范社活动，支持一批具备一定规模和产业基础、运行机制规范、管理民主的农民合作社做大做强，推动农民合作社参与农村"三产融合"。2018 年 10 月，《M 市农业产业脱贫攻坚三年行动实施方案（2018—2020 年）》提出，要发挥农业经营主体带动引领作用，发动国家、省、市级农业龙头企业、农民专业合作社积极参与产业扶贫，组织带动当地贫困户参与农业产业发展。

由上所述，扶贫产业的应然领域为：适宜当地自然历史条件的特色、无公害、绿色农产品，或可推进三产融合、可推进农业供给侧结构性改革、可促进农业产业结构优化的新型产业。在科层理性的制约下，M 市下辖各县扶贫办将扶贫产业的领域限定为农业领域，并将纯工业产业严格排斥于外，如此，一方面，保护了当地的生态环境，另一方面，工业对技术要求高，将产业限于农业领域，确保了贫困户的参与度。

（二）产业主导项目的规制

1. 准入门槛规制

科层理性通过设置准入门槛规制基层对扶贫产业主导项目的选择。2015 年 11 月，《中共中央 国务院关于打赢脱贫攻坚战的决定》要求，要重点支持贫困村、贫困户因地制宜发展种养业和传统手工业等，支持贫困地区发展农产品加工业，加快一、二、三产业融合发展，让贫困户分享农业全产业链和价值链增值收益。[①] 2016 年 12 月，《国务院关于印发"十三五"脱贫攻坚规划的通知》要求，要积极发展特色文化旅游，实施特色民族村镇和传统村落、历史文化名镇名村保护与发展工程。[②] 2018 年 9 月，中共中央、国务院印发《乡村振兴战略规划（2018—2022 年）》，要求建立促进群众稳定脱贫和防范返贫的长效机制，探索统筹解决城乡贫困的政策措施，确保贫困群众稳定脱贫。[③] 2016 年 4 月，M 市市委农办印发的《关于推进贫困村人居环境综合整治工作行动计划》提出，要按照"因地制宜、因户施策、分类指导、长短结合"的原则，选准适合自身发展的脱贫产业。2017 年 1 月，《M 市关于做好扶持贫困户开展脱贫增收项目的通知》提出：一要精准选择优势产业，以现有特色优势产业资源为基础，重点突出水果、药材、食用菌、茶叶、

[①] 《中共中央 国务院关于打赢脱贫攻坚战的决定》，中国政府网，http://www.gov.cn/xinwen/2015－12/07/content_5020963.htm，2015 年 12 月 7 日。

[②] 《国务院关于印发"十三五"脱贫攻坚规划的通知》，中国政府网，http://www.gov.cn/zhengce/content/2016－12/02/content_5142197.htm，2016 年 11 月 23 日。

[③] 《中共中央 国务院印发〈乡村振兴战略规划（2018—2022 年）〉》，中国政府网，http://www.gov.cn/zhengce/2018－09/26/content_5325534.htm，2018 年 9 月 26 日。

芦笋等特色农业主导产业;二要精确选择地方特色产业,各镇村要依托资源禀赋,发挥比较优势,优先培育1—2个具有较强市场竞争力的地方特色产业。2018年5月,《M市关于推进乡村振兴战略的实施意见》提出,各县(区)因地制宜制定特色产业的发展规划和实施方案,依托资源禀赋,加快发展X个特色优质产业,加快发展乡村共享经济、创意农业、特色文化产业。

由上所述,扶贫产业项目的应然情形为:以"因地制宜、因户施策、分类指导、长短结合"为原则,以特色优势资源为基础,以"特色、优质、优势"为主题,以"一村一品""一村一业"为目标,选择能够促进一、二、三产业融合、脱贫长效机制的产业。科层理性对基层在扶贫产业选择方面的制约,倒逼基层的品牌化、产业化意识,推动了土地规模化、集约化,促进了农业产业现代化,催生了诸多特色的、优质的农业产业或者旅游产业。

2. 产业规划引导

科层理性通过产业规划引导基层对扶贫产业主导项目的选择。2016年3月,《M市农业"3个三"工程实施方案》提出,要大力推进农业"3个三工程"(品种、品质、品牌),打造山田鸡、柑橘、茶叶三大主导产业。2017年3月,《M省农业现代化"十三五"规划》指出,"十三五"期间,着力稳定粮食、畜禽两大基础产业,优化蔬菜、水果、花卉、水产等优势产业,提升茶叶、南药、蚕桑、油茶、牛羊等地方特色产业,做强现代种业、农产品加工物流和休闲农业等关联产业,加快推进农业供给侧结构性改革,促进农业产业结构优化。2018年10月,《M市农业产业脱贫攻坚三年行动实施方案(2018—2020年)》提出建构"3+N"长效收益机制。"3"指前三年重点保障贫困户有较稳定的收入,达到脱贫的目标。"N"指三年后将以产业升级发展为目标,重点促进扶贫产业适度规模化、标准化、品牌化发展,形成稳定的、可持续的产业发展模式,促进贫困户收益水平稳步增长。

由上所述,扶贫产业项目的应然规划为:稳定基础产业,保障贫困户稳定脱贫;优化特色产业,打造山田鸡、柑橘、茶叶三大主导产业,形成脱贫长效机制;做强现代种业、农产品加工物流和休闲农业等关联产业,促进贫困户收益稳步增长。在科层理性的制约下,基层对贫困村扶贫产业的选择序列为:有山田鸡、柑橘、茶叶三大主导产业的种养殖历史的,重点打造三大产业,如此,一定程度上确保了贫困户的参与度,且可获得政府政策、扶贫资金的支持;无上述三大产业基础的,或结合当地的种养殖历史,整合土地以促进规模化种养殖,或结合当地的地理文化优势,整村规划以形成特色旅游产业;既无种养殖基础亦无地理文化优势的,可引进种养产业入驻村庄。

(三)利益联结机制的规制

1. 参与方式约束

科层理性通过限定贫困户参与产业的方式规制扶贫产业与贫困户的关系。2018年5月,《M市关于推进乡村振兴战略的实施意见》提出,通过保底分红、股份分红、利润返还、服务带动、就业创业等方式,实现农民分享农业全产业链增值服务。2018年10月,《M市农业产业脱贫攻坚三年行动实施方案(2018—2020年)》提出,项目实施单位与参与产业扶贫的贫困户全部签订长期有效的"生产、服务、购销"合同。一是吸收贫困户直接参与产业的种养殖生产或农产品加工,统一生产、统一技术、统一包装、统一品牌、统一营销,形成长效的产业帮扶机制;二是发动龙头企业或合作社与参与主导产业以及自主发展产业的贫困户签订农产品购销合同,帮助其解决农产品的销路问题,保证贫困户农产品卖得上好价钱,提高生产效益;三是吸收不能发展生产的贫困户参与企业或合作社农业生产或农产品加工劳动,通过劳动获得报酬,提高其增收能力。

由上所述,贫困户参与扶贫产业的应然方式为:对于无劳动能力的贫困户,整合扶贫资金入股龙头企业,使其每年固定获取资产收益分红。对于有劳动能力的贫困户，须安排其在扶贫产业中劳动，使其获得劳动报酬，通过产业扶贫的方式增加贫困户收益[①]。对于自主有种养殖意愿的贫困户，可通过承包、领种等方式深度参与扶贫产业，实现更深层次的参与。即，有劳动能力的贫困户参与扶贫产业的方式为资金入股、务工、生产，受益方式为保底分红、工资、产品分红等。让有劳动能力的贫困户在扶贫产业中务工的刚性约束，可增加贫困户收益、防止"养懒户"，提升贫困户的脱贫自主性。

2. 政策目标引导

科层理性通过政策目标引导扶贫产业与贫困户的利益联结机制。2015年11月，《中共中央 国务院关于打赢脱贫攻坚战的决定》要求，发挥其对贫困人口的组织和带动作用，强化其与贫困户的利益联结机制。[②] 2016年11月，《国务院关于印发"十三五"脱贫攻坚规划的通知》要求，建设一批贫困人口参与度高、受益率高的种植基地。引导和支持社会资本开发农民参与度高、受益面广的休闲农业项目，与贫困村、贫困户建立稳定的利益联结机制。[③] 2017年1月，《M市关于做好扶持贫困户开展脱贫增收项目的通知》提出，激发和提高贫困人口的自我发展能力是实现稳定脱贫的根本，前提是精准确定贫困户的脱贫方式。2017年9月，《M市关于做好申报创建扶贫改革示范镇示范村的通知》提出，以造血式扶贫为主、以脱贫长效机制建设为抓手，建立稳定脱贫长效机制。由上所述，产业扶贫愿景的应然情形为：贫困户切实参与产业，与产业形成稳定的利益联结机制；贫困户实现稳定脱贫，形成脱贫长效机制。2018年6月，《中共中央 国务院关于打赢脱贫攻坚战三年

---

① 根据《M市贫困村出列绩效考核办法》的规定，产业扶贫的绩效考核包括资产收益扶贫和产业扶贫两项指标，有劳动能力的贫困户参与劳动是贫困村产业扶贫考核的必要条件之一。

② 《中共中央 国务院关于打赢脱贫攻坚战的决定》，中国政府网，http：//www.gov.cn/xinwen/2015-12/07/content_5020963.htm，2015年12月7日。

③ 《国务院关于印发"十三五"脱贫攻坚规划的通知》，中国政府网，http：//www.gov.cn/zhengce/content/2016-12/02/content_5142197.htm，2016年11月23日。

行动的指导意见》提出，要注重帮扶的长期效果，要合理确定脱贫时序，把开发式扶贫作为脱贫基本途径，加强和完善保障性扶贫措施，造血输血协同，发挥两种方式的综合脱贫效应。① 2018 年 9 月，中共中央、国务院印发《乡村振兴战略规划（2018—2022 年)》提出，研究建立促进群众稳定脱贫和防范返贫的长效机制，确保贫困群众稳定脱贫。②

二 关系理性导向下的贫困村产业扶贫

科层理性约束的有限性为基层治理的关系理性留下空间。在价值型关系理性的导向下，基层治理遵从"惯习"、面向上的价值型关系理性和面向下的价值型关系理性三个维度。在工具型关系理性的导向下，基层治理遵从"规避风险"、"完成任务"和"政绩"三个维度。

（一）价值型关系理性导向下的贫困村产业扶贫

1. "惯习"导向下的贫困村产业扶贫

2016 年 3 月，M 市扶贫办结合本市的种养殖历史，制定了《农业"3 个三工程"实施方案》，部署要求，以打造带动贫困户稳定增收的扶贫产业为主线，推进"3 个三工程"，即，以"品种、品质、品牌"为理念，着力打造山田鸡、柑橘、茶叶三大主导产业，争取通过 5 年的时间，山田鸡出栏达到 2 亿只，柑橘种植面积达到 100 万亩，茶叶种植面积达到 100 万亩。老产业适宜当地的自然、地理环境，因此，自然风险小；当地有一定的种养殖历史，种养技术完备且经农户验丰富，因此，贫困户易于接受；有稳定的销

---

① 《中共中央　国务院关于打赢脱贫攻坚战三年行动的指导意见》，中国政府网，http://www.gov.cn/zhengce/2018-08/19/content_5314959.htm，2018 年 8 月 19 日。
② 《中共中央　国务院印发〈乡村振兴战略规划（2018—2022 年)〉》，中国政府网，http://www.gov.cn/zhengce/2018-09/26/content_5325534.htm，2018 年 9 月 26 日。

售渠道，因此，市场风险小。

县扶贫办在"惯习"导向下支持老产业。阳县扶贫办在"惯习"导向下对山田鸡老产业做出如下支持。第一，整合土地以推进产业园落地。按照市扶贫办要求，选择区位优势明显且地理位置相邻的四乡八村，连片重点打造山田鸡示范农业园。其中，县扶贫办将偏南的杨镇规划为种苗主产区，重点发展山田鸡养殖，旨在提升种鸡饲养水平和苗种鸡供应能力，将偏北的拱镇规划为肉鸡主产区，重点发展肉鸡养殖，旨在提升规模化和养殖水平。第二，整合资金以推进产业园进程。其一，设立"山田鸡产业创新发展"专项扶持资金。2017年，除从中央、省、市争取的山田鸡产业扶持资金500万元外，阳县又配套500万元，最终整合1000万元的产业扶持资金，用于扶持山田鸡良种繁育体系建设、扶持标准化养殖基地改造建设、规模养殖场（户）奖励、养殖技术培训。其二，设立"山田鸡品牌推广"专项扶持资金。2017年，阳县从县财政统筹出300万元的专项资金，用于支持园区内企业申报"无公害、绿色、有机"农产品、省品牌产品、省著名商标、农产品地理标志认证等。其三，设立示范产业奖励金。2017年，阳县形成决议，对园区内获得省级以上龙头企业荣誉的企业奖励20万元，获得市级以上龙头企业荣誉的企业奖励10万元，以此鼓励园区内企业做大做强，推进田园鸡的品牌优势。"先把老产业稳住，再去干别的，这也是上面的要求。"①

乡镇在"惯习"导向下支持老产业。阳县的杨镇和拱镇为山田鸡的重要基地，二镇在"惯习"导向下对山田鸡老产业做出如下支持。第一，为鼓励贫困户参与山田鸡养殖培训，二镇为参加山田鸡培训的贫困户报销路费和伙食费，并每户每天奖励10元。第二，为鼓励贫困户参与山田鸡养殖，二镇统筹省扶贫资金入股山田鸡产业，为每户贫困户发放40只中等鸡苗并提供技术指导，且领养80

---

① 2018年8月9日，阳县扶贫办主任Z访谈记录。

只以上山田鸡的贫困户可获得销售盈利的二次分红。

2. 面向上的价值型关系理性导向下的贫困村产业扶贫

基于点辐射效应局限性的考虑，2017年9月，M省出台《M省关于开展产业扶贫示范片申报工作的通知》，要求集中力量重点打造产业扶贫示范片，通过以片带面撬动产业扶贫的益贫效益。即，各县（区）要以"文化、生态、旅游"为主体，根据自然资源禀赋择优选择若干个连片省定贫困村，连片打造涵盖生态农业、休闲旅游、田园居住等复合功能于一体的产业扶贫示范片。为贯彻落实省扶贫办的政策，M市决定根据各县（区）的基础条件梯度打造示范片，其中，信区是M市首批打造的产业扶贫示范片之一。

区扶贫办在面向上的价值型关系理性导向下打造示范片。经信区扶贫办申报，M市扶贫办审批，M市将信区坑镇确定为首批产业扶贫示范片基地。在面向上的价值型关系理性导向下，信区扶贫办主要从三个方面支持上级工作。第一，以土地整合推进产业落地。按照"先完善治理抓手，后进行土地整合"的思路，信区在村民组一级建立了党支部，并通过组织推动，共整合出47平方千米的土地用于示范片的建设。第二，以财政支持完善基建设施。2017年10月，信区出台了《信区扶贫产业奖补政策》，具体做法为，从县财政中划拨1000万元并到银行放大五倍，用以支持示范片内的基础设施建设。"这就是筑巢引凤，基建做好了，好的企业才愿意进来。"① 第三，以项目倾斜推进园区进程。在信区扶贫办的积极推动下，截至2018年6月，示范片已先后实施整治项目350多个。"我们是上面定的第一批，弄不好了也是问题，我得把我有的全投进去。"②

乡镇政府在面向上的价值型关系理性导向下支持示范片。在面向上的价值型关系理性导向下，信区的坑镇主要从两方面支持上级

---

① 2018年5月9日，信区扶贫办主任S访谈记录。
② 2018年5月9日，信区扶贫办主任S访谈记录。

的示范片建设工作。第一，以财政支持完善基建设施。自示范片成立以来，坑镇政府积极地向上申请项目，截至 2018 年 6 月，坑镇政府已累计争取 1200 万元的项目并全部投入示范片，基本完成了示范片的基础设施建设及公共服务改造。"光一个村好不行啊，要整体推动才行。"① 第二，以项目倾斜推进园区进程。示范片下辖五个省定贫困村分别为安村、葵村、枫村、布村、陂村。安村是省旅游局挂扶的村庄，经帮扶单位三年多的帮扶，安村已被打造成为市级旅游特色村庄，其基础设施建设已相当完备。因此，坑镇政府将葵村、枫村申报为省美丽乡村示范村，将布村、陂村申报为省社会主义新农村示范村，坑镇通过将项目向该四个村倾斜，推动园区的整体进程。

贫困村在面向上的价值型关系理性导向下支持示范片。在面向上的价值型关系理性导向下，坑镇五个省定贫困村主要从两方面支持上级的示范片建设工作。第一，以财政支持完善基建设施。在乡镇的引导和支持下，五个省定贫困村通过村民自筹或社会捐资的方式，向示范片投入约 1060 万元，用以支持示范片的基础设施建设及公共服务升级，并顺利完成其下辖的 65 个村民组的整治规划编制。"示范片是上面的亮点，也是我们的，上面努力，我们更要努力才行啊。"② 第二，以置换产业支持上级的产业规划。以信区坑镇的布村为例，阐释贫困村以置换产业支持上级工作的行动策略。布村有多年的蔬菜种植历史，2016 年，经村民代表大会多次讨论，决定整合布村下辖小布村民组的 200 亩土地，发展特色蔬菜种植产业。土地整合整治完成后，村民组将 200 亩土地承包给 9 户贫困户，贫困户自主选择蔬菜种植品种，第一书记和村委负责采苗、购置农药、寻找销路等工作。截至 2017 年 9 月，贫困户收益最多达五万多元，最少为两万元。该村民组的土质适宜蔬菜种植，自然风

---

① 2018 年 5 月 20 日，信区坑镇分管扶贫副镇长 J 访谈记录。
② 2018 年 8 月 3 日，信区坑镇葵村村支书 W 访谈记录。

险较低；贫困户具有一定的种养殖经验，生产风险较低；该村的白菜干、花菜已经具有稳定的市场销路，市场风险较低；让贫困户自主选择种植品种，也充分调动了贫困户的脱贫自主性。2017年10月，坑镇欲通过打造生菜产业申报"农旅结合"的县级示范片。布村下辖小布村民组正好在乡镇规划内，为遵从乡镇的产业规划，2017年12月，布村将百亩蔬菜基地置换为生菜基地。

经过县乡村的协同治理，坑镇全镇共发展优质农田5万亩，养殖家禽年出栏达到120万只，形成了三产融合发展的现代农业产业园，于2019年12月成功立项国家级农业强镇。近两年来，示范片主要从两个方面提升发展质量。在村庄特色挖掘方面，坑镇持续推动着一村一品特色产业的发展，截至2019年12底，坑镇下辖村庄全部实现"一村一品"，各行政村良好的产业基础，为坑镇现代农业园产业体系的优化升级夯实了基础，有力地助推了镇域范围内三产融合提质升级的进程。在三品工程建设方面，示范片通过制定种植技术规程、质量管理手册、质量追溯办法、产品质量标准、安全检测程序、标志使用规范，推动生产标准化和管理制度化。通过支持新型农业经营主体运用互联网和大数据等技术，建设实验室，购置检验检测设备，建设质量安全溯源和质量监管平台，加强农产品质量安全监管，规范生产经营行为，确保产品质量安全。通过统一种植技术、统一质量体系、统一区域品牌、统一市场销售的"四个统一"模式，提升产业的规范化与市场化水平。示范片的高质量发展，同时提升了坑镇贫困治理的进程。一方面，坑镇依托示范片确保每个有劳动力贫困户参与一个以上增收产业项目，加深了贫困人口在产业扶贫中的利益分享程度。另一方面，坑镇依托示范片延伸了贫困人口在产业扶贫中的利益分享环节。坑镇不仅倡导龙头企业发展利益兜底、利润返还、收益分成、一体化经营等模式，以此确保贫困人口的保底收益。还进一步支持合作社、农户利用土地承包经营权、产品、技术、资金等要素入股龙头企业，有效地将贫困户的收益从生产环节延伸至加工、销售环节。

3. 面向下的价值型关系理性导向下的贫困村产业扶贫

区扶贫办在面向下的价值型关系理性导向下选择辐射镇。根据《M省扶贫开发办公室关于开展省定贫困村示范片申报工作的通知》要求，省定贫困村示范片应带动周边贫困村，实现"以片带面"的辐射效应。信区扶贫办讨论决定选择两个镇由示范片辐射带动。坑镇属于信区的中心镇，与太和镇以外其他六个乡镇均相邻，最终，区扶贫办选择了坑镇东面的塘镇、坑镇北面的平镇作为示范片的辐射镇。其中，塘镇得助于区扶贫办对乡镇平衡的诉求而被列入辐射镇。除塘镇外，信区的其他六镇参与过2015年的美丽乡村示范村工程、2016年的社会主义新农村示范村工程和2018年乡村振兴综合改革示范村工程。"总把一个落下，以后工作也不好做啊。"① 为平衡乡镇关系，信区将塘镇纳入辐射镇。其中，平镇下辖两个省定贫困村，在区扶贫办和帮扶单位的持续支持下，此二贫困村的村庄建设完备、扶贫成效显著。最终，平镇被纳入辐射镇。示范片的辐射镇可获得如下帮扶。第一，辐射镇内的贫困户可优先于非贫困户或非辐射镇农户在示范园区内务工，且只要满足"每天务工6小时，每月务工15天以上"的条件，便可领取每天40元的工资。第二，辐射镇内的贫困户可自愿参与种植或养殖，只要贫困户按园区标准种养并达到收购标准，则与坑镇贫困户享受同等分红标准。第三，辐射镇内的贫困户享受免费的技术指导，享受一定数量免费的种苗或种畜。

乡镇政府在面向下的价值型关系理性导向下选择贫困村。具体表现为：乡镇出于保护村干部的积极性、维护与村干部关系的诉求，将项目向工作积极性高的、对乡镇工作配合度高的、自己家乡所在地的贫困村倾斜。

坑镇在面向下的价值型关系理性导向下选择安村作为示范片总部。信区坑镇政府选择安村作为示范片区的总部，除安村位于示范

---

① 2018年8月11日，信区扶贫办主任S访谈记录。

片区的中间位置外，主要基于如下考虑。第一，安村村干部工作积极性高。安村由 M 省文化旅游厅帮扶，安村在帮扶单位的支持下，邀请专家制定了特色乡村旅游规划，并举办了多次乡村旅游宣传推介活动。当前，安村整合安庆围、新兴、新乔等村民组闲置土地近 250 亩，打造形成集生态农业、休闲旅游、观光采摘、农耕体验、亲子乐园、科普教育等功能的乡村旅游小综合体。第二，安村对乡镇工作的配合度高。截至 2018 年 6 月，安村下辖 14 个村民组全部完成了党支部的建立，是对乡镇工作落实最彻底的村庄。支部建在村民组上，有利于土地整合工作的推动，也利于示范片以及乡镇各项工作的落地。第三，安村村支书与坑镇乡镇领导班子相熟。安村村支书为返乡创业大学生，自其担任村支书以来，积极为村庄争取各类项目支持及政策优惠，因此，安村村支书与乡镇领导班子相熟。"做事的不支持，难道去支持不做事的？你支持我，我就支持你，都是互相的。"①

值得一提的是，脱贫攻坚场域锻炼培养了许多优秀的村干部，这批优秀的村干部不仅是中国脱贫攻坚的重要力量，也将成为乡村振兴的重要抓手，安村的村支书就是其中一例。自从安村被确定为示范片的总部后，安村的村支书也借助各项资源优势迅速扩大了自己的车厘子产业，并获得了很好的市场效益，村支书优先吸纳贫困户入场务工，优先租种贫困户的土地，带头带动贫困户脱贫致富。考虑到车厘子产业的市场销量越来越稳定，2019 年 2 月安村帮扶单位将 30 万元的帮扶资金入股产业，2020 年 1 月，帮扶资金获得 4.2 万元的分红，其中 3 万元的分红由本村贫困户共享，1.2 万元的分红纳入村集体经济收入。鉴于安村村支书的突出表现，在乡镇党委的推荐下，安村村支书参加了信区的"村干部头雁培育工程"，借助这一平台进一步提升了自己的能力。2020 年 9 月，考虑到安村村支书政治素质高、经济带动能力强、工作能力强、办事公道等，经

---

① 2018 年 7 月 23 日，信区坑镇分管扶贫副镇长 J 访谈记录。

乡镇党委推动和村民代表大会同意，安村村支书一肩挑了村主任和村支书两个职位。经过几年的锤炼，脱贫攻坚场域确实培育了一批政治站位高、办事能力强的村干部，通过脱贫攻坚场域的洗礼，他们的政策执行能力、服务群众能力、纠纷调解能力，均得到了极大的提升。像安村村支书这样的干部很多，比如，杉村村支书就因为产业发展能力强、带动群众增收效果明显，直接被破格提拔为分管科技的副镇长，乡镇想要其发挥个人资源优势，带动全镇的产业发展。因此可以说，脱贫攻坚场域为国家培育了一批脱贫能手，更为乡村社会的全面振兴培育了一批骨干。

西镇在面向下的价值型关系理性导向下选择在赤村建设菜干厂基地。西镇为M市英县下辖乡镇，位于县城西北部，因全县被国家划入主体功能区，故而西镇内禁止发展工业。该镇有生产菜干的历史，但农户生产设备简陋，每逢阴雨季节菜干易腐烂变质，农户收益受自然风险影响波动明显。国有企业叶修集团定点帮扶西镇的赤村、道村、鲜村三个省定贫困村，帮扶单位建设菜干加工厂以解决菜干的储存问题，乡镇以300万元的扶贫资金入股菜干加工厂，并每年领取10%的固定分红分至贫困户。建设菜干加工厂的前提条件是整合200亩连片农田，上述三个省定贫困村的人均耕地面积本就低于其他村庄，加之耕地和公益林两条红线的制约，整合土地成为建设加工厂的工作难点。乡镇选择在赤村建设菜干加工厂，主要基于如下考虑。第一，赤村村干部工作积极性高且对乡镇工作的配合度高，这有利于推动土地整合。第二，乡镇党委书记和赤村村干部相熟，将菜干加工厂建立在赤村，有利于推动当前土地整合和加工厂的后续工作，并且可确保赤村所获实惠优于其他二村。

贫困村在面向下的价值型关系理性导向下选择产业承接者。具体表现为：第一书记在面向下的价值型关系理性的导向下，选择当地人的公司承接番薯产业基地；村支书在面向下的价值型关系理性的导向下，选择在自家村民组建设鹰嘴桃产业基地。

西镇花村第一书记在面向下的价值型关系理性导向下选择当地

人公司承接番薯产业基地。花村为西镇下辖的行政村，下辖12个村民组，花村是省定重点贫困村，帮扶单位为中共M市委宣传部。2015年，花村的第一书记入驻村庄后，邀请碧桂园的朋友为花村的四花村民组进行扶贫产业规划。经土壤测试、产品试种、村民代表大会表决后，决定在四花村民组发展规模化番薯种植。产业项目确定后，第一书记便邀请当地的天龙种养公司入园主导番薯产业。花村番薯产业的扶贫模式为：以10万元的扶贫资金投入番薯产业，将每年1万元的固定分红分给四花村民组的15户贫困户，有劳动力的贫困户可在基地务工并获取每人每天40元的收入。经访谈村支书知，天龙种养公司并非龙头企业，但是考虑到四花村民组的土壤适合番薯种植、番薯受气候变化影响小因而自然风险小，公司已与碧桂园旗下的超市签订销售合同因而市场风险小，花村的村干部对天龙种养公司的入驻并无过多阻拦。

龙镇金村村支书在面向下的价值型关系理性导向下选择在自家村民组发展鹰嘴桃产业基地。金村属于龙镇下辖行政村，下辖14个村民组，金村为省定重点贫困村，帮扶单位为M市协作办公室。龙镇有种植砂糖橘的历史，2015年4月，砂糖橘黄龙病席卷M市，作为英县砂糖橘种植面积最大乡镇的龙镇损失惨重，因此，金村着手产业转型。经第一书记和村干部多次外出考察学习、村中能人建言献策、村民代表大会多次表决，金村制定了发展鹰嘴桃、澳洲坚果、芭乐果、苹果枣四大产业的规划，其中，重点打造鹰嘴桃产业。截至2016年10月，在省龙头企业国业旅游公司的带动下，全镇共建成3000亩的鹰嘴桃产业基地，金村仅小金村民组一个鹰嘴桃产业基地，该村民组为金村村支书所在的村民组。金村鹰嘴桃产业的扶贫模式为：金村将40万元的省扶贫资金入股合作社，将每年4万元的固定分红分给行政村的207个贫困户，因小金组无贫困户，合作社组织小金组附近8个村民组的贫困户在基地务工并获取每人每天40元的收入。村支书选择在小金村民组建立鹰嘴桃产业基地，主要基于如下考虑。第一，小金组是村支书所在的村民组，土地整合工作推动阻力小，可迅速推进产业落地。第二，在村支书所在的村民组建设基地，便于管理。值得注意的是，小金村民组并无贫困户，该扶贫产业的土地租金被小金村民组的非贫困户俘获，小金组并非金村的地理中心，不便于其他村民组的贫困户入园务工。实际上，金村地形为条状，14个村民组从东至南排列，小金村民组地理位置偏东，因此，基地建成后，仅可吸纳附近8个村民组的贫困户，其他6个村民组的贫困户因距离过远而无法参与基地务工。

（二）工具型关系理性导向下的贫困村产业扶贫

1. "规避风险"导向下的贫困村产业扶贫

县扶贫办的"规避风险"诉求包括：县扶贫办在打造产业扶贫示范片中的"规避风险"诉求，县扶贫办在项目审批中的"规避风险"诉求。

阳县扶贫办在"规避风险"导向下打造产业扶贫示范片。前已述及，按照《M省关于开展产业扶贫示范片申报工作的通知》的文件精神，各县遴选1—2个示范片参与地级市遴选。为确保"规避风险"，M市要求每个县（区）集中力量打造一个产业扶贫示范片。"每个县不要贪多，集中打造一个，确保每个县都有一个，这样我们就有十几个特色。各个县要报自己接下来的方向，重点打造的亮点，市里好针对性地派出去培训。"[①] 2012年，农业局在全市范围内推广"一村一品"，2014年，农业局在"一村一品"基础上推广"一镇一业"，旨在聚合产业的规模效应，进一步推进农业产业现代化的进程。经过两年的推进，各乡镇均已形成主导产业，各县（区）扶贫办在此基础上，择优打造县（区）的产业扶贫示范片。其时，各县（区）均已形成完备的特色扶贫产业，例如，信区有现代农业产业园、州县有菜心产业园、南县有瑶绣产业园、清区

---

① 2018年7月24日，M市扶贫办副主任W在扶贫年会上的讲话。

有田农猪产业园、连县有鲍鱼茶产业园、阳县有山田鸡产业园。然而,"各县(区)一般会按区位或历史原因分成几个片,为稳妥起见,每个片都要打造一个"①。以阳县为例,除前述岭镇的农旅结合示范片外,还选择了城北的江镇打造现代农业产业扶贫示范片,选择了城南的拱镇打造资产收益型产业扶贫示范片。

阳县扶贫办在"规避风险"导向下审批项目。2016年3月,M市已出台《M市精准脱贫开发项目审批和资金拨付管理办法》,为稳妥起见,各县(区)均出台了更加详细的管理办法。以阳县为例,在M市政策出台后,其紧接着制定了《阳县产业扶贫项目审批方案》,通过程序约束最大限度降低产业扶贫项目审批风险。第一步,贫困村向所在乡镇申报。申报材料包括项目调研材料、选址选点材料、扶贫产业规划书。其中,项目调研材料至少应包括贫困村村干部外出调研的照片和调研情况总结;扶贫产业规划书至少应包括当前已具备的产业发展条件、产业与当地自然环境的适宜性说明、市场风险评估、益贫效益评估四项内容。第二步,乡镇政府审核并公示。乡镇组织人员进行实地考察,并组织贫困村村干部答辩,乡镇审核通过并公示后,上报县扶贫办。第三步,县扶贫办审核并公示。县扶贫办审核上报材料,对于100万元以上的产业扶贫项目,县扶贫办应组织专家进行实地考察,并组织村干部进行答辩。

乡镇政府的"规避风险"诉求包括:乡镇政府在产业上马中的"规避风险"诉求,乡镇政府在管理扶贫资金中的"规避风险"诉求,乡镇政府在项目审批中的"规避风险"诉求。

江镇在"规避风险"导向下上马产业。2017年,考虑到原产品供不应求、阳县适宜牛大力种植、M市土地租金较低、M市政府出资帮助企业整合土地等因素,牛大力产业老板打算将省会的牛大力基地迁移至阳县,并在阳县发展2000亩的牛大力种植基地。牛

---

① 2018年8月8日,M市扶贫办科长M访谈记录。

大力有很强的药用价值，市场前景极好；公司与珠三角城市各大酒楼饭店签订了供货合同，销售渠道稳定；基地全面建成投产后，每亩产值可达15万元，可为近80人提供长期就业岗位。即便如此，江镇政府组团到实地考察该企业的运营情况、了解牛大力的市场前景、学习牛大力的种植条件和技术后，方才启动土地整合工作。"2000亩啊，可不是玩笑，出了事谁都别想好过。"①

西镇在"规避风险"导向下管理扶贫资金。西镇的韭菜产业为主导产业，为降低扶贫资金使用风险，西镇统筹每户五千元的省扶贫资金全部投入白云韭菜企业，贫困户按照每年10%的比例领取固定分红。"全镇三千万的扶贫资金，百分之九十都放到大公司了，虽说只有百分之十的收益，但是稳妥啊，按照上面的意思，资金必须用出去，而且必须产生效益，谁敢瞎搞。"② 西镇鼓励贫困户领种韭菜或在园区务工。领种韭菜模式具体是指，户均可代管韭菜种植，若平均每亩产量达到2000斤，则可获得6000元/亩的奖励金。园区务工主要是指安排贫困户在基地分拣韭菜，公司按照0.3元/斤发放分拣费。"直接分红赚不多，大家都懂，但你看花田那个水蛭，一旦出问题，就全亏了。韭菜不同，公司有销路，还有保底分红，这样的才稳妥。"③

龙镇在"规避风险"导向下审批项目。2015年M市的第一书记全部入驻贫困村后，准备因地制宜发展扶贫产业，其时，M省、M市均未出台具体的扶贫产业审批办法，2016年3月，M市正式出台《M市产业扶贫项目审批流程》。在政策约束下，截止到2017年年底，M市扶贫资金的使用量不足35%。"2015年年初市里仅定了大方向，比如人均2万块主要适用的领域，但没出台具体细则，年底细则出台后，大家都怕出事，都不敢用。"④ 政策规范了扶贫项目

---

① 2018年7月30日，阳县江镇党委书记Z访谈记录。
② 2018年5月18日，英县西镇党委书记N访谈记录。
③ 2018年7月24日，英县西镇党委书记N访谈记录。
④ 2018年5月19日，M市扶贫办科长M访谈记录。

的审批程序，同时也强化了基层治理的"规避风险"诉求。2015年，项目审批细则未成型，龙镇持"可行就批"的项目审批态度，风险共担模式的产业均通过了审批，2016年，项目审批细则公布后，龙镇持"规避风险"的项目审批态度，风险共担模式均未通过乡镇审批，仅资产收益固定分红模式的番薯产业通过了乡镇审批。"2015年第一批资金刚出来时，时间紧任务重，只要班子集体表决认为项目有前途，我就敢批，你放开手脚，干好就行。2016年严了，时间再紧任务再重，我也不敢轻易批了。"[1] 截至2017年10月，龙镇77%的项目未通过审批，仅23%的资产收益型项目获批。面对资金使用率低、产业进度缓慢的现状，M市建立了容错减责机制，明确提出要坚持"三个区分"原则，即把因缺乏经验先行先试出现的失误与明知故犯行为区分开，把国家尚无明确规定时的探索性试验与国家明令禁止后的有规不依行为区分开，把为推动改革的无意过失与谋取私利的故意行为区分开。容错减责机制消除了改革创新者的后顾之忧，激发了党员干部改革创新的活力，提升了产业发展资金的使用率，加速了产业发展的进程。

贫困村的"规避风险"诉求包括：贫困村在产业安排中的"规避风险"诉求，贫困村在产业落地中的"规避风险"诉求，贫困村在扶贫资金使用中的"规避风险"诉求。

龙镇金村在"规避风险"导向下安排产业。前已述及，金村村民有种植砂糖橘的历史，2015年砂糖橘黄龙病肆虐，三分之二的砂糖橘患病致死，在此背景下，金村产业转型势在必行。但是，经历了砂糖橘产业失败之后，群众发展产业的积极性已大不如前，加上砂糖橘是本村的老产业，村民没有掌握其他种养殖经验。因此，金村的产业发展遭遇困境。面对这一难题，金村从整顿村党组织的领导力入手，通过狠抓党组织建设，引领村庄的产业发展。金村通过健全组织网络、延伸组织层级、巩固组织威信，完善了金村党组织

---

[1] 2018年8月10日，英县龙镇党委书记Y访谈记录。

的架构；通过规范意识形态、提升综合素质、升级组织配置、重视精英培育，夯实了金村党组织队伍；通过落实基本保障、建立工作制度、加强作风建设、优化激励机制，升级了金村党组织的运行机制。经过一系列的实践探索和制度创新，金村巩固了党总支在村庄各项事业中的领导地位，强化了金村党总支的领导力和向心力。在金村党总支的引领下，14 个村民组在本小组党支部的引领下发展了不同的产业，包括澳洲坚果、芭乐果、苹果枣、牛奶香蕉等。发展多样化的产业具有多重积极效果，一是避免陷入因单个产业失败而引起全村脱贫进程缓慢的窘境，二是避免因单个产业失败而影响贫困户收益的后果，三是有利于筛选出适合本村长期发展的品种。

杨镇长村在"规避风险"导向下产业落地。长村下辖 8 个村民组，是杨镇的 13 个省定贫困村之一，由 M 市规划办帮扶。长村在产业落地过程中的"规避风险"诉求表现为两个方面。一方面，严格遵守产业申报程序，确保"规避风险"。具体的，各村民组的理事会及村民代表均需外出考察学习，所有项目需经村民代表大会讨论并通过。"村民代表大会一定要通过，程序都做到了，万一将来产业失败，责任也小些。"① 另一方面，严格进行产品试种，确保"规避风险"。长村形成发展苹果梨产业的初步决议后，先试种 10 亩，等到梨树挂果，确定该作物适宜当地气候，才整合土地推进大面积种植。"我 2015 年刚来，2018 年就要预脱贫，着急啊，但是再着急也不能出事啊，好在，一年的试种时间没有浪费，最后可行。"②

长村的村规民约就是以扶贫产业为基础形成的。2017 年 9 月 16 日，李某放养的耕牛踩踏了张某的梨树苗，张某将此事告知村支书，村支书召集村干部讨论裁定，认为李某应赔偿张某 1000 元人民币。李某不服村干部的裁定，拒不赔偿，村干部反复劝说无

---

① 2018 年 7 月 21 日，阳县杨镇长村第一书记 W 访谈记录。
② 2018 年 8 月 6 日，阳县杨镇长村第一书记 W 访谈记录。

果。经此一事，村干部一致认为，想要维护好本村的苹果梨产业，必须制定相关的管理制度，于是村干部召集村民代表开会并形成了一致的规定：所有村民不得放养牲畜，放养牲畜若未踩踏树苗，罚款 100 元，放养牲畜若踩踏了树苗，罚款 500 元以上，具体罚款数额根据树苗受损情况而定，对于不配合者村干部有权采取一定的强制措施。这一规定有效遏制了村民的牲畜放养行为，不仅有效保护了苹果梨产业，村庄的其他作物也得到了有效保护。以此为启发，村干部召集村民代表大会把村庄层面的公共生活规则陆续补充完善，形成了完整的《长村村规民约》。这不仅有效激发了贫困户脱贫的内生动力，激发了贫困户脱贫致富的积极性，使得村庄的贫困治理成效越来越显著。还带来了诸多溢出成效，通过引导群众树立正确的价值观，明确禁止哪些行为，如何处罚，明确鼓励哪些行为，如何奖励，群众的精神面貌发生了较大改变，群众矛盾纠纷的发生率下降，村庄治理秩序明显好转。

杨镇联村在"规避风险"导向下管理扶贫资金。联村下辖 8 个村民组，由 M 市监狱管理局帮扶，村民集中居住在红心、茶坪、小东口、英桃坪四个村民组。截至 2017 年 10 月，联村已建成三个风险共担型的扶贫产业，分别为百亩蔬菜产业、水蛭养殖产业、观赏性苗圃种植产业。具体模式为：通过将扶贫资金入股龙头企业的方式使贫困户成为股东，贫困户参与公司的生产加工工作，与公司一比一分享利润并与公司共担市场风险，无保底分红。为了降低扶贫资金使用的风险，2018 年 5 月，联村引进土鸡养殖公司，将部分扶贫资金投入土鸡养殖公司，确保 10% 的保底分红。"那三个产业前两年做得不错，但是市场变化太大，谁敢保证以后？2016 年开始，资金管得严了。你想，我有四个产业，我又没把鸡蛋放到一个篮子里，就算那三个出了问题，咱还有一个保底的。"[①] 联村村支书的意思是，2014 年贫困村识别的时候，村里没有稳定的高层政治资

---

① 2018 年 5 月 14 日，阳县杨镇联村村支书 M 访谈记录。

源可运作，只好请省统计队帮忙才获得了贫困村指标。省统计队和联村之间不存在稳定的血缘、地缘或业缘关系，时隔三年，联村与省统计队的"私交"逐渐淡漠，一旦扶贫产业失败，这一临时性的关系很难帮助村庄规避上级问责。因此，在"规避风险"导向下，联村又上马了资产收益型的土鸡养殖产业，以此分担其他三个风险共担型产业的风险。

2. "完成任务"导向下的贫困村产业扶贫

县（区）扶贫办的"完成任务"诉求包括：区扶贫办在金融扶贫工作中的"完成任务"诉求，县扶贫办在选择产业扶贫实施主体中的"完成任务"诉求。

清区扶贫办在"完成任务"导向下开展金融扶贫工作。阳县自2009年开始探索金融扶贫，当前，阳县已发展了自主创业、资金投资+劳务、合作经营、托管代养等成熟的金融扶贫模式。具体做法为，政府将扶贫资金在银行放大若干倍，再发放给贫困户或入股国企，政府和银行共担风险。截至2017年10月，阳县已与农行阳县支行、县农信社、邮储银行阳县支行和人保财险阳县支公司签署合作协议，并存入2331万元的风险担保金。阳县金融扶贫模式发展良好的关键性因素是：阳县隶属国家主体功能区，主体功能区内不允许发展工业，因此，阳县民众收入水平普遍偏低，民众可用于理财的资金较少，银行主要通过贷款利率差以确保生存，因此，阳县银行对金融扶贫的意愿比其他县（区）强烈，政府为贫困户缴纳风险担保金的举措则进一步强化了银行的合作意向。为推广金融扶贫模式，拓宽贫困户收益渠道，2017年3月，M市政府出台《M市关于探索金融扶贫拓宽贫困户收益的试行办法》，力图在全市推广阳县金融扶贫的创新实践。为完成市扶贫办的任务，M市各县（区）纷纷着手开展金融扶贫工作。清区距离M市20千米，城区外出务工人员比例较大，清区的工业、服务业发展水平较高，民众收入水平较高，基本可满足银行的业务需求，而农业产业风险高，和政府合作需承担一定的社会责任，因此，清区银行参与金融扶贫的意愿较低。然而，为完成任务，在清区政府的积极推动下，清区扶贫办与农业银行于2018年5月正式签约，完成了市里的金融扶贫任务。

县扶贫办在"完成任务"导向下选择产业扶贫实施主体。为完成《M省关于开展产业扶贫示范片申报工作的通知》的要求，M市要求每个县（区）集中力量打造一个产业扶贫示范片，其中，龙头企业入驻是示范片建设的关键。在时间约束下，阳县要尽快上马项目、落地产业，然而，大多数企业不愿意和贫困户打交道，且申请了政府的扶贫项目需承担相应的社会责任，因此，经营状况较好的企业或合作社一般不会申请产业扶贫项目，愿意参与扶贫事业的多为资金紧缺的企业或合作社①，而《M市精准脱贫开发项目审批和资金拨付管理办法》对产业扶贫实施主体资质的规定又将弱势者排斥于外，最终，扶贫项目呈现"中等俘获"的特点，即，政府的扶贫项目多被有一定资质但资质普通的企业或合作社俘获。

乡镇政府的"完成任务"诉求包括：乡镇政府在扶贫项目安排中的"完成任务"诉求，乡镇政府上马产业中的"完成任务"诉求。

杨镇在"完成任务"导向下安排扶贫项目。按照省里规划，全省2018年要实现预脱贫，为确保完成省里的任务，阳县要求全县贫困村需于2017年年底全部出列，为完成县扶贫办的任务，杨镇计划2016年进行基础较好村庄的整村推进，实现长村、田村、岩村、桥村、江村、雷村的出列，2017年进行剩余村庄的整村推进，实现英村、坝村、屯村、马村、宫村、湾村、联村的出列。桥村为杨镇的第一大村，除产业扶贫和贫困户脱贫这一村庄共性的压力外，该村的道路硬化、安全饮水、主干道量化等任务明显重于其他村庄。"当初把桥村弄进来，就是想着它能把全镇的指标提一提，

---

① 李博：《精准扶贫视角下农村产业化扶贫政策执行逻辑的探讨——以Y村大棚蔬菜产业扶贫为例》，《西南大学学报》（社会科学版）2016年第4期。

到了这个时候，稳稳当当地给咱脱了就行，它脱了，全镇的指标都上去了，就很不错。"① 因此，在"完成任务"导向下，杨镇将基建项目优先向桥村倾斜，以此确保桥村的顺利出列，并进一步实现乡镇的政绩诉求。例如，杨镇为桥村争取到足够的道路硬化款，以至于项目资金量远超实际需求，考虑到项目资金专向性的硬约束以及项目资金结余对后期项目申请的消极影响，桥村村干部把户道修至几栋废弃房前。非贫困村的情形则正好相反。工作能力很强的非贫困村毛村村支书仅帮村庄争取到 6 万元的山塘改造项目，荣村的村集体产业蘑菇基地至村主干道为一段泥路，路基承载能力有限以致严重影响蘑菇产品的运输，然而，项目申报几次未果。

云镇在"完成任务"导向下上马产业。2017 年 3 月，M 市出台《M 市贫困村产业扶贫绩效考核办法》，此考核办法的约束性指标之一为农业扶贫产业，其旨意有二。第一，防止乡镇为完成任务将扶贫资金全部投入企业，仅通过资产收益方式帮扶贫困户；第二，引导各乡镇因地制宜发展农业产业并将贫困户纳入农业产业，真正促进贫困户的自主性脱贫。在政策和考核时间的刚性约束下，诸多工业型乡镇为完成考核目标匆忙上马农业产业。下面，以云镇为例，解构工业型乡镇在"完成任务"导向下上马项目的实践过程。云镇位于清区西北部，下辖 23 个村委会，1 个居委会，其中 2 个省定贫困村。云镇是清区著名的工业型乡镇，有皮鞋和水晶挂件两大支柱产业，且经济水平优于清区的其他乡镇。为完成 M 市的考核任务，云镇通过免除前两年土地租金、出资整合农田、出资整合基地的水、电、路等基建设施，引进三七中草药龙头企业，并将整合后的扶贫资金入股产业，由贫困户享受 10% 的保底分红。最终，在"完成任务"导向下，云镇仅用五个月的时间，完成了土地整合、合作社建立、基地建成、贫困户分红工作，并顺利通过 M 市的产业扶贫绩效考核。

---

① 2018 年 7 月 27 日，阳县杨镇党委书记 L 访谈记录。

贫困村的"完成任务"诉求包括：贫困村在调整产业规划中的"完成任务"诉求，贫困村在上马农业扶贫项目中的"完成任务"诉求。

龙镇金村在"完成任务"导向下调整产业规划。2015年，金村传统产业砂糖橘感染黄龙病，邀请各类专家整治未果，只好考虑产业转型。经村委会考察、村民代表大会表决后，金村决定发展鹰嘴桃产业。因鹰嘴桃为新引进的作物品种，贫困户不具备相关种植技术，且市场销路亦不稳定，因此，金村打算先成立农民专业合作社，由专业合作社先试种一定面积，待技术成熟、作物挂果、销售渠道稳定，再转给贫困户做。如此，其一，可降低贫困户直接种植的风险，且可确保收益最大化；其二，通过贫困户切实参与产业，提升其脱贫自主性；其三，易于形成稳定的利益联结机制和长效扶贫机制，可凸显金村的脱贫成效和帮扶单位的帮扶成效。然而，按照上述规划，作物2019年方可挂果，贫困户才能获得收益，但是按照县里规划，金村需2018年完成贫困户的全面脱贫。因此，金村的项目规划未通过英县的审批。"县里的意思是，要尽快见成效，贫困户要尽快拿到收益，确保如期脱贫。"① 最终，金村调整了产业规划，将40万元的省扶贫资金全部入股M市鹰嘴桃龙头企业，每年领取10%的固定分红。"这样一来，收益虽然不高，但是见效快，能完成扶贫办的任务。"②

云镇云村在"完成任务"导向下上马农业扶贫项目。云村是清区云镇下辖的省定贫困村，下辖8个村民组、33户贫困户。《M市贫困村产业扶贫绩效考核办法》要求，有劳动能力的贫困户必须参与扶贫产业的生产活动。截至2016年10月，云村的两个扶贫项目均为扶贫资金入股分红的资产收益型产业项目，为完成市里的绩效考核要求，云村结合本村村民的种养殖历史，经村民代表大会表

---

① 2018年7月31日，英县龙镇金村第一书记Y访谈记录。
② 2018年7月31日，英县龙镇金村第一书记Y访谈记录。

决,决定在本村规模发展芋头种植产业。具体办法为,由村委会统筹扶贫资金和财政资金并整合治理出280亩水田,由有劳动能力的贫困户自愿承包种植。

3. "政绩"导向下的贫困村产业扶贫

县扶贫办在"政绩"导向下打造产业扶贫示范片。前已述及,2017年9月,M省出台《M省关于开展产业扶贫示范片申报工作的通知》。按照《通知》要求,各县(区)可遴选1—2个由三个以上省定贫困村形成的基础较好、特色较强、群众积极性较高的示范片参与地级市遴选,地级市扶贫办审核材料并实地考察后,报省扶贫办审核,省扶贫办审核公示后,确定第一批省定贫困村产业扶贫示范片,并给予一定的资金支持。为增加示范片的竞争性,阳县确定了打造综合实力最强的岭镇为重点示范片的思路,岭镇的优势主要包括以下几点。第一,区位优势明显。岭镇紧靠高速路口,距离M市市区仅20分钟车程,亦是M市与佛山县的交界,岭镇的区位优势便于产品外销和领导视察。第二,自然条件优越。岭镇位于清溪平原地带,土地连片且整齐肥沃,是M市典型的鱼米之乡,当地的桂花鱼养殖基地已达三万多亩,无论打造桂花鱼品牌抑或是引进其他产业均极具优势。第三,综合实力强。岭镇在阳县排名靠前,以此打造示范片,能更好地实现"以片带面"的效果,示范片的中心村水建村已建成市级产业扶贫示范村,以此为基础整合各类资源,可快速推进示范片的建设进程。第四,土地连片情况较好。岭镇的土质肥沃、地形规则、土地连片集中,有利于推进大型扶贫产业基地的建设。2017年10月,市扶贫办考察了八个县(区)的示范片建设情况后,确定了阳县为M市首批打造的产业扶贫示范片之一。自此,阳县扶贫办整合各类财政资金、扶贫项目投入示范片,全力推进示范片的建设进程。"这是市里的亮点,也是我们的亮点,弄得好,大家都有好处,我们肯定要花大力气去做。"[①]

[①] 2018年5月12日,阳县扶贫办主任Z访谈记录。

乡镇政府的"政绩"诉求包括：乡镇政府在打造产业扶贫特色村中的"政绩"诉求，乡镇政府在打造龙头产业中的"政绩"诉求。

杨镇在"政绩"导向下打造产业扶贫特色村。2015年，省交通局派给 M 市 13 支由高校、国有企业、省直部门组成的帮扶队伍，其中，国家级贫困县阳县获得 2 个指标。前已述及，湾村由三个自然村合并而成，2014年，湾村村支书刚换届，原三个自然村的村民素来不睦且上访现象严重，因此，湾村的村庄治理严重失序。为改善湾村的治理秩序，经杨镇向阳县申请，阳县将省经济学院派驻的驻村工作队分给湾村。自工作队驻村以来，驻村干部协同村支书组织村干部及村民代表外出考察项目，并整合扶贫资金和单位的帮扶资金发展产业，截至 2017 年 10 月，湾村已形成水蛭和驴子两大支柱产业。在驻村干部的协同治理下，原三个自然村村民的关系逐步融洽，"告状""上访"等事件持续减少，村支书的治理威信不断提高，湾村的村庄治理逐步走向善治。"我原本就想着工作队能把湾村弄好一点，没想到这几年效果这么好。"① 2014 年，杨镇原本在"规避风险"导向下将湾村纳入贫困村并将省工作队派给湾村，2017 年年底湾村实现善治后，在"政绩"导向下，2018 年，杨镇进一步将其申报为深度贫困村，对于省统筹拨付的 600 万元资金，湾村将全部用于扶贫产业，对于县配套的 100 万元资金，湾村将其用于建设党群服务中心。通过资源的不断整合，湾村现已打造成以水蛭、河虾、驴子、香菇、桑芽菜为主导产业的小产业园，并依托桑芽菜的观光功能和采摘园的休闲功能打造成为集农产品商业街、生态采摘、生态居住体验为一体的农旅特色村。"湾村现在发展得不错，接下来，趁工作队在，我们还想再往前走一走。"②

西镇在"政绩"导向下打造龙头产业。西镇隶属 M 市英县，

---

① 2018 年 8 月 5 日，阳县杨镇党委书记 L 访谈记录。
② 2018 年 8 月 5 日，阳县杨镇党委书记 L 访谈记录。

下辖 13 个行政村，其中 4 个省定贫困村分别为赤村、道村、鲜村和花村。2014 年精准脱贫以来，乡镇将 13 个行政村划分为四大功能发展区。第一个，城乡融合发展区。以镇区所在的西牛社区为主，联动周边的几个行政村，以蚕桑产业为先导，推进城镇化建设。第二个，特色文化旅游区。连片规划联村、竹村、党村和沙村，打造特色文化旅游带。第三个，农产品加工区。连片规划赤村、道村和鲜村三个省定贫困村，建成农产品加工区。第四个，农旅结合示范片。连片规划晚村、陆村和环村，打造全国最大的韭菜龙头产业，形成绿色长廊，发展农业产业与观光旅游相结合的扶贫产业。2017 年，西镇从 M 市统战部副部长（挂英县扶贫组副组长）处获知，英县前进联合有限公司正在选韭菜基地。西镇为争取该龙头企业，连片规划治理情况好、土地整合程度高、土地连片面积大的村庄，并统筹财政资金对基地进行水、电、路、田的基建改造。产业落地后，乡镇前后又统筹 37 个项目，向基地投入约 300 万元。截至 2018 年 6 月，韭菜基地已建成 3000 亩，2020 年预计建成一万亩。"你站在这里看，一条明显的绿带，等打造好了更好看，这就是西牛的地标，我们的地理名片，来来往往的都看得见。"① 韭菜产业的扶贫模式为：统筹上述四个村的财政帮扶资金 299.5 万元入股基地，公司按 10% 的保底分红回报贫困户，有劳动能力的贫困户可在基地务工并获取每人每天 40 元的收入。"这么大的产业，贫困户就一个保底分红，一个务工收入，没前途的还有退路。"②

贫困村的"政绩"诉求包括：贫困村在产业选择中的"政绩"诉求，贫困村在产业安排中的"政绩"诉求。

西镇花村在"政绩"导向下选择产业。"当时（2015 年年初）刚从机关下来，基本上没接触过农业产业，只能摸着石头过河，省里要求 2018 年预脱贫，所以要尽快找到短平快的项目。笔者联系

---

① 2018 年 5 月 8 日，英县西镇党委书记 N 访谈记录。
② 2018 年 5 月 8 日，英县西镇党委书记 N 访谈记录。

了湖南商会的朋友，经过半年多的考察、村民代表大会表决，最终，决定做水蛭。水蛭在我们这里市场空缺，我想要打造龙头企业，只能选这个（水蛭）。"① 2016年5月，花村注册了鸿农农业发展有限公司。为推进产业进程，花村选择基础设施条件较好、土地整合程度较高、土地连片情况较好、治理秩序良好的一花、三花、五花三个村民组，连片打造水蛭产业。水蛭产业的扶贫模式为：公司投资100万元，花村整合省扶贫资金和市财政资金入股公司，公司和贫困户等比例分红，有劳动能力的贫困户可在基地务工并获取每人每天40元的收入。水蛭可治疗心脑血管疾病，M省的市场供不应求，截至2018年6月，水蛭项目获得纯收益27万元，贫困户获得11万元的分红，水蛭基地的参观已达1000多人次，各媒体网站相继报道40余次，水蛭养殖基地的百度点击量已逾百万。至此，水蛭产业已经成为花村产业扶贫的名片。

龙镇金村在"政绩"导向下安排产业。龙镇是英县砂糖橘种植面积最大的乡镇，金村有悠久的砂糖橘种植历史，2015年，砂糖橘黄龙病肆虐，三分之二的砂糖橘患病致死，因此，金村考虑产业转型。经第一书记和村干部多次外出考察学习、村中能人建言献策、村民代表大会多次表决，金村制定了发展鹰嘴桃、澳洲坚果、芭乐果、苹果枣四大产业的规划。在此基础上有两项重点工作：第一，依托四大产业，逐步打造农果采摘园，将金村发展成农旅结合的采摘园；第二，重点发展鹰嘴桃产业，将其打造成为"一村一品"示范产业，并成为金村的产业扶贫名片。"别家都有宝贝（亮点产业），咱也得有啊。"② 为着力打造采摘园，金村将21个扶贫项目、527.09万元全部投入园区。其中，M市财政帮扶资金规划项目共12个，已启动完成11个，省级财政专项扶贫资金规划项目9个，已全部完成8个；省级财政专项扶贫资金308.88万元，M市财政

---

① 2018年8月1日，英县西镇花村第一书记T访谈记录。
② 2018年7月28日，英县龙镇金村村支书F访谈记录。

帮扶资金200万元，M市协作办公室帮扶资金18.21万元。为着力打造鹰嘴桃产业，金村选择在基础设施条件较好、土地整合程度较高、土地连片情况较好、小组治理良好、村支书所在的小金村民组建设基地，并整合124万元的省扶贫专项资金投入国业旅游公司，由该龙头公司牵头重点打造鹰嘴桃产业。

实际上，除了上述县乡村的实践探索之外，在产业扶贫实践过程中，M市还形成了一套卓有成效的激励机制。2017年以前，村干部只有每月1500元的基本工资，没有年底绩效奖励，干多干少一个样，干好干坏一个样，因此，村干部工作积极性不高，绝大多数干部都把村庄事务当作兼职，主要精力都放在自家事情上。为了有效激发村干部发展产业的积极性，M市做出了两个方面的制度改革。一方面，通过提升村干部的绩效奖激发村干部发展产业的积极性。考虑到村庄发展产业的难度较高，M市安排给村干部高于乡镇干部的产业发展绩效奖，其中，村支书的绩效奖金最高可拿到2.2万元，其他干部最高可拿到1.8万元，而乡镇普通干部最高只能拿到1.6万元。另一方面，设置村集体经济提成奖。M市市委组织部出台的《村集体经济发展十二条》指出，允许村干部用村级集体经济年经营性收入发放绩效奖励，经村民代表大会表决，村集体经济总收益的5%—20%可用于发放村干部绩效奖励。对当年净收益达50万元以上的村党组织书记、党建指导员、驻村第一书记，年终奖金在原基础上增发50%。这一举措，使得村干部发展村集体经济的热情空前地高涨。甚至一些村庄还创新了二次分红法，例如，从每个干部的产业发展绩效奖中拿出1000元统筹管理，制定明确的奖惩措施，根据干部对村庄产业的贡献，每次给予100—500元不等的奖励。以金村为例，自使用了二次分红法以来，村干部之间的绩效奖金最高达3000元的差额，这对村干部具有很强的导向性。凡是使用了二次分红法的村庄，村干部工作积极性得以激发，服务态度明显转变，工作效率明显提升。

三　基层治理逻辑

贫困村产业扶贫阶段中的基层治理逻辑包括两方面的内容。第一，科层理性与关系理性的序列；第二，关系理性中的基层治理逻辑。

（一）科层理性与关系理性的序列

在贫困村产业扶贫阶段中，科层理性之形式合理优先于关系理性。第一，形式合理优先于"惯习"。前已述及，阳县在"惯习"导向下支持老产业，必须以遵从土地整合政策、项目审批流程、财政资金使用规范为前提，乡镇在"惯习"导向下支持老产业，必须以遵从贫困户培训资金和省财政资金使用规范为前提。由此可证，形式合理优先于"惯习"。第二，形式合理优先于面向上的价值型关系理性。前已述及，在面向上的价值型关系理性的导向下，布村将百亩蔬菜基地置换成生菜基地，以服从乡镇政府的产业规划。但是，布村产业置换的前提是，生菜产业需满足能够带动30户以上的贫困户、从事农业领域的县级以上龙头企业的刚性约束。由此可证，形式合理优先于面向上的价值型关系理性。第三，形式合理优先于面向下的价值型关系理性。前已述及，在面向下的价值型关系理性的导向下，花村第一书记将番薯产业基地承包给朋友的企业。同理，此企业需满足能够带动30户以上的贫困户、从事农业领域、县级以上龙头企业、以及《M市精准脱贫开发项目审批和资金拨付管理办法》的规定，方可承接此产业。由此可证，形式合理优先于面向下的价值型关系理性。第四，形式合理优先于"规避风险"。前已述及，不论是阳县为分散风险而打造三个产业扶贫示范片还是金村为分散风险而发展多个扶贫产业，均须以遵从政策对土地整合、项目审批、资金使用的硬约束为前提。由此可证，形式合理优先于"规避风险"。第五，形式合理优先于"完成任务"。前已述及，在"完成任务"导向下，为尽快落成产业扶贫示范片，县扶贫办要尽快引进龙头企业入驻园区，但是，不论时间约束多强，县扶贫办引进的产业仍需满足科层理性对扶贫产业实施主体的刚性约束。另外，前已述及，工业型乡镇云镇为完成上级绩效考核任务，迅速上马农业产业。但是，云镇不能仅通过资产收益的方式帮扶贫困户，其必须安排有劳动能力的贫困户参与产业务工，才能满足产业扶贫的绩效考核要求。由此可证，形式合理优先于"完成任务"。第六，形式合理优先于"政绩"。例如，坑镇为打造"农旅结合"的县级示范片而将布村的百亩蔬菜基地置换为生菜基地，必须满足政策对贫困村置换产业的程序约束，即，必须经村干部及村民代表大会表决通过，布村方可进行产业置换。由此可证，形式合理优先于"政绩"。

（二）关系理性中的基层治理逻辑

1. "规避风险"居首

"规避风险"优先于关系理性中的其他维度。第一，"规避风险"优先于"惯习"。前已述及，2016年3月，M市出台了《农业"3个三工程"实施方案》，要求各县（区）着力打造山田鸡、柑橘、茶叶三大主导产业。在"惯习"的导向下，山田鸡主产区阳县重新规划布置山田鸡产业，茶叶主产区南县重整茶叶产业。但是，柑橘主产区的英县不同，2015年至今，砂糖橘的黄龙病尚未解决，在"规避风险"导向下，英县鼓励各乡镇因地制宜进行产业转型。第二，"规避风险"优先于面向上的价值型关系理性。前已述及，在面向上的价值型关系理性导向下，布村将百亩蔬菜基地置换成生菜基地。但是，产业置换的前提是，企业按扶贫资金10%的保底分红确保贫困户收益。第三，"规避风险"优先于面向下的价值型关系理性。前已述及，在面向下的价值型关系理性导向下，坑镇选择在安村建总部、西镇选择在赤村建基地、金村村支书选择自家所在村民组发展鹰嘴桃产业，但是，其前提条件为，有连片的可整合的土地确保产业落地、村庄治理秩序较好确保产业可"规避风险"。第四,"规避风险"优先于"政绩"。前已述及,在"政绩"导向下,金村重点打造鹰嘴桃产业。但是,金村完成鹰嘴桃试种后,才确定了重点打造鹰嘴桃产业的产业规划。第五,"规避风险"优先于"完成任务"。前已述及,为完成贫困村如期出列的任务,在《M市精准脱贫开发项目审批和资金拨付管理办法》出台前,龙镇通过集体表决的方式审批项目以规避风险。

2. 面向上的价值型关系理性优先于面向下的价值型关系理性

前已述及,M市经考察各县(区)示范片建设情况后,将信区坑镇确定为首批产业扶贫示范片基地之一。在面向上的价值型关系理性导向下,坑镇将项目向园区倾斜,于是,葵村、枫村获得省美丽乡村示范村的指标,布村、陂村获得省社会主义新农村示范村的指标。即,坑镇在建构与县扶贫办关系的诉求下,才得以照顾下辖贫困村的利益。另外,布村村支书在深谙百亩蔬菜的扶贫效益优于生菜产业的情况下,依然选择牺牲贫困户的利益,通过置换产业以支持乡镇的产业规划。上述证据均可证明,面向上的价值型关系理性优先于面向下的价值型关系理性。

3. "完成任务"优先于"政绩"

前已述及,按照金村帮扶单位的原帮扶规划,应先成立合作社代种鹰嘴桃,待市场销路稳定、种植技术成熟、产业发展成型后,再将鹰嘴桃产业交由贫困户管理。如此,鹰嘴桃产业可成为贫困户的长效脱贫渠道、金村的产业扶贫亮点,亦可凸显金村帮扶单位的帮扶成效。但是,此计划不能按时完成金村如期出列以及贫困户梯度脱贫的任务,最后,金村将鹰嘴桃产业调整为金融扶贫模式。由此可证,"政绩"需为"完成任务"让道。

四 本章小结

本章为贫困村产业扶贫的第二个阶段——贫困村产业扶贫阶段。

本章以贫困村产业扶贫阶段为场域，解读基层治理逻辑，并得出如下结论。第一，科层理性之形式合理优先于关系理性。第二，在关系理性分析维度中，"规避风险"居首，面向上的价值型关系理性优先于面向下的价值型关系理性，"完成任务"优先于"政绩"。

值得注意的是，关系理性消解科层理性并不一定引致结果合理的失败。例如，在贫困村识别阶段，杨镇为规避湾村的治理风险而将湾村纳入贫困村，"规避风险"诉求消解了科层理性之形式合理，但是，在贫困村产业扶贫阶段，湾村在驻村工作队的协助下实现了善治，随后，杨镇在"政绩"导向下进一步将其打造成为农旅特色村。从贫困村识别阶段到贫困村产业扶贫阶段，湾村从治理失序走向治理有序，由此可见，关系理性消解科层理性并不一定引致结果合理的失败。

经过三年的攻坚克难，M市的脱贫攻坚取得巨大成效，截至2017年12月份，M市贫困村的镇到村公路硬底化完成率、安全饮水工程完成率、义务教育入学率、新型农村合作医疗参保率和新型农村社会养老保险参保率均达100%。值得一提的是，经过三年的产业扶贫实践，M市不仅探索形成了扶贫产业的多元模式，助力了贫困治理体系的建构，还形成了诸多基层治理的制度创新，例如，村集体经济管理制度、驻村干部的绩效管理制度、村规民约制度、村干部晋升提拔制度等，这些卓有成效的探索不仅有利于巩固脱贫成果，还有利于推动乡村振兴进程。

经过几年的脱贫攻坚，中部地区已基本实现预脱贫，大多数贫困村已顺利出列，大多数贫困户已顺利脱贫，经过几年持续的产业扶贫，大多数贫困村的扶贫产业已成型，村庄集体经济收入水平有所提升，大多数有劳动能力的贫困户已参与扶贫产业，无劳动能力的贫困户通过资产收益分红的方式获得收益，贫困户总体收入水平有所提升。因此，有必要对已有的产业扶贫成效进行巩固和提升，下一章，本书将进入贫困村产业扶贫的第三个阶段——贫困村产业扶贫巩固阶段。

第五章

贫困村产业扶贫巩固阶段中的基层治理逻辑

2018年，M市的产业扶贫进入巩固阶段，此阶段M市主要设立了普惠型和提升型两类奖励项目，想要通过巩固优质扶贫产业，建立稳定脱贫和防止返贫的长效机制，这对于全面稳定脱贫和乡村振兴均具重大意义。但不能忽视的是，此期间M市以党建赋能产业扶贫的创新举措，M市通过完善农村基层党组织的架构，夯实农村基层党组织队伍，升级农村基层党组织的运行机制，实现了以党建提质产业扶贫的效果：群众的脱贫态度明显扭转，脱贫观念明显改变，群众脱贫动能被有效激发；显著提升了产业扶贫的帮扶成效，实现了脱贫户的稳定就业；更加关注脱贫不稳定户和边缘易致贫户，通过建立网格化监控体系和更加精细化的产业、就业等帮扶措施，有效巩固了现有脱贫成效；助力了制度执行从局域性治理转变为整体性治理，助推了贫困治理政策制定从粗放型转变为精细型，形塑了问责机制与激励机制的互促互动关系，贫困治理体系日趋完善。同时，在扶贫产业的基础上，M市还大力发展了消费扶贫，有效提升了扶贫产业的带贫能力。其一，M市通过动员机关事业单位牵头，鼓励引导社会力量参与，积极引进农技、科研机构、电商、品牌策划、文创、金融、物流、冷链、生态旅游等各领域优势企事业单位，聚合各类企业的优势，打造农业产业服务集市，构建了共治共享格局。其二，M市以深入挖掘特色农产品品种资源、优化农产品品种和区域布局、做大做强产业规模为导向,在贫困地区、贫困村大力推进"三品"工程,积极引导贫困地区和贫困户在产品质量、服务、特色、品牌等市场核心竞争要素上下功夫,推进农产品生产、质检、销售的规范化管理,提升农产品的市场竞争力,打造区域特色品牌,提升贫困户的收益水平。其三,M市借助"平台+公司+合作社+农户(贫困户)"的合作模式,将公司、农业合作社、贫困户聚合成利益有机体,形成抱团发展的合作格局,创新消费扶贫合作模式,提升贫困户的组织化水平,提升农产品的市场议价权,延长贫困户分享红利的环节。

一 奖励项目的概念及特征

财政包干制导致地方政府的财政收入超过中央政府,分税制改革则重塑了中央政府的优势地位,[①] 至此,"项目制"成为国家财政的主要分配方式,即,借助常规科层管理体制,央部、委、办进行项目"发包"和招标,地方政府"接包"或"承包"项目,以财政转移支付的办法确保国家政策目标的有效执行以及对基层政府的有效激励。[②] 当前,项目制成为国家的治理方式之一,是当前国家治理的制度化体制、国家治理特殊阶段的时代烙印、国家体制的精神内涵。[③] 项目管理亦是国家精准脱贫领域的重要治理方式。精准脱贫,不仅是国家对社会价值的强制性分配,更是国家维护社会公平的权威性意志的体现。[④] 精准脱贫中的国家权威性意志实质上

[①] 周飞舟:《分税制十年:制度及其影响》,《中国社会科学》2006年第6期;周飞舟:《锦标赛体制》,《社会学研究》2009年第3期;周飞舟:《财政资金的专项化及其问题——兼论"项目治国"》,《社会》2012年第1期。

[②] 黄宗智、龚为纲、高原:《"项目制"的运作机制和效果是"合理化"吗?》,《开放时代》2014年第5期。

[③] 渠敬东:《项目制:一种新的国家治理体制》,《中国社会科学》2012年第5期。

[④] 孙德超、曹志立:《产业精准扶贫中的基层实践:策略选择与双重约束——基于A县的考察》,《社会科学》2018年第12期。

是"不体现特定社会集团、阶级或社团利益"①的政治诉求，它包括产业兴旺的市场诉求、农村振兴的政治诉求、扶弱济贫的道德诉求。然而，"控制权"理论②认为，正式权威与实质权威在契约执行过程中多半呈分离状态。即，在中央正式权威稳定且有效的情况下，地方政府可通过非正式制度的方式，凭借信息和注意力优势获得对政策的实际控制权。③ 也就是说，在权威体制和有效治理的罅隙下，政策执行逻辑并非政策应然逻辑，而是另一种与之相违背的潜在逻辑。④ 实际上，贫困村产业扶贫巩固项目的基层治理中亦混合着在科层制规制下和关系理性导向下的策略性选择。截至2017年年底，M市已实现大多数贫困村出列和贫困户脱贫，在完成产业扶贫的绩效评估后，M市将通过项目奖励的方式巩固优质扶贫产业，以此进一步巩固现有脱贫成效，促进长效扶贫机制的建构，确保贫困村稳定出列和贫困户稳定脱贫，并以产业为媒介建构精准脱贫与乡村振兴的衔接机制。从总体上看，M市在2018年至2020年的全面脱贫阶段设立了两类奖励型项目以巩固优质扶贫产业：一类为普惠型奖励项目，一类为提升型奖励项目。

（一）普惠型奖励项目

普惠型奖励项目是指：市级及其以上承担扶贫工作的部门，通过无偿的方式，将资金量较小的项目补贴给依申请通过审核的企业、合作社、扶贫产业基地、扶贫产业园、产业扶贫示范村、产业扶贫示范镇、产业扶贫示范片等，以实现对扶贫绩效突出者的奖励。第一，该类项目具有普惠性的属性。其普惠性在于，单项项目

---

① ［美］彼得·埃文斯、迪特里希·鲁施迈耶、西达·斯考克波：《找回国家》，方力维等译，生活·读书·新知三联书店2009年版，第10页。

② Aghion Philippe and Jean Tirole, "Formal and Real Authority in Organizations", *Journal of Political Economy*, No.1, 1997, pp.1-29.

③ 周雪光、练宏：《中国政府的治理模式：一个"控制权"理论》，《社会学研究》2012年第5期。

④ 周雪光：《项目制：一个"控制权"理论视角》，《开放时代》2015年第2期。

的资金量少但指标多，因此，覆盖面广；申报程序严格但申请门槛低，因此，惠及面广。第二，该类项目不同于一般性普惠型项目。以道路硬化项目为例，阐释一般性普惠型项目与本研究中的普惠型奖励项目的区别。其一，项目目标不同。凡25户以上居民的道路未硬化的贫困村，可向交通局申报道路硬化项目，可见，一般性普惠型项目的目的之一在于帮扶条件差者使其达到平均水平，而普惠型奖励项目的目的在于，奖励优异者使其得以更好地发展。其二，项目管理程序不同。道路硬化项目的管理程序为，贫困村依需求提出申请，项目审批通过后，贫困村以公开竞标的方式完成项目，项目发包方验收通过后方将项目资金拨付贫困村，而普惠型奖励项目则在审核申报者的条件后立刻拨付项目资金予申报者。其三，承包方的义务不同。承包道路硬化项目的贫困村，需按照项目合同书完成具体的项目目标，普惠型奖励项目为无偿型补贴，承包方无须承担具体义务。第三，该类项目在贫困村产业扶贫巩固阶段中所占比例较小。国家依赖项目制治理公共领域，主要是基于项目治理在国家政策目标和基层治理之间的积极作用，即项目治理的"效率"优势，而普惠型奖励项目无偿性的属性决定了其不能完全体现项目制的工具理性，因此，普惠型奖励项目在贫困村产业扶贫巩固阶段中所占比例较小。

（二）提升型奖励项目

提升型奖励项目是指：市级及其以上承担扶贫工作的部门，通过"先建后补、以奖代补"的方式，将资金量较大的项目奖励给扶贫绩效突出的贫困村，以激励预脱贫的贫困村进一步提升产业扶贫绩效。提升型奖励项目与普惠型奖励项目有如下区别。第一，政策目标不同。提升型奖励项目的政策目标在于：通过鼓励贫困村在已有扶贫产业基础上继续提升，推动扶贫产业的现代化、特色化、生态化、精品化，推动一、二、三产业融合发展，实现更稳定的扶贫机制、更紧密的利益联结机制。即，提升型奖励项目重在激励。普惠型奖励项目的政策目标在于：筛选产业扶贫绩效突出的贫困村，通过项目补贴的方式对其进行奖励。即，普惠型奖励项目重在奖励和补贴。第二，项目程序不同。提升型奖励项目的执行程序为：有申报意向的贫困村先向项目发包方提交可行性报告，贫困村经提升扶贫产业并达到申报条件后，向项目发包方提交项目申请，项目发包方组织考察组进行实地考察后，对符合条件的贫困村进行项目奖励。即，提升型奖励项目的执行程序为：先建后补、以奖代补。普惠型奖励项目的执行程序为：项目发包方组织考察组对提出申请的贫困村进行考察，对符合条件的贫困村进行项目奖励。即，普惠型奖励项目的执行程序为：无须专门提升便可直接提交项目申请，获批后直接发放奖励。第三，项目特点不同。提升型奖励项目的项目申报条件高，项目指标较少，项目奖补金额较高。普惠型奖励项目的项目申报条件较低，项目指标较多，项目奖励金额较低。提升型奖励项目为有偿型项目，贫困村需经过一番努力达到预定标准才有可能获得项目奖励。普惠型奖励项目为无偿型项目，贫困村获得项目后无须承担法定义务。

二　普惠型奖励项目中的基层治理逻辑

贫困村产业扶贫巩固阶段的普惠型奖励项目的类型包括：农业局对现代产业园、示范合作社等的无偿奖励项目，扶贫办对示范村、示范镇、示范片的无偿奖励项目，工商联对扶贫企业的无偿奖励项目，旅游局对旅游扶贫特色村的无偿奖励项目，等等。本书将以市科技局的科技精准脱贫产业基地项目（后文简称科技局奖励项目）为例，解读普惠型奖励项目中的基层治理逻辑。为支持农业产业升级，促进产业基地的脱贫带动能力，支持企业、农民专业合作社与贫困村利益共同体的结成，推进贫困县（区）本土科技人才的培养，促进农业产业园区企业特色种养技术的推广，2018 年 3 月，M 省科技厅出台《关于实施 M 省科技创新战略专项资金项目的通知》，要求对科技精准脱贫产业基地、现代农业科技攻关项目、扶贫产业科技特派员等进行项目奖励，科技局奖励项目为普惠型奖励项目的类别之一。省科技厅根据各市的贫困程度及贫困村的数量分配项目指标，其中，M 市获得 200 个科技局奖励项目指标。紧接着，M 市科技局配套出台《关于组织 M 市 2018 年度省科技创新战略专项资金项目的通知》，要求 M 市结合下辖 2 区 6 县的贫困程度及贫困村数量分配项目指标。值得注意的是，普惠型奖励项目中的基层治理缺失了"规避风险"和"完成任务"维度。第一，科技局奖励项目为无偿型项目，项目承接者无须承担具体任务，不存在项目实施的风险。因此，科技局奖励项目的基层治理缺失了"规避风险"维度。第二，科技局奖励项目申报门槛低的特点导致项目指标供不应求，因此，科技局奖励项目的基层治理缺失了"完成任务"维度。下面，以阳县为例，解读 31 个科技局奖励项目指标分配中的基层治理逻辑。

（一）科层理性制约下的项目治理

1. 益贫资质约束

申报科技局奖励项目的农业科技企业需符合如下益贫资质：农业产业基地面积不低于 200 亩，项目带动贫困户不低于 30 户，农业科技企业须与贫困村联合申报且注册地应与贫困村在同一县（区），有成型的扶贫产业可行性报告。设置"基地面积不低于 200 亩"的约束条件，旨在对企业实力的筛选；设置"带动贫困户不低于 30 户"的约束条件，旨在对企业益贫效益的筛选；设置"与贫困村联合申报，与贫困村同县（区）"的约束条件，旨在防止项目被恶意套取；设置"有成型的扶贫产业可行性报告"的约束条件，旨在对扶贫产业益贫效益的筛选。

上述约束条件门槛低的特点，决定了科技局奖励项目的普惠性属性。第一，"带动贫困户不低于 30 户"的约束性条件，与"M 市下辖各县扶贫办将扶贫产业实施主体的条件限定为带动贫困户 30

户以上的龙头企业"要求一致，因此，M 市下辖扶贫产业的实施主体均符合要求。第二，M 市下辖扶贫产业中基地面积大于 200 亩者过半，因此，大多数贫困村的扶贫产业符合"基地面积不低于 200 亩"的约束条件。第三，"与贫困村联合申报，与贫困村同县（区）"的约束条件，与 M 市贫困村出列的考核标准一致。按照《M 市贫困村出列绩效考核办法》，"有一个以上农民普遍收益，稳定增收的产业"是贫困村出列的必要条件之一，因此，大多数贫困村满足"与贫困村联合申报，与贫困村同县（区）"的约束条件。

2. 资格审查约束

申报科技局奖励项目的农业科技企业需提供以下证明：农业科技企业与 30 个以上贫困户签订的生产合作协议；联合申报贫困村的省建档立卡证明材料；农业科技企业的单位法人证书、组织机构代码证复印件、上年度资产负债表、利润表或收入支出表、产业基地土地使用证明（合同）。

在产业扶贫实践中，贫困户参与扶贫产业的方式包括：扶贫资金入股产业，贫困户享受保底分红；产业承包贫困户土地，贫困户获得土地租金；贫困户参与产业生产，获得务工收入；贫困户独立承接部分种养任务，参与产品的二次分红；等等。而"与 30 个以上贫困户签订的生产合作协议"的约束条件，将土地租金、资产收益分红等贫困户未实际参加生产经营活动的扶贫产业排斥于外，要求有劳动能力的贫困户必须参与生产，其形式包括参与劳动获得务工收入、承接种养任务获得二次分红等。该约束条件的考量在于，奖励真正与贫困户建立利益联结机制的扶贫产业，通过鼓励贫困户参与产业，真正促进长效扶贫机制的建构。其他相关证明材料，旨在确保申报者信息的真实性，以免项目被恶意套取，确保项目落地至扶贫绩效明显的农业科技企业，确保项目目标的实现。

3. 否定条件约束

在下述情形之列的农业科技企业不得申报：承担单位（企业和社会组织）有 3 项以上（含 3 项）市级科技计划项目在研的，项目负责人有 2 项以上（含 2 项）市级以上科技计划项目在研的，项目主要内容已由该单位单独或联合其他单位申报并已获得财政专项资金资助的，承担单位（企业和社会组织）有 1 项以上（含 1 项）市级科技计划项目合同逾期 1 年未提交验收申请的。

"承担单位有 3 项以上项目在研"、"项目负责人有 2 项以上项目在研"以及"项目主要内容已获得支持"的约束条件，旨在使得更多的扶贫企业享受该项目，拓宽项目覆盖面，维护各扶贫项目实施主体之间的平衡性，确保该项目的普惠性。"逾期一年未申请验收"的约束条件，一方面，借助科技局奖励项目的申报促进科技局前期项目管理的规范化，另一方面，实现对申报企业综合实力的筛选，将资质优异的、扶贫绩效突出的企业筛选出来，给予其持续的支持，切实推进脱贫攻坚战略进程，促进长效扶贫机制的建构。

综前所述，科技局奖励项目申报门槛低的特点，增加了申报者中标的概率；"审批后直接拨付资金，企业无须承担具体任务"的无偿资助方式，激发了申报者的积极性；"有项目在研或未如期完成验收者不得申报"的否定性条件以及较充足的指标数量（全市200 个），确保了项目的覆盖面；"贫困户须实际参与产业"的约束条件，推动了长效扶贫机制这一政策目标的进展。

（二）关系理性导向下的项目治理

1. 面向上的价值型关系理性导向下的项目治理

县扶贫办在面向上的价值型关系理性导向下的项目治理。在面向上的价值型关系理性导向下，县扶贫办要兼顾扶贫系统内和扶贫系统外两方面的关系。在扶贫系统内，县扶贫办优先考虑市扶贫办领导挂点村和其家乡所在村。在扶贫系统外，县扶贫办优先考虑市科技局帮扶村、市科技局领导挂扶村和其家乡所在村、县党委班子挂扶村和其家乡所在村、县行政班子挂扶村和其家乡所在村。最终，县扶贫办划拨出 7 个指标，用于建构与政治关系网络内地位较高者的关系。在此，以县委书记挂扶的岩村为例，阐释县扶贫办在面向上的价值型关系理性导向下的指标分配。前述第三章已经提及，岩村为阳县杨镇下辖的 13 个省定贫困村之一，为 M 市住房保障办公室所帮扶，是阳县县委书记挂扶的村，岩村是杨镇的大门，其区位优势十分明显，是杨镇重点打造的村。2016 年，岩村在帮扶单位的帮扶下，引进药红花种植科技公司，通过"公司＋合作社＋基地＋贫困户"的模式，在立新、立志两个村民组发展了 300 亩的药红花种植基地。岩村药红花产业的扶贫方式分为以下几种：统筹省扶贫资金 10.7334 万元和 M 市住房保障办公室的帮扶资金 25.666 万元入股合作社并获取每年 10% 的固定分红，其中 3% 归村集体所有，7% 分给贫困户；贫困户在基地务工，并获取每人每天 40 元的务工收入；在企业技术员指导下，贫困户自愿在房前屋后发展庭院经济，待企业统一销售后，获得二次分红。药红花产业不仅吸纳了贫困户的劳动力，还组织了贫困户自主种植药红花，符合科技局奖励项目之"奖励扶贫绩效突出者，促进长效扶贫机制"的政策目标。在确保岩村符合科技局奖励项目的申报条件后，阳县扶贫办在面向上的价值型关系理性导向下，将岩村纳入指标序列。

乡镇政府在面向上的价值型关系理性导向下的项目治理。坪村属于阳县英镇下辖的省定贫困村，由县委组织部定点帮扶，距离英镇 13 千米，下辖 13 个村民组，是 M 市边远革命老区村，全村共有贫困户 82 户 138 人，其中有劳动能力的贫困户 40 户 99 人。2017 年 10 月，在县委组织部、英镇政府、坪村村干部的共同协作下，益生南药种植科技公司在青石、青金两个村民组连片整合 600 亩土地并发展益生南药扶贫产业。益生南药扶贫产业的帮扶模式为：贫困户将土地入股至扶贫产业，获得每年每亩 300 元的土地租金，以及每年约 200 元的经营收益"二次分红"；有劳动能力的贫困户以 5000 元的贴息小额信贷入股产业并获得每年 10% 的固定分红；40 户有劳动能力的贫困户均在基地务工，并获取每人每天 40 元的收入；村庄以 10 万元的村级集体经济发展试点扶持资金入股产业，并获得每年 7% 的固定分红，作为村集体经济收入。在确保坪村符合科技局奖励项目的申报条件后，在面向上的价值型关系理性导向下，英镇将可支配的指标优先配置给县委组织部挂扶的坪村。同时，岭镇将唯一可支配的指标分给县委组织部长的家乡连村。

2. "政绩"导向下的项目治理

县扶贫办在"政绩"导向下的项目治理。阳县扶贫办在"政绩"导向下的指标分配序列为：先满足省市级龙头企业，而后再向示范片倾斜。第一，优先奖励省市级龙头企业。2017年阳县共2个国家级龙头企业、4个省级龙头企业，2018年，2个省级龙头企业未通过农业厅审核，审核通过的四个龙头企业分别为：岭镇建村的紫苏种植科技公司、岭镇边村的玫瑰花种植科技公司、拱镇隔村的跑山鸡科技公司、江镇铅村的苦茶种植科技公司。建村因是分管扶贫的副县长挂扶的村而获得指标，因此，阳县扶贫办划分出3个项目指标给其他龙头企业。"这个项目就是要奖励做得好的（扶贫绩效突出的企业），这几个龙头企业打分最高，不给说不过去，再说，龙头企业也都在示范片里面，也是县里的亮点。"① 第二，将项目指标向示范片倾斜。2014年，农业局在2012年的"一村一品"基础上发展"一镇一业"，2017年，县扶贫办在"一镇一业"的基础上打造产业扶贫示范片。当前，阳县重点打造的有岭镇的家馨观光园农旅结合产业扶贫示范片、拱镇的山田鸡资产收益型产业扶贫示范片、江镇的现代农业产业扶贫示范片。岭镇的家馨观光园农旅结合产业扶贫示范片由建村的紫苏产业、边村的玫瑰花产业、芦村的大红花产业以及岗村的樱花产业构成；拱镇的山田鸡资产收益型产业扶贫示范片由隔村的跑山鸡产业、平村的肉鸡产业、拱村的红冠鸡产业、连村的七彩鸡产业构成；江镇的现代农业产业扶贫示范片由铅村的苦茶产业、塘村的苗木产业、青村的菌菇产业和宅村的三七产业构成。前已述及，建村因是分管扶贫的副县长挂扶的村而获得指标，边村、隔村、铅村因扶贫企业为龙头企业而获得项目指标。

---

① 2018年11月9日，阳县扶贫办主任Z访谈记录。

岗村、连村、宅村的扶贫企业因不符合市科技局的申报条件，被排斥于外。为推进示范片建设进程、加快产业扶贫亮点的打造，阳县扶贫办对示范片内其他符合申报条件的所有扶贫产业给予了项目奖励，包括芦村的大红花产业、平村的肉鸡产业、拱村的红冠鸡产业、塘村的苗木产业和青村的菌菇产业。

乡镇政府在"政绩"导向下的项目治理。第一，英镇在"政绩"导向下把指标分给树村。树村为阳县英镇下辖的省定贫困村，由县财政局定点帮扶，距离英镇36千米，下辖15个村民组，是M市边远革命老区村之一，全村共有贫困户125户444人，其中有劳动能力的贫困户45户123人。2016年5月，M市启动了"百企扶百村"项目，该项目鼓励资质优、规模大、带动能力强、种养殖经验丰富、市场效益好的民营企业以签约结对、村企共建的形式，参与精准脱贫攻坚战。2016年9月，碧桂园扶贫工作小组入驻树村，工作小组结合树村的自然环境优势引导有劳动能力的贫困户发展苗圃产业，该产业的帮扶模式为：碧桂园在乡镇政府的帮助下整合出连片的800亩土地，贫困户自发承包一定面积的土地种植苗圃，碧桂园提供种苗，派技术员统一指导种植并按市场价收购苗木。苗木销售完成后，碧桂园扣除种苗成本、土地承包费、基地管理费后，将剩下的利润全部返还贫困户。另外，碧桂园企业通过"省市财政配套2万元，农民自筹3万元，碧桂园帮扶5万元"的方式，为树村的村民统一建成了建筑面积120平方米的新房，完成花堂村到树村的土路硬化，新建或改造桥梁8座，完成罗屋、熊屋、横档、龙潭的安全饮水工程。经过碧桂园企业的帮扶，树村于2017年10月正式脱贫，并成为M市社会扶贫的示范村。为凸显乡镇的扶贫绩效，2018年2月以来，英镇将阳县扶持8个村级集体经济发展试点村的扶持资金1150万元和全镇建档立卡有劳动能力贫困户150户（445人）的贴息小额信贷资金400万元全部投入树村的苗圃产业，欲以树村为基础辐射周边村庄，打造社会扶贫示范片。在"政绩"导向下，英镇将可支配的指标优先配置给树村。第二，莲镇在"政绩"导向下把指标分给宗村。莲镇政府从县扶贫办分得2个项目指标,并将第一个项目指标分配给了村级资金互助社示范村。宗村为莲镇下辖的省定贫困村之一,该村自2009年始,在县扶贫办牵头、乡镇政府的支持下,成立了阳县第一个村级资金互助社。互助社解决了贫困户有劳动能力无资金的问题后,宗村便引进M市益民蔬菜种植企业发展菜心扶贫产业,该产业创新了"基础性收入+二次分红"的产业扶贫模式,并荣获2017年省级村级资金互助社示范村的称号。为奖励菜心扶贫产业的扶贫绩效,进一步探索创新村级资金互助社模式,莲镇将指标优先分配给宗村的益民蔬菜种植企业。另外,在"政绩"导向下杨镇亦将湾村纳入指标序列。

3. 面向下的价值型关系理性导向下的项目治理

县扶贫办在面向下的价值型关系理性导向下的项目治理。虽然阳县扶贫办在面向上的价值型关系理性导向下分配出去的7个指标和"政绩"导向下分配出去的9个指标,最终均落地贫困村。但是,面向上的价值型关系理性导向下的7个指标,由上级领导直接联系其照顾的扶贫企业,"政绩"导向下分配出去的9个指标,则由阳县扶贫办直接联系指定的扶贫企业,此两类指标均"不经过"乡镇政府,乡镇政府没有决策权。而阳县扶贫办在面向下的价值型关系理性导向下分配给乡镇政府的项目指标,才赋予了乡镇政府真正的指标配置权。阳县下辖10个乡镇289个行政村,其中,共79个省定贫困村,乡镇下辖贫困村从3个到13个不等。阳县扶贫办在面向下的价值型关系理性导向下的指标分配序列为:先平衡各乡镇政府的利益,而后再向个别乡镇政府倾斜。第一,平衡各乡镇政府的利益。在完成面向上的价值型关系理性和"政绩"导向下的指标分派后,县扶贫办还剩下16个可支配指标。为平衡各乡镇的利益,阳县扶贫办分配给每个乡镇1个指标,共用去10个指标。"指标虽少,也得确保(每个乡镇)都考虑到,不然,冷落了哪个

（乡镇），都不利于开展工作。"① 第二，将指标向个别乡镇倾斜。其一，将指标向配合工作的乡镇倾斜。在阳县下辖的10个乡镇中，岭镇、拱镇、江镇、英镇的四个乡镇干部工作积极性较高，对县扶贫办政策的配合度高。但是，自精准脱贫工作全面开展以来，在2015年的美丽乡村示范村、2016年社会主义新农村示范村、2018年乡村振兴综合改革示范村建设中，岭背、七拱、小江三个乡镇所受优惠力度明显大于英镇，为保护英镇干部的积极性，阳县扶贫办多分配给英镇政府2个科技局奖励项目指标。其二，将指标向县扶贫办所在地的乡镇倾斜。阳县扶贫办位于城镇地界内，经访谈县扶贫办主任获知，为工作或生活方便，县扶贫办多分配给城镇政府2个科技局奖励项目指标。"离得近，工作上走不开的时候，（城镇）帮着招呼一下，很方便。"② 其三，将指标向县扶贫办领导家乡所在的乡镇倾斜。

乡镇政府在面向下的价值型关系理性导向下的项目治理。第一，乡镇政府将项目指标分给扶贫工作积极性高的驻村工作队所在的贫困村。如前所述，英镇政府从县扶贫办分得3个项目指标，在面向上的价值型关系理性的导向下，英镇政府把指标分配给县委组织部帮扶的坪村的益生南药种植科技公司，在"政绩"导向下，英镇政府把指标分配给社会扶贫示范村树村的碧桂园企业。在面向下的价值型关系理性导向下，英镇把最后一个指标分配给工作积极性高的驻村工作队所在的麻村。麻村属于英镇下辖的省定贫困村之一，下辖11个村民组，全村有劳动能力的贫困户共34户120人。2015年，M省向M市派驻了由国有企业、事业单位组成的15支帮扶队伍，其中，M省地质研究所派出的驻村工作队入驻英镇麻村。麻村的驻村工作队出于晋升诉求，入驻当年便积极引进了市级龙头企业兴隆现代农业公司，并在麻村大规模发展了香菇扶贫产业，该

---

① 2018年8月6日，阳县扶贫办主任Z访谈记录。
② 2018年7月28日，阳县扶贫办主任Z访谈记录。

产业与麻村有劳动能力的贫困户建立了紧密的利益联结机制。驻村工作队为获取乡镇对麻村扶贫产业的支持，一向积极配合乡镇的工作，英镇政府出于维护驻村工作队工作积极性的诉求，把第3个项目指标分给了该村的兴隆现代农业公司。第二，乡镇政府将项目指标分给村干部工作积极性高的贫困村。如前所述，杜镇政府从县扶贫办分得2个项目指标，并把项目指标分给县财政局帮扶的溪村，以期为后期的资金项目争取打好基础。"农业局的涉农资金、住建局的危房改造款、林业局的公益林补贴等，都要经财政局。"① 照顾到县财政局的利益后，杜镇把剩下的一个项目指标分给了村干部积极性高的米村。米村为杜镇下辖的省定贫困村之一，下辖16个村民组，全村有劳动能力的贫困户共63户142人。2017年，米村村干部引进市级龙头企业苦荞茶饮科技公司，并带动周边五个村庄共同发展苦荞产业，截至2018年3月，苦荞基地已建成2000余亩。苦荞产业的帮扶模式为：以每月2500元基本工资加提成的方式，吸纳有劳动能力的贫困户于基地务工，贫困户承包一定面积的土地种植苦荞或者在房前屋后发展庭院种植。英镇政府出于维护村干部工作积极性的诉求，把第2个项目指标分给了该村的苦荞茶饮科技公司。第三，乡镇政府将项目指标分给相熟的企业。新村亦为莲镇下辖的省定贫困村之一，新村产业扶贫的实施主体为现代农耕机械公司，在面向下的价值型关系理性的导向下，莲镇把第二个项目指标分配给新村的现代农耕机械公司。

4."惯习"导向下的项目治理

县（区）扶贫办在"惯习"导向下的项目治理。第一，老产业若在市扶贫办规划的三大老产业范围内，则必然是县（区）重点打造的产业扶贫示范片，如此，老产业必然会得助于县（区）扶贫办的"政绩"诉求而获得指标。2016年3月，《农业"3个三工程"实施方案》要求，着力打造山田鸡、柑橘、茶叶三大基础产

---

① 2018年8月1日，阳县杜镇党委书记W访谈记录。

业。其中，山田鸡的主产区为阳县，茶叶的主产区为南县，柑橘的主产区为英县。在市扶贫办的推动下，此三大基础产业亦为各县（区）打造的产业扶贫示范片之一。为推动示范片建设进程，阳县和南县扶贫办将项目指标直接分配给示范片内符合条件的扶贫企业。因柑橘黄龙病尚未解决，英县未将指标向柑橘示范片倾斜。由此可见，即便是本地历史悠久的基础性产业，若无法与其他县（区）的产业形成区别性优势[①]，县（区）扶贫办则更倾向于奖励新产业，以便与其他县（区）形成竞争力[②]。第二，若老产业非县（区）示范产业，则需满足县（区）的其他诉求，方可获得项目指标。由此可知，老产业需至少满足县（区）扶贫办的某一诉求，方可获得项目指标。

乡镇政府在"惯习"导向下的项目治理。乡镇政府与县扶贫办的"惯习"一致，若老产业是县扶贫办的示范产业，县扶贫办会定向分配指标，否则，该老产业需至少满足乡镇政府建构上级关系、激励下级、完成任务等诉求之一，才能获得项目指标。综上，若老产业与基层治理的政绩诉求契合，则会被分配指标；否则，则至少需与基层干部建构上级关系、激励下级、完成任务的某一诉求契合，方可获得指标。即，基层治理的"惯习"被"政绩"、"面向上的价值型关系理性"、"面向下的价值型关系理性"或"完成任务"覆盖。

（三）基层治理逻辑

1. 科层理性与关系理性的序列

前述研究表明，在贫困村产业扶贫巩固阶段之普惠型奖励项目治理中，科层理性之形式合理优先于关系理性，具体证据如下所示。

第一，形式合理优先于面向上的价值型关系理性。例如，城镇在科层理性之形式合理的制约下排除了县财政局帮扶的元村。元村

[①] 周黎安：《中国地方官员的晋升锦标赛模式研究》，《经济研究》2007年第7期。
[②] 冯猛：《基层政府与地方产业选择——基于四东县的调查》，《社会学研究》2014年第2期。

为城镇下辖的省定贫困村之一，下辖 15 个村民组，共有贫困户 52 户 118 人，其中有劳动能力的贫困户 36 户 99 人，为县财政局帮扶的贫困村。2014 年，元村建档立卡以来，县财政局给予其大力支持。一方面，县财政局策略性地运作扶贫资金审核权帮扶元村。2017 年，阳县启动第二批整村推进，县扶贫办在对元村的基建、产业等水平进行评估后，核算出元村的出列资金为 307 万元，县财政局据理力争并向扶贫办提出异议，最终，元村的出列资金被定为 314 万元。另一方面，财政局策略性地以扶贫资金支配权帮扶元村。财政局通过协调项目，借残联的名义拨付 8 万元现金分给元村的贫困户。经过三年多的帮扶，元村已建立起占地面积 800 亩的元江现代农业瓜果产业园，包括丝瓜产业、黄瓜产业、苦瓜产业、蜜瓜产业等。城镇本打算分配给元村一个项目指标以加快县财政局的帮扶成效，然而，产业园中单项产业的基地面积均不足 200 亩，不符合科技局奖励项目的申报条件，城镇政府只得放弃。

第二，形式合理优先于"政绩"。其一，县扶贫办在科层理性之形式合理的制约下将示范片中不符合申报条件的贫困村排除在外。位于岭镇家馨观光园农旅结合产业扶贫示范片中的岗村樱花产业，基地面积不足 200 亩；位于拱镇山田鸡资产收益型产业扶贫示范片中的连村七彩鸡产业，为纯资产收益型扶贫产业，未将贫困户纳入产业的生产经营活动；位于江镇现代农业产业扶贫示范片的宅村三七产业，所承担的市科技局现代农业科技攻关项目已逾期一年未提交验收申请。上述三个产业因不符合申报条件而被县扶贫办排除在外。其二，城镇在科层理性的制约下排除了塘村。塘村为城镇下辖的省定贫困村之一，下辖 9 个村民组，共有贫困户 42 户 98 人，其中有劳动能力的贫困户 33 户 69 人，为省统计局帮扶的贫困村。城镇政府本打算分配一个项目指标给塘村以推进其产业扶贫建设进程，然而，塘村已承接的市科技局的科技服务机构能力建设项目、农业科技特派员以及现代农业科技攻关项目均为在研状态，不符合科技局奖励项目的申报条件，城镇政府只得将其排除在外。

第三，形式合理优先于面向下的价值型关系理性。例如，拱镇在科层理性之形式合理的制约下排除了北片的犁村。拱镇因历史原因分为南北两个片区，已获得项目指标的隔村、平村、拱村均属于北片，南片犁村的构树扶贫产业扶贫绩效突出，该产业已带领本村贫困户全部脱贫并使得犁村完成贫困村出列的任务，为平衡片区利益，拱镇政府本打算将犁村的构树扶贫产业纳入科技局奖励项目中，但考虑到其基地面积（138亩）不符合申报条件，只得将其排除在外。

2. 关系理性中的基层治理逻辑

第一，面向上的价值型关系理性居于首位。其一，面向上的价值型关系理性优先于关系理性中的其他维度。例如，前已述及，英镇政府从县扶贫办获得3个可支配项目指标后，将指标分配给县委组织部挂扶的坪村，岭镇将唯一可支配的指标配置给县委组织部挂扶的连村。其二，面向上的价值型关系理性优先于"政绩"。例如，前已述及，阳县扶贫办在照顾了扶贫系统内外地位较高者的诉求后，才将剩余的25个指标用于奖励龙头企业以及产业扶贫示范片。其三，面向上的价值型关系理性优先于面向下的价值型关系理性。例如，前已述及，阳县扶贫办在照顾了扶贫系统内外地位较高者的诉求、奖励了龙头企业和示范片后，才将剩余的16个指标用于维护与乡镇政府的关系。又如，前已述及，杜镇政府从县扶贫办获得2个可支配项目指标后，将项目指标分给县财政局帮扶的溪村，而后把剩下的一个项目指标分给村干部积极性高的米村。

第二，"政绩"优先于面向下的价值型关系理性。其一，县扶贫办的"政绩"优先于面向下的价值型关系理性。例如，前已述及，阳县扶贫办把指标分配给龙头企业和示范片中的贫困村后，才把剩下的16个项目指标分配给乡镇政府。其二，乡镇政府的"政绩"优先于面向下的价值型关系理性。例如，前已述及，英镇政府将第二个项目指标分配给社会扶贫示范村树村后，才将最后一个指标分配给工作积极性高的驻村工作队所在的麻村。又如，莲镇政府从县扶贫办获得2个可支配项目指标后，优先将指标分配给村级资金互助社示范村宗村，而后才把另一个指标分给现代农耕机械公司。

第三，"惯习"被其他维度覆盖。前已述及，若老产业恰好是县扶贫办的产业扶贫示范片或者乡镇的产业亮点，则县扶贫办或者乡镇政府会把项目向老产业倾斜，否则，则需至少与基层干部建构上级关系、激励下级、完成任务等某一诉求契合，方可获得指标。因此，在普惠型奖励项目的治理中，"惯习"被其他维度覆盖，位列最末。

值得注意的是，在面向下的价值型关系理性中，"平衡"最优，例如，阳县扶贫办向乡镇政府分配指标时，首先给每个乡镇分配一个指标，确保每个乡镇政府都有一定的项目支配权，以维护各乡镇政府的平衡。

三 提升型奖励项目中的基层治理逻辑

本书将以M市的贫困村产业扶贫提升工程为例，解读提升型奖励项目中的基层治理逻辑。2018年6月，M省扶贫办出台《M省产业扶贫提升工程行动计划》，要求选择产业扶贫绩效突出的贫困村或乡镇，通过"先建后补、以奖代补"的方式，激励产业扶贫绩效升级。紧接着，M市扶贫办出台《M市产业扶贫提升工程行动计划》，M市各局出台了配套政策。值得注意的是，"惯习"在产业扶贫场域中体现为对传统老产业的支持，产业扶贫提升工程重在提升产业扶贫绩效而非一般的项目分配或者资金补贴，其与"惯习"的理念不一致。因此，产业扶贫提升工程的项目治理中缺失了"惯习"维度。

（一）科层理性制约下的项目治理

1. 申报条件约束

产业扶贫示范工程包括产业扶贫示范村和产业扶贫示范镇两种

类型，其中，产业扶贫示范村分为A、B、C、D四个等级。产业扶贫D级贫困村创建指标为：第一，贫困村顺利出列，贫困发生率≤2%；第二，贫困村有一个以上确保村集体经济年收入5万元以上、带动所有有劳动能力贫困户参与务工；第三，农田撂荒率≤20%，开展土地互换并整合。产业扶贫C级贫困村创建指标为：第一，贫困村顺利出列，贫困发生率≤1%；第二，专业大户、家庭农场、农民合作社等新型农业经营主体的总数≥3；第三，推广使用良种，发展"一村一品"；第四，村庄日常使用清洁能源农户数的比例≥80%；第五，农田撂荒率≤10%；第六，村集体经济年收入≥10万元；第七，每年村庄主要劳动力接受技能培训率≥50%。产业扶贫B级贫困村创建指标为：第一，贫困村顺利出列，贫困户全部脱贫；第二，专业大户、家庭农场、农民合作社等新型农业经营主体的总数≥6；第三，主导产业良种覆盖率≥90%，形成1个"一村一品"产业；第四，村庄日常使用清洁能源农户数的比例≥90%，未出现露天焚烧秸秆现象，及时回收农膜及农药瓶，低毒高效农药使用率达到100%；第五，农田撂荒率≤5%，主要农作物耕种收的机械化率≥50%；第六，村集体经济年收入≥20万元；第七，每年村庄主要劳动力接受技能培训率≥70%；第八，建成社会综合服务站，农户加入综合服务站的比例≥20%。产业扶贫A级贫困村创建指标为：第一，贫困村顺利出列，贫困户全部脱贫；第二，专业大户、家庭农场、农民合作社等新型农业经营主体的总数≥10，精品农家乐、特色民宿数量≥3；第三，主导产业良种覆盖率≥90%，形成2个"一村一品"产业，该产业实现标准化生产并建立农产品质量安全追溯机制；第四，清洁能源全覆盖，未出现露天焚烧秸秆现象，及时回收农膜及农药瓶，低毒高效农药使用率达到100%，水资源保护完好；第五，无农田撂荒现象，完成土地承包经营权确权登记颁证，主要农作物耕种收的机械化率≥80%；第六，村集体经济年收入≥50万元；第七，每年村庄主要劳动力接受技能培训率≥90%；第八，建成社会综合服务站，农户加入综合服务站的比例≥40%。有2个以上的产业扶贫B级贫困村和1个以上产业扶贫A级贫困村的乡镇，可申报产业扶贫示范镇奖励项目。

2. 项目指标约束

产业扶贫示范镇需创建2个以上产业扶贫B级贫困村以及1个以上产业扶贫A级贫困村。《M市贫困村产业扶贫提升工程行动计划》要求，以县（区）为主体，以省定贫困村为单位，按照"先整体整治，后逐步提升"的思路，采取自愿申报和指令性计划相结合的办法梯度创建产业扶贫示范村。2019年6月30日之前，40%以上的贫困村完成产业扶贫D级贫困村以上等级的创建，争取完成40个产业扶贫C级贫困村的创建、20个产业扶贫B级贫困村的创建、10个产业扶贫A级贫困村的创建、10个产业扶贫示范镇的创建；2020年6月30日之前，60%以上的贫困村完成产业扶贫D级贫困村以上等级的创建，争取完成60个产业扶贫C级贫困村的创建、30个产业扶贫B级贫困村的创建、15个产业扶贫A级贫困村的创建、15个产业扶贫示范镇的创建。其中，产业扶贫D级贫困村的目标任务为指令性计划，各县（区）需向市扶贫办提交年度创建规划，其他级别产业扶贫贫困村的目标任务由各县（区）依意愿创建，市扶贫办不作硬性规定。

3. 申报程序约束

第一，采取自愿申报和指令性计划相结合的办法进行项目申报。2018年10月之前，创建单位根据自身条件对照创建标准，经村民会议或村民代表会议通过后提出创建申请，指令性计划由市根据年度资金量和各地建设总任务机动分配下达建设任务。申报创建程序按照逐级申报原则进行，由贫困村（社区）依规向乡镇（街道）申报，乡镇向县（区）申报，经县（区）政府汇总初审后统一报市扶贫办。第二，审核。2018年12月之前，完成审核工作。产业扶贫C、D级示范村由县（区）扶贫办审核，产业扶贫A、B级示范村以及产业扶贫示范镇由市扶贫办审核，市扶贫办每个季度组织验收组或引入第三方机构对创建单位进行评审验收，所有验收结果报市扶贫办审定后公布。第三，兑现奖励。市扶贫办公示无异议后，市扶贫办将创建名单向省扶贫办报备，并于报备后的一个月内兑现奖励。

4. 奖补标准约束

奖补资金采取先建后补、验收通过后拨付的以奖代补方式，各县（区）要严格遵守省各类资金使用监管的相关规定。第一，县（区）配套资金约束。产业扶贫四类贫困村和产业扶贫示范镇分别奖补30万元、50万元、100万元、200万元、500万元，奖补资金不叠加，创建升级后仅获得差额奖励，具体按其人口规模折算，奖补资金上下浮动25%，各县（区）需进行财政配套投入，其中北部县（市）财政配套投入比例不低于1∶0.5，南部县（区）财政配套投入比例不低于1∶0.8。第二，奖补项目资金来源约束。产业扶贫C级和D级贫困村的奖补资金由各县（区）在省级资金中解决，不足部分在市级（含县级配套）资金中补充解决，省级资金包括省定贫困村创建新农村示范村、美丽宜居乡村建设、省级新农村连片示范建设工程奖补资金，市级（含县级配套）资金重点用于产业扶贫A、B级示范村以及产业扶贫示范镇的奖补。第三，其他约束。省级新农村连片示范建设工程主体村、已享受国家政策及上级资金补助或企业帮扶的村庄只参加产业扶贫A级和B级示范村创建，并按照30%的奖补标准予以奖补，省级新农村连片示范建设工程非主体村创建美丽乡村予以全额奖补，奖补标准及资金来源按上述标准执行。

（二）关系理性导向下的项目治理

1. 面向上的价值型关系理性导向下的项目治理

县扶贫办在面向上的价值型关系理性导向下的项目治理。县扶贫办主要从三个方面借助产业扶贫提升工程建构与政治关系网络中地位较高者的关系。第一，创造条件参与提升工程。前已述及，岩村是阳县杨镇下辖省定贫困村之一，为县委书记所挂扶，该村建有药红花扶贫产业，2017年10月，岩村已顺利出列贫困村，其贫困发生率仅为0.2%，除新型农业经营主体总数和村集体经济年收入外，岩村已达到产业扶贫C级贫困村的条件。县扶贫办帮助岩村的养猪大户和莲藕大户获得农业局的专业大户证书，使得岩村达到了"新型农业经营主体的总数≥3"的条件。另外，县扶贫办帮助岩村达到了"村集体经济年收入≥10万元"的条件。2018年年底申报提升工程时，岩村的村集体经济收入仅有6万元，正常情况下，药红花种植科技公司应在2019年7月获得收益后再支付岩村6万元的分红，为满足申报条件，在县扶贫办主任的协调下，药红花种植科技公司先行支付岩村4万元，待奖补资金到位后，岩村再将资金返还公司。最终，县扶贫办在面向上的价值型关系理性导向下，帮助岩村获得了产业扶贫C级贫困村的项目。第二，申报指标优先。在财政资金的约束下，M市对各县（区）的提升工程指标作了约束，各县（区）申报产业扶贫示范镇不得超过两个。市委"特色工程"的州县坪镇占去一个指标，剩下一个指标在州县县委组织部挂扶的板镇和坡镇中抉择，最终，州县扶贫办仅通过了板镇的审批。第三，申报等级优先。市财政局包的冈县寨镇与市供电局包的冈县香镇同时申报产业扶贫示范镇，在面向上的价值型关系理性导向下，冈县将寨镇位列申报顺序首位，香镇位居其后。"两镇差距不大时，我们会尊重县（区）的申报序列，如是差距太明显，则按照实力决定审批序列。"①

乡镇在面向上的价值型关系理性导向下的项目治理。前已述及，溪村为阳县杜镇下辖的省定贫困村之一，为县财政局所帮扶。溪村的主导产业为肉鸭产业，2017年10月溪村顺利出列，贫困户全部脱贫，溪村内的新型产业经营主体较多，其村集体经济收入早已超过20万元。杜镇为建构与县财政局的关系，主要从以下几个

---

① 2018年11月7日，M市扶贫办科长M访谈记录。

方面帮扶溪村。第一，帮助溪村建立社会综合服务站。杜镇审批通过溪村申报的村集体旧房改造项目并上报县住建局，在财政局的协调下，该项目通过县住建局的审批，最终，溪村实现了社会综合服务站的场地问题。第二，帮助溪村降低农田撂荒率。杜镇协助溪村村干部，通过土地置换的方式整合抛荒土地，而后再转包给土地托管合作社，从而降低了农田撂荒率并增加了土地撂荒农户的收入。第三，指导溪村的提升工作。分管扶贫的副镇长多次去溪村现场指导秸秆焚烧、农膜农药瓶回收、低毒高效农药普及、劳动力技能培训等工作，并指导溪村第一书记撰写申报材料。经过乡镇的极力推动，溪村获得了2018年度的产业扶贫B级贫困村项目。

2. 面向下的价值型关系理性导向下的项目治理

县（区）扶贫办在面向下的价值型关系理性导向下的项目治理。第一，县扶贫办选择性地向乡镇传递信息。《M市产业扶贫提升工程行动计划》正式出台前，各县（区）扶贫办已通过不同渠道获知信息。县扶贫办在维护与乡镇关系的诉求下，有选择性地向乡镇传递消息。下面，以英县为例，阐释县（区）扶贫办透露消息对乡镇产业扶贫提升工程工作的影响。西镇获知消息后，有针对性地指导花村和赤村的提升工程工作。前已述及，截至2017年10月，花村已形成包括水蛭、花斑猪、观赏百合、番薯、苗圃、韭菜六大支柱产业以及其他规模化种养产业的产业园，其产业基础强、环境整治好、村庄治理有序。因此，西镇准备将其提升为产业扶贫A级贫困村。赤村已形成菜干加工厂这一主导产业，西镇准备将其提升为产业扶贫B级贫困村。另外，龙镇获知消息后，有针对性地将荷村向产业扶贫A级贫困村的方向提升，最终，荷村获得产业扶贫A级贫困村的称号。"有了荷村就好办了，弄俩B级不难，明年（2019年）我们准备报示范镇。"① 第二，平衡乡镇的关系。前已述及，阳县有三个产业扶贫示范片：

---

① 2018年8月8日，英县龙镇镇长Z访谈记录。

岭镇的农旅结合示范片、江镇的现代农业产业扶贫示范片、拱镇的资产收益型产业扶贫示范片。此三个示范片均满足产业扶贫示范镇的标准，但政策要求，每个县（区）申报产业扶贫示范镇不得超过2个。为平衡三个乡镇的关系，阳县将岭镇、拱镇申报为产业扶贫示范镇，将江镇符合条件的3个贫困村优先申报为产业扶贫B级贫困村。"示范镇的500万是给镇里的，B级贫困村是给村里的，镇里没有奖励，指标优先，又得把大家都照顾到。"①

乡镇政府在面向下的价值型关系理性导向下的项目治理。油村为州县溪镇下辖的省定贫困村之一，其下辖15个村民组。油村的村支书对乡镇工作非常配合，但村支书能力有限，因此村庄综合实力位居下游。2014年，溪镇将油村列为贫困村，精准脱贫工作开展以来，油村村支书积极配合乡镇工作，经过三年多的整村推进，油村的村庄综合实力有所改善，2017年10月，油村顺利出列贫困村。产业扶贫提升工程的文件正式下达后，溪镇打算将油村提升为产业扶贫C级贫困村。溪镇除指导油村的良种覆盖率、清洁能源、劳动力技能培训等工作外，主要是帮其达到"村集体经济年收入≥10万元"的要求。截至2018年10月，油村的村集体经济年收入仅为5万元。在镇长的积极协调下，油村扶贫产业的主导企业麻豆腐科技公司将2019年村集体4万元的分红提前支付，油村村民又自筹了1万元，最终，油村获得产业扶贫C级贫困村的项目奖励。"这种村民自筹的方式，我们和上面都很鼓励，我们也想调动村民参与村庄建设的热情，再说，村庄是自己的，钱也不是掏给外人。"②

3. "规避风险"导向下的项目治理

县扶贫办在"规避风险"导向下的项目治理。州县岸镇的菜心农旅结合产业片是州县重点打造的产业扶贫与乡村振兴相结合的示范片。产业扶贫提升工程政策出台后，州县扶贫办欲借此进一步打

---

① 2018年11月6日，阳县扶贫办主任Z访谈记录。
② 2018年8月2日，州县溪镇分管扶贫副镇长Z访谈记录。

造示范片。2018年10月，产业片下辖的冲村、溪村、栏村已分别达到产业扶贫A级、B级、C级贫困村的条件，只要将栏村提升为产业扶贫B级贫困村，岸镇即可申报产业扶贫示范镇。除贫困发生率外，若能使3户脱贫，将贫困发生率压至1%以下，栏村可达到产业扶贫C级示范村的标准，若能使6户全部脱贫，栏村则可达到产业扶贫B级示范村的标准。近年来，栏村懒户因深谙干部怕被问责的心理，不仅未曾改善其行径，反而到处炫耀其"光荣历史"，由此引起村庄农户的极度不满，为避免激化矛盾，县扶贫办协同乡镇、村干部仅解决了3户懒户的脱贫问题，即，贫困户每月在菌菇产业中务工满10天，合作社则发放六成工资。最终，县扶贫办在"规避风险"导向下，仅将栏村的贫困发生率压至1%，并通过各方面的工作指导，将栏村提升为产业扶贫C级示范村。"现在村民的意见已经很大了，要是把六个懒户的问题都解决了，也怕激化矛盾，后面再想办法申报示范镇。"①

乡镇政府在"规避风险"导向下的项目治理。树村是阳县英镇下辖的省定贫困村之一，为县财政局的帮扶对象，其下辖15个村民组。前已述及，树村在碧桂园企业的帮扶下于2017年顺利出列，并被评选为市社会扶贫示范村，英镇为打造社会扶贫示范片，给了树村一个科技局奖励项目指标。产业扶贫提升工程政策出台后，英镇准备扶持树村参与项目申报，如此，不仅可进一步推进社会扶贫示范片进程，还可进一步建构与县财政局的关系。当前，树村已达到产业扶贫B级贫困村对贫困发生率、新型农业经营主体总数、村集体经济年收入的硬约束，只要树村如期建成社会综合服务站，即可申报产业扶贫B级贫困村。然而，按照市委农办的文件要求，社会综合服务站需达到覆盖三个以上行政村的条件方可建设。前已述及，树村是M市边远革命老区村之一，距离乡镇36千米，地广人稀，不论将服务站建在村东边还是村西边，均仅能覆盖两个行政

---

① 2018年7月30日，州县扶贫办主任Y访谈记录。

村。另外，服务站还需农行、邮政、信用社、农业保险公司在站点开设便捷窗口，上述单位因树村地理位置偏远而拒绝合作。"良种覆盖率、清洁能源农户数的比例、机械化率等等指标，半年的时间够搞了，但是社会综合服务站可不是努力就能行的，若是霸王强上弓，也怕出事。而且，上面规定，只能报一个，一旦 B 级没有报成，C 级也落空了。"① 最终，为稳妥起见，英镇仅将树村按照产业扶贫 C 级贫困村的等级进行打造。另外，为稳妥起见，杨镇亦仅把湾村提升为 B 级贫困村。

4. "完成任务"导向下的项目治理

县（区）扶贫办在"完成任务"导向下的项目治理。自 2014 年贫困村建档立卡后，省财政为贫困村配置了村均 300 万元的整村推进资金，此资金量足以支持中等贫困村完善其基础设施建设，而产业扶贫 D 级贫困村的申报条件基本与贫困村出列条件重合。因此，省委、省政府《M 省产业扶贫提升工程行动计划》提出要求，产业扶贫 D 级示范村需按年度完成任务。各县（区）扶贫办主要从三个方面推进任务进度。第一，要求各乡镇提交年度计划。为确保任务如期完成，县（区）要求各乡镇提交产业扶贫 D 级贫困村的计划书，并于每季度召集乡镇召开一次工作进度汇报会议。对于任务重的乡镇，县扶贫办将加强现场指导工作，到期未完成任务的乡镇，县扶贫办将约谈分管副镇长。第二，加强项目配套。各县（区）均要求，对于乡镇为完成产业扶贫 D 级贫困村任务而申请的基建项目，县（区）各归口部门应优先批复。第三，确保奖补资金配套。为确保任务如期完成，市财政先预留产业扶贫 D 级贫困村资金，再综合各县（区）的创建计划与剩余资金量，设立其他层次提升工程的指标数量。因产业扶贫 D 级贫困村为刚性任务，因此，在县财政资金总量的约束下，各县（区）需优先满足产业扶贫 D 级贫困村的配套资金，而后再根据县财政能力规划其他等级提升

---

① 2018 年 8 月 11 日，杨县英镇党委书记 W 访谈记录。

工程。

乡镇政府在"完成任务"导向下的项目治理。以南县的岗镇为例，阐释乡镇的"完成任务"导向。2017年10月，岗镇的10个贫困村全部出列。岗镇根据贫困村的综合实力，由强到弱安排贫困村的提升任务。2018年，完成综合实力较强的李村、坦村、涂村的提升，2019年，完成夏村、荷村、石村、潘村的提升，2020年，完成综合实力较弱的壁村、豆村的提升。除扶贫产业参与率与土地抛荒率外，产业扶贫D级贫困村的要求与贫困村出列条件大体一致，因此，满足此二个条件是完成任务的关键。以岗镇的涂村为例，阐释乡镇完成扶贫产业参与率的治理策略。涂村的扶贫产业为红藕产业，村庄绝大多数有劳动能力的贫困户已在基地就业，其他4户贫困户借口身体不适而赋闲在家。"啥身体不好，就是太懒，打麻将就有力气，一干活就这里疼那里疼。就这样的，我们也不想要，他们不来我还清静些，要是来了，指不定这事那事，太麻烦。"① 然而，产业扶贫D级贫困村要求有劳动能力的贫困户必须参与务工，为完成任务，乡镇、村干部、红藕农业公司、贫困户达成协议：乡镇为基地立项一个蓄水池项目，村干部负责督促贫困户去基地务工，贫困户每月务工满15天则发放全勤工资。"别的贫困户都是干满20天发放全勤工资，结果这几户不愿意，村支书又不能天天盯着他们，我们也怕，目标定得太高，最后一场空，后来干脆干满15天就发全勤工资。"② 最终，涂村满足了"有劳动能力的贫困户需参与产业务工"的条件。以岗镇的坦村为例，阐释乡镇完成土地抛荒率的治理策略。为降低坦村的土地抛荒率，乡镇组织村干部、各村民组组长、各宗族长老、土地抛荒户召开会议。村干部从集体利益及土地长期抛荒后复垦成本很高的角度游说抛荒户，宗族长老从宗族利益的角度游说抛荒户，村民组组长负责联系土地代

---

① 2018年11月5日，南县岗镇涂村村支书Y访谈记录。
② 2018年7月21日，南县岗镇扶贫专干S访谈记录。

种对象。最终，各方达成一致：抛荒户将土地交由留村农户代种，抛荒户每年支付代种农户 100 元/亩的代种费，坦村每年从村集体经济年收入中补贴代种农户 50 元/亩的代种费。最终，坦村达到了"农田撂荒率≤20%，开展土地互换并整合"的条件。

5. "政绩"导向下的项目治理

县（区）扶贫办在"政绩"导向下的项目治理。县（区）扶贫办的"政绩"诉求体现为，县（区）扶贫办均有利用产业扶贫提升工程政策加速自家产业扶贫示范片建设进程的诉求。前已述及，信区重点打造坑镇农旅结合产业扶贫示范片，阳县重点打造岭镇的农旅观光园，州县重点打造菜心产业园、南县重点打造瑶绣产业园、清区重点打造田农猪产业园、连县重点打造鲍鱼茶产业园。下面，以阳县和信区借助产业扶贫提升工程政策推进产业扶贫示范片为例，解读县（区）扶贫办的"政绩"诉求。第一，阳县扶贫办在"政绩"导向下的项目治理。前已述及，阳县的三个产业扶贫示范片均符合产业扶贫示范镇的条件，阳县最终将指标倾斜于岭镇和拱镇。岭镇被列为产业扶贫示范镇的原因在于：岭镇为阳县的近郊镇，距离阳县政府办公楼仅 3 千米，非常方便考察、参观、学习，岭镇的家馨农旅观光园是阳县重点打造的产业扶贫示范片，阳县是 M 市首批推进的两个产业扶贫示范片之一，因此，岭镇被优先列为产业扶贫示范镇。拱镇被列为产业扶贫示范镇的原因在于：拱镇是阳县的南大门，并为两市三县的交会点，非常便于凸显阳县的产业扶贫成效，在"政绩"导向下，拱镇亦被列为产业扶贫示范镇。江镇未被列入产业扶贫示范镇的原因在于：和拱镇相比，江镇的产业扶贫成效略显逊色，和岭镇相比，江镇属于远郊镇，其不具备岭镇在凸显阳县扶贫成效方面的优势。"当时，把小江弄成示范片，也是不想把鸡蛋都放在一个篮子里，多弄几个总不怕出事，本来也是好事嘛，毕竟他比其他乡镇得到支持多，但是，现在小江总说自己是后娘养的，可是资源就这么多。"① 第二，信区在"政绩"导向下的项目治理。前已述及，坑镇是 M 市首批推进的产业扶贫示范片之一，自示范片落地以来，信区扶贫办从土地整合、财政支持、项目倾斜多方面支持坑镇示范片的建设，并将葵村、枫村申报为省美丽乡村示范村，将布村、陂村申报为省社会主义新农村示范村。按照市扶贫办的规定，C、D 两级产业扶贫贫困村的奖补资金由各县（区）在省级资金中解决，省级资金含省定贫困村创建新农村示范村、美丽宜居乡村建设、省级新农村连片示范建设工程奖补资金，上述升级资金仅可用于相关范围内产业扶贫示范贫困村的奖补。因此，信区准备将葵村、枫村、布村、陂村提升为产业扶贫 C 级贫困村。如此，无须从县财政中划拨奖励金，缓解了县财政的压力，更重要的是，将省美丽乡村示范村、省社会主义新农村示范村的资金继续叠加使用于葵村、枫村、布村、陂村，可进一步加速产业扶贫示范片的进度。"现在上面有这个政策，就有效利用起来，万一后面政策有调整，后悔莫及。"②

乡镇政府在"政绩"导向下的项目治理。2018 年 12 月，M 省扶贫办出台《产业扶贫精品路线实施办法》，《办法》要求，各市在产业扶贫示范片的基础上集中打造 1—2 个产业扶贫精品路线，打造成功者，可获得由省财政、市财政、县财政统筹而来的 1000 万元的总奖励金。《办法》要求，精品路线应为覆盖三个以上贫困村的绿色扶贫产业。2018 年 7 月，龙镇在被英县确立为重点打造的产业扶贫示范片后，准备申报省扶贫办的产业扶贫精品路线，并从两方面做出努力。第一，将寨村的包菜产业置换成芽菜产业，如此，芽菜产业就从原来的荷村、金村拓展到寨村，满足了精品路线的申报条件。2015 年 3 月，寨村为尽快完成脱贫任务从邻镇引进包菜产业，2018 年 8 月，为支持乡镇的精品路线规划，寨村把 300 亩

---

① 2018 年 8 月 10 日，阳县扶贫办主任 Z 访谈记录。
② 2018 年 7 月 27 日，信区扶贫办主任 S 访谈记录。

的包菜基地置换成芽菜基地。第二，将寨村和金村提升为产业扶贫B级贫困村。如此，龙镇即达到产业园扶贫示范镇之"2个以上B级村，1个以上A级村"的申报条件。"等拿到示范镇的奖补资金，接着投资这三个村，打造好芽菜产业，全力以赴精品路线。"①

村集体经济年收入是入选M市产业扶贫示范工程的一项重要指标，M市在发展村集体经济方面做出的实践探索和制度创新，不仅有力地推动了本地脱贫攻坚事业，也能够为其他地区提供有效样本。一是加强组织保障，从县委组织部、县农业农村局、县财政局、县发改局、县自然资源局等单位抽调成员组成专班在县委组织部集中办公，具体负责指导服务全县村级集体经济发展。二是加强党建引领，实施"村社合一"，由一肩挑干部担任合作社负责人，村"两委"成员与合作社董事会成员交叉任职。通过加强党对农村经济工作和经济组织的领导，有效捆绑农民群众发展致富产业，形成利益共享、风险共担的利益共同体。三是强化人才支持，招聘职业经理专职负责村级集体资产的经营管理，并鼓励县直机关优秀年轻干部到村居挂职。四是强化财政扶持，县财政每年统筹资金1000万元支持村级集体经济发展，相关涉农项目同等条件下优先考虑村居合作社实施。农村公路、土地整治、农田水利、农村社会事业等项目，在同等条件下优先选择具备条件的项目所在地村级集体经济组织或村集体参股的经营主体实施。五是加大税收优惠。对村级集体经济组织物业出租的房产税、增值税以及村级公共事业建设工程所征的有关税收，留存部分50%用于支持所在村发展集体经济。截至2019年12月底，英县通过持续支持村级集体经济发展，全县村级集体经济积累高达30846万元，其中寨村的集体经济积累高达426万元，经寨村村民代表大会表决同意，寨村每年拿出社区集体经济积累的20%用于村内公共事务，每年给生活困难家庭发放3000—5000元的生活费，每年给80岁以上的老人发放1000元的生

---

① 2018年11月7日，英县龙镇党委书记C访谈记录。

活补贴，给残疾人发放 800—1200 元的生活补贴，奖励当年录取的大学生 2000—5000 元，当前，寨村已经完成了免费体检中心、爱心食堂、青年创业园区、学习书屋、党群活动中心等建设。集体经济壮大后，不仅是村庄的扶贫事业做得更好了，随着村民的福利水平不断提升，村干部工作积极性被有效激发，干群关系更加密切了，村庄治理更加有序了。

（三）基层治理逻辑

1. 科层理性与关系理性的序列

前述研究表明，在贫困村产业扶贫巩固阶段之提升型奖励项目治理中，科层理性之形式合理优先于关系理性，具体证据如下所示。

第一，形式合理优先于面向上的价值型关系理性。其一，形式合理优先于县扶贫办的面向上的价值型关系理性。前已述及，在建构与县委书记关系的诉求下，阳县扶贫办帮助岩村实现了"村集体经济年收入≥10 万元"的条件后，才审批其为产业扶贫 C 级贫困村。在建构与政治关系网络中地位较高者关系的诉求下，在确保坪镇、板镇、寨镇、香镇符合产业扶贫示范镇的条件后，县扶贫办才将其申报为产业扶贫示范镇。由此可证，形式合理优先于县扶贫办的面向上的价值型关系理性。其二，形式合理优先于乡镇政府的面向上的价值型关系理性。前已述及，在建构与县财政局关系的诉求下，杜镇在帮溪村建成社会综合服务站、降低土地撂荒率、规范秸秆焚烧、完成农膜农药瓶回收、普及低毒高效农药、提升劳动力技能培训率后，才将其申报为产业扶贫 B 级贫困村。由此可证，形式合理优先于乡镇政府的面向上的价值型关系理性。

第二，形式合理优先于面向下的价值型关系理性。其一，形式合理优先于县扶贫办的面向下的价值型关系理性。在维护与乡镇关系的诉求下，阳县县扶贫办在确定岭镇、拱镇、江镇符合申报条件后，才将岭镇、拱镇申报为产业扶贫示范镇，将江镇的三个贫困村申报为产业扶贫 B 级贫困村。由此可证，形式合理优先于县扶贫办的面向下的价值型关系理性。其二，形式合理优先于乡镇政府的面向下的价值型关系理性。在维护村干部忠诚度的诉求下，溪镇帮油村达到"村集体经济年收入≥10 万元"的条件后，才将其申报为产业扶贫 C 级贫困村。由此可证，形式合理优先于乡镇政府的面向下的价值型关系理性。

第三，形式合理优先于"规避风险"。其一，形式合理优先于县扶贫办的"规避风险"诉求。前已述及，州县扶贫办在"规避风险"导向下，仅将栏村的贫困发生率压至 1%，在确保其满足产业扶贫 C 级示范村的条件后才审批通过。由此可证，形式合理优先于县扶贫办的"规避风险"诉求。其二，形式合理优先于乡镇政府的"规避风险"诉求。前已述及，树村因未能建成社会综合服务站而无缘产业扶贫 B 级贫困村，乡镇政府在确保其满足贫困发生率、新型农业经营主体总数、村集体经济年收入的硬约束后，方将其申报为产业扶贫 C 级贫困村。由此可证，形式合理优先于乡镇政府的"规避风险"诉求。

第四，形式合理优先于"完成任务"。其一，形式合理优先于县扶贫办的"完成任务"诉求。前已述及，虽然产业扶贫 D 级贫困村的任务重，但各县（区）均严格按照形式合理的约束对提升工程进行项目、资金配套，并严格执行市扶贫办对省定贫困村创建新农村示范村、美丽宜居乡村建设、省级新农村连片示范建设工程奖补资金的使用规定。由此可证，形式合理优先于县扶贫办的"完成任务"诉求。其二，形式合理优先于乡镇政府的"完成任务"诉求。前已述及，为完成 2018 年的提升工程任务，岗镇按照政策的具体要求对贫困村进行帮扶，确保涂村满足"有劳动能力的贫困户需参与产业务工"、坦村达到了"农田撂荒率≤20%、开展土地互换并整合"的条件后，岗镇方将二者申报为产业扶贫 D 级贫困村。由此可证，形式合理优先于乡镇政府的"完成任务"诉求。

第五，形式合理优先于"政绩"。其一，形式合理优先于县

（区）扶贫办的"政绩"诉求。前已述及，为支持坑镇示范片的建设，信区确保葵村、枫村、布村、陂村符合产业扶贫C级贫困村的条件后，方才执行市扶贫办"省定贫困村创建新农村示范村、美丽宜居乡村建设、省级新农村连片示范建设工程奖补资金仅可用于相关范围内产业扶贫示范贫困村的奖补"的规定。由此可证，形式合理优先于县（区）扶贫办的"政绩"诉求。其二，形式合理优先于乡镇政府的"政绩"诉求。前已述及，龙镇完成寨村的包菜产业置换成芽菜产业、提升寨村和金村为产业扶贫B级贫困村的工作，在确保符合产业扶贫示范镇的条件后，龙镇才向县扶贫办提交申请。由此可证，形式合理优先于乡镇政府的"政绩"诉求。

2. 关系理性中的基层治理逻辑

第一，"规避风险"居首。其一，"规避风险"优先于"完成任务"。前已述及，南县岗镇涂村完成产业扶贫D级贫困村任务的关键在于压低贫困发生率，为确保完成任务，"干满20天领全勤工资"的诉求让步于"干满15天发全勤工资"的现实。由此可知，"规避风险"优先于"完成任务"。其二，"规避风险"优先于"政绩"。前已述及，州县扶贫办欲通过打造栏村来申请产业扶贫示范镇，进而达到以奖励金支持示范片建设的目的。打造栏村的关键在于压低贫困发生率，然而，为避免激化村庄农户矛盾，栏村仅被打造成产业扶贫C级贫困村，岸镇未达到当年产业扶贫示范镇的标准。由此可知，"规避风险"优先于"政绩"。另外，前已述及，英镇本想借提升工程打造树村并推进示范片的建设进程，然而，社会综合服务站建设难度过大，在"规避风险"导向下，英镇仅将树村提升为产业扶贫C级贫困村。由此可进一步佐证，"规避风险"优先于"政绩"。其三，"规避风险"优先于面向上的价值型关系理性。前已述及，帮扶单位县财政局希望将溪村打造成产业扶贫A级贫困村，杜镇认为污染治理成本太高，担心失败后前期成本难以收回，最终，杜镇仅将溪村申报为产业扶贫B级贫困村。由此可知，"规避风险"优先于"面向上的价值型关系理性"。其四，"规避风险"优先于面向下的价值型关系理性。前已述及，若寨镇与香镇综合实力差距不大，市扶贫办会尊重冈县扶贫办的诉求，优先审批寨镇的产业扶贫示范镇，若二者相去甚远，市扶贫办则以规避风险为原则严格遵从审核标准。由此可证，"规避风险"优先于面向下的价值型关系理性。

第二，"完成任务"位列其次。其一，"完成任务"优先于"政绩"。前已述及，为推进示范片进程，坑镇为枫村申报了省美丽乡村示范村。其时，枫村向坑镇提交了观光湖项目申请，欲以此升级枫村民宿的居住环境，土村向坑镇提交了标准化农田整治项目申请，欲通过农田的标准化治理将抛荒农田统一流转给合作社，达到"农田撂荒率≤20%"的标准，完成产业扶贫 D 级贫困村的提升任务。在资源总约束以及"完成任务"导向下，坑镇优先向农业局递交了土村的项目申请书。由此可证，"完成任务"优先于"政绩"。其二，"完成任务"优先于面向上和面向下的价值型关系理性。前已述及，岗镇按照出列贫困村的综合实力由强到弱逐年完成产业扶贫 D 级贫困村的提升，为确保任务如期完成，不论是对贫困村的工作指导还是资金项目支持，岗镇均要优先完成产业扶贫 D 级贫困村的提升任务，而后才考虑其他层次的提升工程。由此可证，"完成任务"优先于面向上和面向下的价值型关系理性。前已述及，各县（区）要求，对于乡镇为完成产业扶贫 D 级贫困村任务而申请的基建项目，县（区）各归口部门应优先批复，各县（区）优先满足产业扶贫 D 级贫困村的配套资金，而后再根据县财政能力规划其他等级提升工程的计划。这进一步佐证了"完成任务"优先于面向上和面向下的价值型关系理性。

第三，"政绩"位列第三。其一，"政绩"优先于面向上的价值型关系理性。前已述及，西镇欲以提升工程助力其芽菜产业扶贫精品路线的打造，于是，为扩大芽菜基地，西镇违背寨村帮扶单位市供电局的意愿而将寨村的包菜产业置换成芽菜产业。由此可证，"政绩"优先于面向上的价值型关系理性。其二，"政绩"优先于面向下的价值型关系理性。前已述及,在产业扶贫示范镇指标约束下,当岭镇、江镇、拱镇同时符合条件时,阳县扶贫办申报了产业扶贫重点示范片的岭镇和阳县南大门的拱镇。由此可证,"政绩"优先于面向下的价值型关系理性。实际上,提升工程中的"政绩"诉求本身就包含了面向上或面向下的价值型关系理性,原因在于,提升工程申报等级主要取决于申报者2014年到2017年间积累的产业成效而非申报者的临时打造,而申报者前期突出的产业成效又与县(区)各归口单位和乡镇政府的支持紧密相关,县(区)各归口单位和乡镇支持本身就隐藏着面向上或者面向下的价值型关系理性。也就是说,基层治理在提升工程中遵从"政绩"导向本质上是对贫困村产业扶贫政策重点实施阶段(2014—2017年)中的面向上或者面向下的价值型关系理性导向下的产业扶贫成效的进一步推动。

第四,面向上的价值型关系理性位列第四。其一,指标给予与政治关系网络中地位较高者有关联的申报者。前已述及,在面向上的价值型关系理性导向下,州县扶贫办将产业扶贫示范镇的指标给了市委"特色工程"的坪镇和板镇,在市扶贫办规定各县(区)申报的产业扶贫示范镇指标不得超过两个的刚性约束下,州县下辖的其他乡镇均无缘于产业扶贫示范镇。由此可证,面向上的价值型关系理性优先于面向下的价值型关系理性。其二,与政治关系网络中地位较高者有关联的申报者的申报序列优先。前已述及,在面向上的价值型关系理性导向下,冈县扶贫办将市财政局包的寨镇置于申报首位。由此可证,面向上的价值型关系理性优先于面向下的价值型关系理性。其三,与政治关系网络中地位较高者有关联的申报者的申报等级优先。

四 本章小结

本章为贫困村产业扶贫的第三个阶段——贫困村产业扶贫巩固

阶段。本章以贫困村产业扶贫巩固阶段为场域,解读了基层治理逻辑,并得出如下结论。第一,普惠型奖励项目中的基层治理逻辑。其一,科层理性之形式合理优先于关系理性。其二,在关系理性分析维度中,"规避风险"和"完成任务"维度缺失,面向上的价值型关系理性居首,"政绩"位列第二,面向下的价值型关系理性位列第三,"惯习"位居最末且被其他维度覆盖。第二,提升型奖励项目中的基层治理逻辑。其一,科层理性之形式合理优先于关系理性。其二,在关系理性分析维度中,"惯习"缺失,"规避风险"居首,"完成任务"位列其次,"政绩"位列第三,面向上的价值型关系理性位列第四,面向下的价值型关系理性位列最后。

第 六 章

关系理性的制度归因

关系理性主要衍生于层级分流的科层形态、党管干部的人事制度、行政发包制和锦标赛制的治理工具、乡镇政府的协调型属性、运动式的治理属性。值得注意的是，当这些制度、治理工具、体制在基层治理场域中相遇时，则会衍生出关系理性的某些维度。例如，当行政发包制和锦标赛制结合时，锦标赛制在"政绩"之外又衍生出"完成任务"和"规避风险"诉求。

一 层级分流的科层形态

（一）层级分流的分权模式

当前层级分流[①]的科层形态在中国具有现实必要性。第一，国家治理工作的日趋复杂性决定了层级分流的必要性。中国科层制承担着政治改革、经济发展、文化复兴、社会和谐等纷繁复杂的治理任务，随着人民对美好生活诉求的升级，各类公共管理事务亦随之升级，科层制负荷亦随之加重，最终，科层制的"委托—代理"模式应运而生。因此，中国当前层级分流的科层形态本质上是国家总体规模规制下的科层制地域性结构的表现。第二，人事管理工作的日趋精细化决定了层级分流的必要性。国家治理工作日趋精细化和

---

① 周雪光：《从"官吏分途"到"层级分流"：帝国逻辑下的中国官僚人事制度》，《社会》2016年第1期。

复杂化引起科层队伍的不断扩张、科层分工的不断精细化，进而引起人事管理中的培训、激励、考核、人员流动等系列工作所依赖的信息采集、处理、分析、决策工作不断复杂化、精细化，最终，中央向上集权的意志被限制，只能将治理权分置于科层制的各层级。因此，中国当前层级分流的科层形态本质上为国家治理精细化诉求下科层制演变的必然结果。

中国的科层制主要是由中央、省、市、县、乡镇构成的五级分权模式。从周雪光的"控制权"理论角度看，中国的层级化治理包括中央政府、中间政府、基层三个主体，其中，中间政府包括省、市、县三级。其中，中央政府掌握政策制定、组织设计、激励设置、绩效评估的最终权威，省、市接受中央的权威授权并监督、激励县和乡镇的政策执行。中央政策通过压力型体制向下推动[1]，省委省政府和县委县政府是非常关键的两个主体。其中，省委省政府是地方政策制定的主体。省委是地方党政机关的最高层级，它直接受党中央领导，是代表中央完成地方治理的中坚力量，它对层级化治理效果起关键作用。当前，中国采用省委书记兼省人大副主任的政治制度，旨在通过人大的监督来确保对省政府的监督。省委进行地方治理的主要方式为制定政策和管理干部。省政府是地方行政机关的最高层级，负责地方政府的实际治理工作，是中央宏观调控和地方分散化治理的中间层，在地方政府的经济发展中，省政府是所辖区域的经济统帅。其中，县委县政府是政策执行的关键。除未设置外交、军事部门外，县委县政府与中央政权同构。县委县政府是国家自上而下公共意志贯彻和自下而上民生诉求表达的纽带，是中央与基层、国家和社会的连接点。省和市作为中间政府，既不直接承受中央的压力，也不直接面对基层治理的矛盾，地方政府治理的矛盾

---

[1] 荣敬本等：《从压力型体制向民主合作体制的转变：县乡两级政治体制改革》，中央编译出版社1998年版，第257页。

和压力几乎全部交会于县一级。县委县政府的治理能力直接关系到国家意志的贯彻程度，决定中央政策的执行效果。

层级分流分权模式本质上是国家总体规模约束下的"分权的权威主义"[1]。具体是指，在中国现存的科层制中，官员变动（晋升、平调、转岗等）的主要依据为绩效考核成绩，而绩效考核成绩中有关打分标准、考核重点、等级划分的权力完全被上一级领导部门掌握，官员的流动空间基本上仅限于上级领导所掌控的地域空间。因此，除类似银行、税务、纪委这样的垂直管理部门的官员可能因更高级领导赏识而获得跨区域调动外，绝大多数部门的官员都将在上级领导管辖的行政区域内过完职业生涯。最终，中国科层制总体上呈现出"分权的权威主义"的特征，这一特征本质上是国家总体规模庞大与社会管理精细化需求之间矛盾的产物，该特征并非现代科层制的特有表征，而是从古延续至今。另外，科层制的层级分流造成的职责同构和"孤岛现象"[2]，将导致中央政策统一性与地方政府执行灵活性的悖论，即，层级治理导致各级政府仅对直接上级负责，最终，中央政策在不同地区出现差异化的执行结果[3]。为此，科层制常常采用"高位推动"和"中间层协调"[4]的方式应对层级性治理中的政策偏差问题。其中，"高位推动"包括常设性领导小组和临时性领导小组两种方式。常设性领导小组开启了行政机关向党的各级机关负责的机制，临时性领导小组是指通过任命地位较高的领导人为行政机关负责人的方式推动的公共政策的方式。其中，中间层协调是指，省、市获得中央权威授权后，通过目标设定权、检查验收权、激励分配权监督基层政策执行的机制。

---

[1] Landry pierref, *Decebtralizrd Authoritarianism in China*, New York: Cambiidge University Press, 2008, pp.67.

[2] 贺东航、孔繁斌：《公共政策执行的中国经验》，《中国社会科学》2011年第5期。

[3] 周雪光：《基层政府间的"共谋现象"——一个政府行为的制度逻辑》，《社会学研究》2008年第6期。

[4] 贺东航、孔繁斌：《公共政策执行的中国经验》，《中国社会科学》2011年第5期。

（二）层级分流衍生的关系理性

层级分流总体上加速了关系理性对科层理性的侵蚀。层级化治理的根本矛盾在于中央政策的统一性与地方实际情况复杂性之间的矛盾[①]，即权威体制与地方有效治理之间的罅隙。中央的核心在于中央自上而下推行国家意志、安排资源和人事管理，地方政府有效治理的关键在于属地具体问题的适用性和有效性。中央的权威集中程度过高，则会削弱地方政府治理的有效性，若地方治理自主性过高，则会出现各自为政的情形，中央权威受到损害。非正式制度缓冲了层级分流中中央权威与地方治理之间的矛盾，最终，政策执行中出现了"共谋"[②]"申诉"[③]"变通"[④] 等政策偏差行为。

具体的，层级分流加速了价值型关系理性对基层治理的渗透。周雪光对层级分流的研究表明，大多数官员的政治生涯局限于本县或市内，甚至很多人终生不会离开其原有工作单位或系统，层级分流的科层制造成了一定地域内高密度社会关系网[⑤]，在层级分流的分权模式下，基层官员对获得其所在社会关系网络的认同或优化其在该社会网络中共在关系的诉求将十分强烈。第一，在获得现存关系网络价值认同的诉求下，基层将遵循"惯习"完成治理工作。例如，前已述及，在贫困村识别阶段，为获得现存关系网络的价值认同，阳县扶贫办在"惯习"导向下，将贫困村指标向基建水平低于全县平均水平的杨镇、秤乡、莲镇倾斜，最终，贫困村指标异化为基层干部获取现存关系网络价值认同的资源。又如，在贫困村产业

[①] 周雪光：《权威体制与有效治理：当代中国国家治理的制度逻辑》，《开放时代》2011年第10期。

[②] 周雪光：《基层政府间的"共谋现象"——一个政府行为的制度逻辑》，《社会学研究》2008年第6期。

[③] 吕方：《治理情境分析：风险约束下的地方政府行为——基于武陵市扶贫办"申诉"个案的研究》，《社会学研究》2013年第2期。

[④] 庄垂生：《政策变通的理论：概念、问题与分析框架》，《理论探讨》2000年第6期。

[⑤] 周雪光：《从"官吏分途"到"层级分流"：帝国逻辑下的中国官僚人事制度》，《社会》2016年第1期。

扶贫阶段，为获得现存关系网络的价值认同，阳县扶贫办在"惯习"导向下，通过整合土地和资金支持来推进山田鸡老产业发展，最终，产业扶贫资源异化为基层干部获取现存关系网络价值认同的资源。第二，为优化关系网络中的共在关系、提升关系网络中的相对位置，基层治理遵循面向上的价值型关系理性。例如，前已述及，在贫困村识别阶段，为优化关系网络中的共在关系、提升关系网络中的相对位置，阳县扶贫办在面向上的价值型关系理性导向下，将贫困村指标向市"特色工程"倾斜。又如，前已述及，在贫困村产业扶贫阶段，为优化关系网络中的共在关系、提升关系网络中的相对位置，布村在面向上的价值型关系理性导向下，将百亩蔬菜基地置换为生菜基地以支持乡镇的产业规划。第三，为优化关系网络中的共在关系、提升关系网络中的相对位置，基层治理遵循面向下的价值型关系理性。例如，前已述及，在贫困村识别阶段，为优化关系网络中的共在关系，提升关系网络中的相对位置，阳县在面向下的价值型关系理性导向下，赋予乡镇对贫困村指标的支配权以平衡乡镇的利益。又如，前已述及，在贫困村产业扶贫阶段，为优化关系网络中的共在关系，提升关系网络中的相对位置，金村村支书在面向下的价值型关系理性导向下，将鹰嘴桃产业建立在自家村民组以维护自己的声望。

另外，鉴于层级分流导致的"向直接上级负责制"[①]，面向上的价值型关系理性优先于面向下的价值型关系理性，即，基层优先建构和政治关系网络中地位较高者的关系。例如，前已述及，在贫困村识别阶段，阳县扶贫办满足市"特色工程"和各级领导的诉求后，才能将指标向乡镇分配。又如，在贫困村识别阶段，杜镇政府从县扶贫办获得 2 个可支配项目指标后，将项目指标分给县财政局帮扶的溪村，而后把剩下的一个项目指标分给村干部积极性高的米

---

① 周雪光：《国家治理逻辑与中国官僚体制：一个韦伯理论视角》，《开放时代》2013 年第 3 期。

村，杜镇干部对构建与县财政局领导关系的诉求明显强于构建与米村村干部关系的诉求。

二 党管干部的人事制度

（一）党管干部制的运行机理

改革开放以来，中国经济领域的向下分权大致经历了直接放权让利、财政包干、分税制改革三个阶段，在这些系列改革中，经济分权是经济改革的重心。除经济放权外，党管干部亦是国家治理的有效机制[①]，其中，人事关系的控制是党管干部的制度设计所在。具体是指，经济和政治体制改革后，基层掌握了较大的自治权，但是为了确保国家对基层的有效制约，中央保留了地方官员的人事权，党管干部的人事制度是维护和支持中国制度体系的基础性制度。随着科层制链条的不断拉长以及组织关系的复杂加剧，信息不对称、基层复杂性、指标科学性等问题都会随之放大，因此，为确保岗位与人员的匹配性，强化党员干部的执行能力，确保国家政治意志的顺畅传导，维护中央对地方、上级对下级的权威，最终，党管干部制度被纳入中国科层制的人事制度。

党管干部的具体内容为：上级党委综合考察下级官员的个人综合素质、工作绩效、政治忠诚度，决定下级官员的任免、调配、晋升等，例如，县委组织部考察乡镇干部后，向县级党委提交推荐名单，县级党委最终决策乡镇干部的政治走向，党管干部制度主要包括常规晋升、干部交流、异地任命、挂职锻炼等方式。中国在改革开放之前实行的"下管两级"的人事制度，即，中央控制省市两级的领导任命，1984年后，党管干部制度改革为"下管一级"制[②]，即，中央控制省级领导的任命，省控制市级领导的任命，市控制县

[①] 徐晨光、王海峰：《中央与地方关系视阈下地方政府治理模式重塑的政治逻辑》，《政治学研究》2013年第4期。

[②] 周黎安：《行政发包制》，《社会》2014年第6期。

级领导的任命，县控制乡镇领导的任命，乡镇推荐村党委书记的任命。中央统摄所有的人事权，下一级政府主要对直接上级负责，官员对直接上级的依附关系，又加剧了中国科层制运行中的关系理性空间。

（二）党管干部制衍生的关系理性

党管干部的"下管一级"衍生了基层治理关系理性中面向上的价值型关系理性。第一，基层官员劳动力市场的封闭性所引起的"锁住效应"① 强化了基层治理面向上的价值型关系理性。当前，绝大多数基层官员处在一个封闭的劳动力场域中。一方面，政治场域内外综合收益的落差，使得大多数基层官员主观上不愿意退出政治领域；另一方面，大多数基层官员就职于综合管理岗，其在公务员岗位中所训练的技能并不适应市场需求，一旦被开除职务，其将很难应聘到称心的工作。因此，基层官员努力保住职位的诉求催生了面向上的价值型关系理性。例如，有研究表明，当产业失败时，可以通过上下级合谋以及上级庇护的方式规避问责②。第二，产业扶贫绩效评估的模糊性强化了基层治理中面向上的价值型关系理性。当前，产业扶贫的绩效评估维度包括模式创新型、产业现代性、产业特色化、益贫效益等多个维度，产业扶贫绩效的可比较性较低，另外，党管干部制度为确保上级选出满意的升职对象而给其预留了足够的主观能动空间③，以上两个因素均造成了产业扶贫绩效的非正式关系空间，因此，为确保产业扶贫绩效被上级认可，面向上的价值型关系理性的诉求被强化。例如，阳县拱镇的资产收益型产业扶贫创新模式、信区三坑镇的现代农业产业示范片、英县龙

---

① 周黎安：《中国地方官员的晋升锦标赛模式研究》，《经济研究》2007 年第 7 期。
② 冯猛：《基层政府与地方产业选择——基于四东县的调查》，《社会学研究》2014 年第 2 期。
③ 周雪光：《国家治理逻辑与中国官僚体制：一个韦伯理论视角》，《开放时代》2013 年第 3 期。

镇的农旅结合的产业扶贫示范片各具特色。因产业扶贫模式绩效评估考核标准不完善，很难具体量化三种扶贫模式的绩效，更难确认三种扶贫模式是否符合与贫困户形成稳定的利益联结机制、创新性、长效性等要求，对三种扶贫模式绩效评估的最终决策权由上级领导掌握，三种产业扶贫模式是否被认可，取决于上级扶贫办或者上上级扶贫办的主观价值。最终，在晋升诉求引导下，拱镇、三坑镇、龙镇构建与上级领导关系的理性被激发。

三　行政发包制的治理工具

（一）行政发包制的运行机理

企业产品是内部供给还是对外发包是自科斯以来经济学理论的核心关注点，企业产品的内部供给对应企业的雇用制，企业产品的外部发包对应企业的发包制。周黎安把企业发包制的概念引入科层制并提出"行政发包制"的概念[1]，具体是指，在科层制的统一权威内，中央将行政任务逐级分解给地方政府，在此，上一级政府（委托方）掌握正式权威和剩余控制权，下一级政府（承包方）享有实际操控权。行政发包制本质上是"国家权威与有效治理"[2]矛盾下的中央与地方的"委托—代理"关系，中央集权，可防控地方剩余控制权引发的政策偏差，地方分权，有利于调动地方政府的积极性，降低国家治理成本[3]。另外，"下管一级"[4]人事制度对官员考核信息的需要，也是行政发包制的生成机制之一。

---

[1]　周黎安：《转型中的地方政府：官员激励与治理》，格致出版社、上海人民出版社2008年版，第67页。

[2]　周雪光：《权威体制与有效治理：当代中国国家治理的制度逻辑》，《开放时代》2011年第10期。

[3]　周雪光：《行政发包与帝国逻辑——周黎安〈行政发包制〉读后感》，《社会》2014年第6期。

[4]　周黎安：《行政发包制》，《社会》2014年第6期。

行政发包制是中国科层制上下分治①的治理工具之一。在这一治理工具中，中央依赖层级化的科层体系逐级将治理任务向下安排。其中，作为最高发包方的中央掌握完全的正式权威和剩余控制权，地方政府则在激励机制下整合其资源调配权完成规定任务②。其中，作为中间层政府的省、市、县，既是相对的发包方，也是相对的承包方。在基层治理中，行政包干制与科层制并行不悖③。第一，行政包干制以整合科层制的部分资源为实现前提。行政包干制撬动科层制有其行动边界，即，以不干扰科层制的正常运行为边界，整合科层制的资源来实现国家的政治任务。例如，在基层治理中，从科层制动员出来专门为完成包干任务的公务员，既要完成其本职工作，也要完成包干制任务，包干制中牵涉的职能部门，既要完成本部门的应有职能，也要完成包干制的任务。因此，包干制未影响科层制的完整性和功能性，未削弱其治理能力。第二，行政发包制的运行依赖科层制的层级管理。行政发包制中的委托方与承包方实际上就是科层制中的支配者与服从者，即上级党组织与下级党组织、党员干部的权力关系。行政发包制运行的主要路径也是层级管理，所不同的是，委托方掌握无须与下级党委协商而专断式决策的权威，其权威的实施具有一定人格化倾向④，具体表现为：委托方完全掌握对承包方的监督、问责、任免的激励权，委托方享有对承包内容进行及时调整的调控权。

（二）行政发包制衍生的关系理性

行政发包制所形成的压力型体制的效果之一，即建立目标责任制，激发基层高效实现中央的政策目标。在经济和政治激励的

---

① 周黎安：《转型中的地方政府：官员激励与治理》，格致出版社、上海人民出版社 2008 年版，第 67 页。
② 周黎安：《行政发包的组织边界——兼论"官吏分途"与"层级分流"现象》，《社会》2016 年第 1 期。
③ 周黎安：《行政发包制》，《社会》2014 年第 6 期。
④ 周黎安：《行政发包制》，《社会》2014 年第 6 期。

双重约束下，地方政府不仅可以通过调配资源完成发包任务，还可以通过逐层加码的方式凸显政绩，前者为发包制催生的基层治理的"完成任务"诉求，后者为发包制催生的基层治理的"政绩"诉求。其中，"完成任务"诉求进一步强化了基层治理中面向下的价值型关系理性。每一级政府要完成上一级的发包任务，均需要下级政府的紧密配合，因此，为确保任务完成，基层政府有保护下级积极性、维护下级忠诚度的诉求。例如，前已述及，在贫困村产业扶贫阶段，为维护乡镇干部的忠诚度，信区将干部忠诚度高的颈镇列入辐射镇，最终，扶贫资源异化为信区维护与颈镇关系的私人资源。例如，前已述及，在普惠型奖励项目的治理中，英镇得助于县扶贫办对干部工作的支持而多获得 2 个科技局奖励项目指标，为维护村干部的工作积极性，杨镇将科技局项目指标分给麻村，杜镇把科技局项目指标分给米村。其中，"政绩"诉求进一步强化基层治理面向上和面向下的价值型关系理性。凸显政绩，需要下级的积极配合，因此，可强化基层治理的面向下的价值型关系理性，前已述及，在此不再赘述。凸显政绩，更需要上级的主观认可，原因在于，扶贫产业的益贫绩效、利益联结机制、模式的可推广性的不同度量方式均可作为扶贫产业的评价维度，扶贫产业的评价指标体系是一个模糊性的综合性指标，而扶贫产业评价的复杂性正好为上级政府评价下级政府绩效以及选拔干部预留了足够的空间。因此，为确保政绩被上级认可，基层有建构与上级领导关系的诉求。又如，前已述及，在贫困村识别阶段，为构建与市领导的关系，阳县扶贫办将贫困村指标向市"特色该工程"倾斜。

行政发包制所形成的压力型体制的效果之二，在于衍生了基层治理的"规避风险"[①]诉求。当发包任务与基层的实际情况有落

[①] 吕方：《治理情境分析：风险约束下的地方政府行为——基于武陵市扶贫办"申诉"个案的研究》，《社会学研究》2013 年第 2 期。

差，"一票否决"①"政治问责"②"责任连坐"③ 等制度约束又无法松动时，行政发包制便催生了基层治理的"规避风险"诉求。例如，前已述及，在"规避风险"导向下，金村选择打造多个扶贫产业，阳县选择打造多个产业扶贫示范片，县扶贫办仅将栏村的贫困发生率压至 1%。又如，前已述及，在贫困村产业扶贫阶段，为规避产业打造失败的风险，金村在不同的村小组打造不同的产业，为规避产业扶贫示范片打造失败的风险，除前述岭镇的农旅结合示范片外，阳县还选择了城北的江镇打造现代农业产业扶贫示范片，选择了城南的拱镇打造资产收益型产业扶贫示范片，如此，虽一定程度上规避了扶贫产业全军覆没的风险，但是却折扣了扶贫资源的益贫效益。再如，前已述及，在提升型奖励项目的治理中，为确保栏村获得 C 级示范村，阳县着力将其贫困发生率压至 1%。另外，为了最大限度降低政治风险，基层将选择"共谋"④或"层层庇护"⑤，而"共谋"或"庇护"的效果又取决于基层在政治关系网中的相对位置，为了巩固与政治关系网中各个点的联结，"规避风险"诉求又进一步强化了面向上和面向下的价值型关系理性。值得注意的是，因上级领导在"风险规避"的作用强于下级政府，因此，面向上的价值型关系理性优先于面向下的价值型关系理性。

---

① 周雪光：《"关系产权"：产权制度的一个社会学解释》，《社会学研究》2005 年第 2 期。
② 王汉生、王一鸽：《目标管理责任制：农村基层政权的实践逻辑》，《社会学研究》2009 年第 2 期。
③ 容志、陈奇星：《"稳定政治"：中国维稳困境的政治学思考》，《政治学研究》2011 年第 5 期。
④ 周雪光：《基层政府间的"共谋现象"——一个政府行为的制度逻辑》，《社会学研究》2008 年第 6 期。
⑤ 盛智明：《地方政府部门如何规避风险——以 A 市社区物业管理新政为例》，《社会学研究》2017 年第 5 期。

四 锦标赛制的治理工具

(一) 锦标赛制的运行机理

锦标赛制最早由 Lazear 和 Rosen 提出，具体是指，参赛人为了获得更优的相对位次而相互竞争。[①] 锦标赛制的结果取决于相对成绩而非绝对优劣，因此锦标赛制具有鲜明的激励效果。周黎安对锦标赛制的定位为：上级政府为推动发包任务的进度而为下级政府设计的一种职位晋升比赛，这场比赛可以是经济竞赛也可以是其他领域的比赛。[②] 政治场域中的锦标赛制是为了激励下级完成上级的发包任务，依托"向上负责"的人事制度、"层级分流"的科层制而设计的一种治理工具。政治锦标赛在职权同构与"分权竞争，集权晋升"的激励结构下又衍生出横向竞争和纵向考核两个制度[③]，其中，横向竞争催生了基层治理的"政绩"诉求。例如，前已述及，在贫困村产业扶贫阶段，信区扶贫办为赢得产业扶贫示范片锦标赛，在"政绩"导向下，重点打造三坑镇的产业扶贫示范片。又如，前已述及，在贫困村产业扶贫阶段，阳县扶贫办为集中力量凸显产业扶贫示范片的成效，在"政绩"导向下，重点打造岭镇的产业扶贫示范片。其中，纵向考核催生了基层治理的"完成任务"诉求。例如，前已述及，在贫困村产业扶贫阶段，为确保完成当年的脱贫规划，龙镇优先将项目、资金向脱贫任务重的贫困村倾斜，而后再打造产业亮点，在提升型奖励项目治理中，为了确保完成提升工程的刚性任务，各县（区）要先确保产业扶贫 D 级贫困村的资源和项目需要。

[①] Lazear, Edward and Sherwin Rosen, "Rank-Ordered Tournamentsas Optimal Labor Contracts", *Journal of Political Economy*, No. 9, 1995, pp. 841–864.

[②] 周黎安：《中国地方官员的晋升锦标赛模式研究》，《经济研究》2007 年第 7 期。

[③] 刘军强：《积极的惰性——基层政府产业结构调整的运作机制分析》，《社会学研究》2017 年第 5 期。

锦标赛制由来已久，锦标赛制的运行需要两个必备条件。第一，上级政府具有集中的人事决定权，其根据下级官员的政治成绩制定晋升决策。中央或上级政府掌握着下级官员的人事任免权，确保了锦标赛制的有效运行。第二，比赛结果可衡量、可比较且比赛结果相对独立。中国的省、市、县、乡镇的职权同构以及一定地域内的封闭式人事管理制度，确保了锦标赛制的有效运行。当前，中国的政治锦标赛制已从单一的经济指标模式进化为多元化的竞争机制[①]。在多元化的竞争机制中，上级政府掌握绝对的考核权、激励权和人事权，但是，下级政府竞争的不再是单一的而是多样化的指标。如此一来，既可以打破官员竞赛因资源依赖而形成的马太效应格局，最大限度激发下级官员的积极性，又可以给上级政府预留足够的选择空间，使其可以自主选择或培养下级官员。在多样化的竞争机制激励下，基层可以结合本地区的优势，发展特色的、长效性的扶贫产业。例如，前已述及，在贫困村产业扶贫阶段，阳县立足其国家功能区的定位和发达小水电的产业基础，创新金融扶贫模式，将拱镇打造成资产收益扶贫示范片，整合岭镇区位优势明显、土地连片程度高的优势，将岭镇打造成为农旅结合的产业扶贫示范片，整合江镇牛大力的种植历史以及水资源丰富的优势，将其打造成为现代农业产业扶贫示范片。如此，锦标赛制激励着阳县发展多种特色扶贫模式，从扶贫资源的益贫效益角度看，既有利于国家精准脱贫政策效果，也有利于阳县精准脱贫绩效考核，还利于贫困户多重受益。但是，从治理机制的角度看，锦标赛体制为上级预留了足够的考核空间和为下级预留了足够的能动空间，这就在科层制之外为关系理性预留了足够的空间，为关系理性消解科层理性提供了条件，为官员将扶贫资源异化为构建关系的私人资本、升迁的政治资本等行为提供了可能。

---

① 冯猛：《基层政府与地方产业选择——基于四东县的调查》，《社会学研究》2014年第2期。

（二）锦标赛制衍生的关系理性

锦标赛制本身蕴含着"政绩"诉求。第一，为确保政绩凸显，基层常常选择打造多个产业扶贫亮点。例如，前已述及，在贫困村产业扶贫阶段，为凸显产业扶贫绩效，阳县同时打造岭镇农旅结合示范片、江镇现代农业产业扶贫示范片、拱镇资产收益扶贫示范片。又如，前已述及，在贫困村产业扶贫阶段，为凸显产业扶贫绩效，西镇连片规划西联村、金竹村、花塘村、沙坝村打造特色文化旅游带，连片规划赤村、道村、鲜村建成农产品加工区，连片规划晚村、陆村和环村打造韭菜龙头产业。第二，为凸显扶贫绩效，基层常常集中力量重点打造一个产业。例如，前已述及，在贫困村产业扶贫阶段，阳县重点打造区位优势明显、自然条件优越、综合实力强、土地连片情况较好的岭北镇。又如，前已述及，在贫困村产业扶贫阶段，龙镇优先将综合实力强、区位优势明显、帮扶资源丰富的河村打造为产业扶贫示范村。再如，前已述及，在贫困村产业扶贫阶段，花村整合基础设施条件较好、土地整合程度较高、土地连片情况较好、治理秩序良好的村民组重点打造水蛭产业。

当行政发包制和锦标赛制结合时，纵向发包和横向竞争亦结合了起来，自上而下的层层加码现象尤为突出[①]，此时，锦标赛制又衍生出"完成任务"诉求和"规避风险"诉求。第一，贫困村出列任务的层层加码现象。中央要求贫困村于 2020 年全部完成出列，为确保完成任务，M 省要求各市于 2018 年年底之前完成，为完成省里的任务，M 市要求各县（区）于 2017 年年底完成贫困村预脱贫。在"完成任务"导向下，阳县 55% 的贫困村为综合实力中等偏上的村庄，在"规避风险"导向下，"乱藏于内"的村庄被排斥，"乱显于外"的村庄被纳入，在经过三年整村推进后，"错评"与"漏选"贫困村最终形成了差距加剧的格局。第二，贫困发生率

---

① 周黎安：《行政发包制》，《社会》2014 年第 6 期。

的层层加码现象。国家和省要求出列贫困村的贫困发生率应在2%以下，县为确保完成出列任务，将贫困发生率压至更低，在"完成任务"导向下，阳县为确保贫困村顺利出列，要求各贫困村的贫困发生率不高于0.2%。在"规避风险"导向下，为确保贫困户收益，西镇和龙镇自2016年以来仅审批通过资产收益型扶贫产业。第三，产业扶贫示范片的层层加码现象。在贫困村产业扶贫阶段，M省里要求各市上报1—2个产业扶贫示范片，在"完成任务"和"规避风险"导向下，M市要求下辖县（区）各打造一个产业扶贫示范片，在"完成任务"和"规避风险"导向下，各县（区）均打造了多个产业扶贫示范片。例如，阳县同时打造岭镇农旅结合示范片、江镇现代农业产业扶贫示范片、拱镇资产收益扶贫示范片。

五　协调型的乡镇政府

（一）协调型政权的形成过程

从"代理型"政权到"汲取型"政权。在人民公社时期，基层仅仅担当着国家权力代理人的角色。在资产经营方面，国家留给公社的自主权极其有限，国家集权的权力配置模式使得公社无法拥有独立的权益，更无法成为独立的经营主体，因此，其独立意识和自主性诉求不高。同时，正是因为公社对资源支配权的有限性，公社在国家治理格局中获得了超然的角色，这个超然的角色有利于公社获得足够的治理权威并处于"中间"位置公平、公正地处理社区事务，处理社区内的各类纠纷。基于以上，将人民公社时期的公社称为"代理型政权"，该称谓旨在强调公社之国家代理人的身份。1983年出台的《关于实行政社分开、建立乡政府的通知》要求，各级政府对企业税收交够上级政府额定份额后的剩余可以自主支配，自此，财税包干制将各级政府的关系从"一灶吃饭"调整为"分灶吃饭"。财税制度的改变为乡镇带来了经济自主权的扩张机会。按照政策要求，乡镇只要向上级政府交够额定的部分，剩下的收入则属于自主处置范畴。财税制度的改革,给乡镇带来财政压力的同时也激发了经济自主权的觉醒。至此,谋求发展和更大的自主权成为乡镇的目标,乡镇不再将公共管理事务作为自己的重心,而是将发展经济作为中心工作。学界将此时的乡镇政府称为"汲取型"政权①。

从"汲取型"政权到"悬浮型"政权。21世纪初,中国以安徽省作为农村税费改革的试点,2004年,中国的农业税费改革取得了明显进展,决定自该年起逐步降低农业税的税率,并用5年的时间彻底取消了农业税。税费改革后,国家对乡镇进行了系列配套改革。第一,负责乡镇财政、农业、交通等工作人员被清退或由县职能部门垂直管理。第二,县职能部门的项目资金绕过乡镇政府直接进入村庄。第三,乡镇公务员工资由县财政统一发放。至此,乡镇政府成为真正的"空壳化"的政权。按照税费改革的制度设计意图,地方政府在农村地区的公共服务支出将通过转移支付来替代农民的税费。国家通过转移支付支撑农村地区公共服务的方式代替农业税后,乡镇的身份从向下的"要钱、要粮、要命"转身为向外和向上"贷款、跑钱、跑项目",税费改革缓和了乡镇和村庄的关系的同时,也疏远了乡镇和村庄的关系,税费改革表面上是改革国家和农民的关系,实质上却是改革了乡镇在科层制场域中的角色。学界将此时的乡镇政府称为"悬浮型"政权②。

从"悬浮型"政权到"协调型"政权。税费改革后,国家依靠项目转移的方式向农村输入资源以支持其公共服务,自此,"项目治国"时代来临。在项目治理的序列中,县政府和县级职能部门控制着项目申请、审批、实施、监管、验收的全过程,当面向县政府时,乡镇仅以协助者的身份助力项目治理,面对村庄和农民时,

---

① 杨善华、苏红:《从"代理型政权经营者"到"谋利型政权经营者"——向市场经济转型背景下的乡镇政权》,《社会学研究》2002年第1期。
② 周飞舟:《从汲取型政权到"悬浮型"政权——税费改革对国家与农民关系之影响》,《社会学研究》2006年第3期。

乡镇又承担项目进村后的各类复杂事务的协调。因此，学界将此时的乡镇政府称为"协调型"政权[①]。自此，乡镇政府一边通过运作正式权力参与科层制的分工，一边又通过非正式关系参与村庄事务的治理[②]。然而，税费改革弱化了乡镇对村庄的激励。其一，税费改革前，乡镇可以通过向村庄让渡一部分税收比例而实现对村干部的有效激励，税费改革后，村庄所获项目均来自国家，乡镇失去了激励村干部的有效手段。其二，村干部一般均为村庄内部的能人，在市场经济的刺激下，村干部每月一千多元的工资不足以激励其工作积极性。其三，制度设计的约束机制不足以激励村干部的工作积极性。科层制对公务员的约束包括党内纪律、公务员纪律等约束，但是村干部不受科层制约束，且因升迁无望而工作积极性不高。

（二）协调型政权衍生的关系理性

第一，"协调型"政权衍生出的面向上的价值型关系理性。当前，项目治理已成为基层治理的主要方式，然而，乡镇政府仅掌握了对项目的部分分配权和协调权，例如，召集申报者申报项目、作为中间环节审核申报书的真实性，项目支配权则为县市区的职能部门所有。因此，基层场域中实际的项目治理机制为，县市区职能部门跨过乡镇将项目直接与村庄对接。这不仅大大削弱了乡镇的资源支配权，还弱化了乡镇干部在村干部心中的权威，为改变这一处境，乡镇需积极构建与上级领导的关系，一方面，争取项目的支配权，另一方面，维护其在村干部中的威信。最终，乡镇政府的面向上的价值型关系理性被激发。最终，在面向上的价值型关系理性导向下，贫困村指标异化为乡镇构建与政治关系网络中地位较高者关系的私人资源。例如，在贫困村产业扶贫阶段，坑镇通过将财政资

[①] 付伟、焦长权：《"协调型"政权：项目制运作下的乡镇政府》，《社会学研究》2015年第2期。

[②] 欧阳静：《运作于压力型科层制与乡土社会之间的乡镇政权——以桔镇为研究对象》，《社会》2009年第5期。

金、项目向信区打造的产业扶贫示范片倾斜。

第二，"协调型"政权衍生出的面向下的价值型关系理性。当乡镇政府对村干部缺乏制度化的激励工具时，只好通过非正式关系来实现对村干部的动员，因此，乡镇面向下的价值型关系理性明显优先于科层制中的其他层级。这也解释了前述乡镇出于保护村干部积极性、维系与村干部关系、维护村干部的忠诚度而出现的治理行为。例如，在贫困村识别阶段，杨镇出于平衡村庄关系的诉求而将雷村纳入贫困村，出于维护自身声望的诉求而将英村纳入贫困村，出于维护村干部积极性的诉求而将田村纳入贫困村。又如，在贫困村产业扶贫阶段，坑镇出于维护村干部积极性的诉求而将示范片总部建在安村，西镇出于维护自身权威、维护村干部积极性的诉求而将菜干厂设在赤村。再如，在贫困村产业扶贫巩固阶段，英镇政府出于维护驻村工作队工作积极性的诉求而分配给麻村一个科技局奖励项目，杜镇出于维护村干部积极性的诉求分给米村一个科技局奖励项目，溪镇出于维护村干部积极性的诉求分给油村一个科技局奖励项目。

六 运动式的治理属性

（一）运动式治理的运行机理

中央权威的有效性依赖于科层制的常规治理机制，但是委托授权的矛盾、考核激励的短板、监督管理的成本，使得常规科层制很难满足国家整合资源集中治理贫困问题的远大抱负[①]。于是，国家在"实用理性"的价值主导下[②]，打破制度、常规和专业边界，短期内动员人力、物力、财力等一切积极因素并集中投向贫困人口，

---

① 冯仕政：《中国国家运动的形成与变异：基于政体的整体性解释》，《开放时代》2011年第1期。

② 唐皇凤：《常态社会与运动式治理——中国社会治安治理中的"严打"政策研究》，《开放时代》2007年第3期。

旨在实现脱贫攻坚的全面胜利。科层制是运动式治理机制的运行载体，但是却被置于快速运转的挡位上①。

运动式治理机制与科层制的组织构架、运行理念互为冲突、互相消解，但是，科层制为产业扶贫场域中的国家动员提供了组织和合法性基础②，产业扶贫的运动式治理又弥补了科层制的惰性。产业扶贫的运动式治理机制并非随意启动而是建立在稳定的组织基础和制度环境之上的，它是国家制度的有机构成③。产业扶贫的运动式治理机制建立在三个条件之上：国家具有强大的专断权力；国家无法通过常规性、制度性、专业性的治理机制实现脱贫目标；国家对脱贫攻坚战的全面胜利具有强烈的抱负④。产业扶贫的运动式治理具有非专业性、非常规性、非制度性三个特点。产业扶贫运动式治理的非专业性是指，产业扶贫的运动式治理要打破专业技术对行动的束缚而将政治忠诚度作为绩效评价标准。产业扶贫运动式治理的非常规性是指，产业扶贫的组织构架、行动方式、绩效评估等均围绕特定任务而临时性调整。产业扶贫运动式治理的非制度性是指，国家为完成这一阶段性任务将打破科层制的正式制度安排⑤。

（二）运动式治理衍生的关系理性

社会学制度主义学派指出制度与行为者之间具有复杂的制约与

---

① 周雪光：《运动型治理机制：中国国家治理的制度逻辑再思考》，《开放时代》2012年第9期。

② 冯仕政：《中国国家运动的形成与变异：基于政体的整体性解释》，《开放时代》2011年第1期。

③ 周雪光：《运动型治理机制：中国国家治理的制度逻辑再思考》，《开放时代》2012年第9期。

④ 冯仕政：《中国国家运动的形成与变异：基于政体的整体性解释》，《开放时代》2011年第1期。

⑤ 冯仕政：《中国国家运动的形成与变异：基于政体的整体性解释》，《开放时代》2011年第1期。

能动关系①。贫困村产业扶贫的运动式治理,为基层超越常规化的行为和诉求增加了空间,这可能导致无组织的集体行为,威胁国家治理权威。贫困村产业扶贫的运动式治理机制加速了基层治理的"完成任务"诉求、"规避风险"诉求、面向上的价值型关系理性。第一,"完成任务"诉求被强化。基层在贫困村产业扶贫场域中的任务包括贫困户如期脱贫、贫困村如期出列、建立贫困户稳定的脱贫机制等。在运动式治理属性下,基层干部面临更大的政策压力、更重的工作任务、更短的任务期限,因此,贫困村产业扶贫治理场域中基层治理的"完成任务"诉求更强烈,例如,为确保贫困户脱贫任务如期完成,金村未经全面论证便匆忙上马鹰嘴桃项目,为确保贫困村如期出列,岭镇优先确保扶贫任务重的贫困村的项目需求。第二,"规避风险"诉求被强化。运动式治理属性下的贫困村产业扶贫考核更加精细、问责更加严格,因此,基层治理的"规避风险"诉求更强烈,例如,为规避贫困村出列风险,被纳入贫困村序列的村庄多为综合实力较好的村庄,为避免项目失败,龙镇在2016年后仅审批通过资产收益型扶贫产业,为规避扶贫资金失败,西镇将扶贫资金全部入股于龙头企业而不鼓励贫困户自主发展产业。第三,面向上的价值型关系理性被强化。贫困村产业扶贫在运动式治理属性下的高激励和强问责特点②,加速了基层治理的面向上的价值型关系理性。在激励方面,科层制高层的重视可以助力干部凸显政绩,在问责方面,科层制高层的庇护有利于降低基层干部被问责的风险。因此,贫困村产业扶贫的运动式治理属性强化了基层干部建构与政治关系网络中地位较高者关系的诉求。

---

① 林雪霏:《扶贫场域内科层组织的制度弹性——基于广西 L 县扶贫实践的研究》,《公共管理学报》2014 年第 1 期。

② 欧阳静:《论基层运动型治理——兼与周雪光等商榷》,《开放时代》2014 年第 6 期。

七　本章小结

本章从制度分析的角度解读了关系理性的生成机制。层级分流科层形态催生了基层治理的"惯习"、面向上和面向下的价值型关系理性。党管干部的人事制度催生了基层治理的面向上的价值型关系理性。行政发包制所造成的压力型体制催生了基层治理的"完成任务"诉求、"政绩"诉求以及"规避风险"诉求。锦标赛制本身蕴含着"政绩"诉求。当行政发包制和锦标赛制结合时，锦标赛制又衍生出"完成任务"和"规避风险"诉求。乡镇政府"协调型"的位置催生了乡镇政府面向下的价值型关系理性。贫困村产业扶贫的运动式治理机制加速了基层治理的"完成任务"诉求、"规避风险"诉求、面向上的价值型关系理性。

结　语

一　主要结论

结论一：运动式治理也是贫困村产业扶贫的重要治理工具

科层制并非贫困村产业扶贫的唯一治理工具，运动式治理也是贫困村产业扶贫的重要治理工具。在贫困村产业扶贫场域中，运动式治理主要表现为三个方面：第一，运动式的组织动员，例如，扶贫工作领导小组、帮扶单位、驻村干部、第一书记等运动式的政治动员方式；第二，运动式的项目治理，例如，国家打破科层制的束缚整合各类资金以扶贫项目的方式注入贫困村产业扶贫场域；第三，运动式的考核方式，例如，国家对贫困村产业扶贫的奖励和问责均表现出非常规力度。

下面，以运动式的组织动员为例，阐释运动式治理工具在贫困村产业扶贫领域的作用机制。其一，扶贫工作领导小组的运动式动员。2013年3月，M市扶贫开发领导小组成立，M市扶贫开发领导小组负责组织协调全市精准扶贫精准脱贫工作。紧接着，各县（区）成立扶贫开发领导小组。2015年8月，《M市精准扶贫帮扶工作方案》发布，要求各县（区）成立帮扶工作班子和驻村工作帮扶组，落实"领导挂点、单位包镇包村、干部包户"的责任制，确保帮扶力量对贫困村及贫困户全覆盖。2018年5月，中共M市委办公室印发《关于成立市委实施乡村振兴战略领导小组的通知》，决定撤销市社会主义新农村建设和农村人居生态环境综合整治领导小组,成立市委实施乡村振兴战略领导小组,并明确了领导小组组成人员和领导小组成员单位。其二,结对帮扶的运动式动员。2014年9月,《扶贫开发"规划到户责任到人"帮扶工作实施方案》出台,要求实行"领导挂点单位包镇包村、干部包户"责任制,市领导联系县、挂扶镇和挂扶贫困村,县领导挂扶镇和贫困村,镇领导挂扶贫困村,市县镇各级领导选择若干贫困户作为挂扶户。2014年10月,《关于做好精准扶贫精准脱贫派驻帮扶干部工作安排的通知》,明确了贫困村驻村干部的选派对象和范围、入选条件、选派程序,并要求所有驻村干部于2015年3月前全部入驻贫困村。2015年5月,《关于开展全市扶贫开发"双到"工作的通知》,要求驻村干部为贫困村制订帮扶计划。2015年6月,《M市精准扶贫精准脱贫驻村干部管理办法》明确了驻村干部的管理办法,并做出"考核结果作为评选先进、提拔使用、晋升职级的重要依据"的规定。2015年7月,《关于落实M市精准扶贫精准脱贫派驻帮扶干部相关待遇的通知》明确了驻村干部的待遇制度。2015年8月,《市四套班子领导成员精准扶贫联系县、挂扶镇和挂扶贫困村安排表》公布了市四套领导班子的帮扶联系县(区)、挂扶镇、挂扶贫困村。2015年8月,《M市精准扶贫帮扶工作方案》明确了贫困村和扶贫重点镇的帮扶单位。

  运动式治理与科层制的关系如下。第一,运动式治理依赖科层制。其一,运动式治理的人员配备来自科层制。在产业扶贫的治理中,扶贫工作领导小组成员、驻村干部、第一书记等,均来自科层体制的临时调配,其人事关系保留在原单位。其二,运动式治理的资源来自科层制。在产业扶贫的治理中,扶贫工作领导小组、帮扶单位、驻村干部、第一书记所使用的扶贫项目、扶贫资金均来自科层制。其三,运动式项目治理依赖科层制。例如,贫困村的帮扶单位虽然可越过县扶贫办和乡镇而直接将扶贫资金拨付给贫困村,但是资金的管理依然要依赖科层制,以此确保资金的规范使用。第二,运动式治理要以科层制的正常运行为前提。其一,运动式治理以公务员完成原单位的本职工作为前提。扶贫工作领导小组成员、驻村干部、第一书记等，均来自科层制的临时安排，为确保科层制的正常运行，扶贫干部要兼顾单位的本职工作和扶贫工作，在扶贫的同时确保原单位的正常运转。其二，运动式治理以职能部门的正常运作为前提。精准扶贫以来，各归口部门的项目资金均要向扶贫领域倾斜，但仍不能干扰各单位的常规性工作。例如，农业部门的资金向扶贫领域倾斜应以不干扰农业现代化推广工作为前提，交通部门的资金向扶贫领域倾斜应以不干扰村庄主干道硬化的规划为前提。

运动式治理相较于科层制具有如下特点。第一，组织动员的临时性。扶贫工作领导小组、帮扶单位、第一书记、驻村干部等，均为确保完成精准扶贫任务而临时性进行的组织动员，待精准脱贫任务完成后，人员回归原单位，帮扶关系解除。第二，组织运行的特殊性。驻村干部的工作职责、绩效考核、相关待遇等均与其原职位不同，扶贫绩效突出的驻村干部可能被晋升，驻村干部不仅接受原单位的领导，还接受帮扶村所在乡镇政府的领导。第三，项目治理的非常规性。在精准扶贫之前，项目申报需由村庄向乡镇提交申请、乡镇向项目归口单位提交申请的方式逐级申报，精准扶贫以来，贫困村可直接向其帮扶单位申请资金或项目扶持。

结论二：贫困村产业扶贫的基层治理遵从形式合理

贫困村产业扶贫的基层治理遵从形式合理，即基层治理严格遵从可计算、可考核的刚性约束，具体表现为三点。第一，贫困村识别阶段中的基层治理遵从形式合理。在贫困村识别阶段，基层治理遵从了"无集体经济收入"的申报条件约束、贫困村指标总数的约束、贫困村申报程序的约束。第二，贫困村产业扶贫阶段中的基层治理遵从形式合理。在贫困村产业扶贫阶段，基层对扶贫产业实施主体的选择遵从"带动30户贫困户以上的、从事农业领域的县级以上龙头企业"的刚性约束，基层对产业项目的选择遵从"有三大主导产业种养殖历史的，重点发展三大产业，否则，因地制宜发展产业"和"有劳动能力的贫困户需实际参与主导扶贫产业的生产活动"的刚性约束。第三，贫困村产业扶贫巩固阶段中的基层治理遵从形式合理。在贫困村产业扶贫巩固阶段，普惠型奖励项目的基层治理遵从"带动贫困户不低于30户、基地面积不低于200亩、与贫困村捆绑的农业科技企业、已形成产业的可行性报告"的刚性约束，提升型奖励项目的基层治理亦严格遵从申报条件、项目指标、申报程序、奖补标准的硬约束。

由此可见，当前学界对关系理性与科层理性关系的认知有偏差，关系理性并非全面消解科层理性，关系理性消解科层理性以形式合理为行动边界，关系理性仅在治理工具和结果合理两个维度消解科层理性。

结论三：关系理性消解科层理性会引致结果合理的失败，亦会引致结果合理的实现

贫困村产业扶贫基层治理的关系理性消解科层理性会引致结果合理的失败。然而，值得注意的是，关系理性消解科层理性亦会引致结果合理的实现。2014年，杨镇出于"规避风险"的诉求将湾村纳入贫困村序列，随后，湾村在帮扶单位以及驻村工作队的协助下发展了优质扶贫产业并改善了治理秩序，2018年，杨镇出于打造政绩的诉求，把深度贫困村的指标给了湾村，为进一步凸显政绩，杨镇将湾村纳入科技局奖励项目序列并将其提升为产业扶贫C级示范村。贫困村识别阶段，杨镇的"规避风险"诉求消解了科层理性，在产业扶贫和产业扶贫巩固阶段，杨镇的"政绩"诉求消解了科层理性。但是事实上却实现了结果合理，当前，湾村村支书的治理威信已建立，村干部的工作积极性很高，村民对村干部的满意度很高，产业扶贫与贫困户建立起了稳定的利益联结机制，湾村真正实现了治理有序。因此，关系理性消解科层理性亦会引致结果合理的实现。

结论四：贫困村产业扶贫中的基层治理逻辑与关系理性不完全契合

贫困村产业扶贫中的基层治理逻辑与关系理性并非完全契合，而是前者包含于后者的关系，即本书所建构的关系理性的六个分析维度完全覆盖了贫困村产业扶贫三个阶段中的基层治理逻辑，但是，三个阶段所呈现的基层治理逻辑并非完全与六个分析维度契合，有的阶段存在分析维度缺失。在贫困村识别阶段，缺失了"完成任务"分析维度；在贫困村产业扶贫阶段，遵从关系理性的六个维度；在贫困村产业扶贫巩固阶段，普惠型奖励项目的基层治理缺失了"规避风险"和"完成任务"分析维度，两类奖励项目治理中的"惯习"均被关系理性中的其他分析维度覆盖。

通过研究还有两点发现。第一，在关系理性分析维度中，基层治理在不同政策阶段遵循不同的逻辑。在贫困村识别阶段，"规避风险"居首，面向上的价值型关系理性次之，"惯习"优先于面向下的价值型关系理性，面向下的价值型关系理性与"政绩"交叉。在贫困村产业扶贫阶段，"规避风险"居首，面向上的价值型关系理性优先于面向下的价值型关系理性，"完成任务"优先于"政绩"。在贫困村产业扶贫巩固阶段的普惠型奖励项目治理中，面向上的价值型关系理性居于首位，"政绩"位列其次，面向下的价值型关系理性位列第三，"惯习"被其他分析维度覆盖。在贫困村产业扶贫巩固阶段的提升型奖励项目治理中，"规避风险"居首，"完成任务"位列其次，"政绩"位列第三，面向上的价值型关系理性位列第四，面向下的价值型关系理性位列第五，"惯习"被其他分析维度覆盖。第二，在关系理性分析维度中，同一治理主体在不同政策阶段可能遵循不同的逻辑。对于湾村而言，在贫困村识别阶段，杨镇基于"规避风险"诉求将其列为贫困村，在贫困村产业扶贫和贫困村产业扶贫巩固阶段，杨镇基于"政绩"诉求对其进行重点打造。对于桥村而言，在贫困村识别阶段，杨镇基于"政绩"

诉求将其列为贫困村,在贫困村产业扶贫和贫困村产业扶贫巩固阶段,杨镇基于"完成任务"诉求助力其出列。综上,杨镇在不同的政策阶段表现出不同的治理逻辑,由此可证,同一治理主体在不同政策阶段可能遵循不同的逻辑。

结论五:价值型关系理性互嵌于工具型关系理性

本书发现了关系理性分析维度中的基层治理逻辑。第一,"规避风险"优先于关系理性其他分析维度的结论,在贫困村产业扶贫的三个阶段均成立。第二,面向上的价值型关系理性优先于面向下的价值型关系理性的结论,在贫困村产业扶贫的三个阶段均成立。第三,关系理性中"规避风险"之外的其他分析维度在贫困村产业扶贫的不同场域可能呈现相反的序列。例如,在普惠型奖励项目基层治理中,面向上的价值型关系理性优先于"政绩",但是,在提升型奖励项目基层治理中,"政绩"却优先于面向上的价值型关系理性。第四,关系理性中"规避风险"之外的其他分析维度在贫困村产业扶贫的不同场域可能呈现相同的序列。例如,在贫困村产业扶贫阶段的基层治理中,"完成任务"优先于"政绩",在提升型奖励项目基层治理中,"完成任务"亦优先于"政绩"。第五,关系理性中"规避风险"之外的其他分析维度在贫困村产业扶贫的不同场域可能呈现交叉的序列。例如,在贫困村识别阶段的基层治理中,面向下的价值型关系理性与"政绩"的序列交叉,但是,在提升型奖励项目基层治理中,"政绩"却优先于面向上的价值型关系理性。

二 政策含义

基于前述研究结论,本书认为,应从如下几个方面着手,全面提升贫困村产业扶贫的绩效。在治理工具方面,应从规范政策执行程序、完善政策执行的法律依据、明确运动式治理的行动边界几个方面规制运动式治理的空间。在政策制定和调整环节方面，应根据基层干部的意见、农户的诉求、贫困村的实际情况，适时地动态性修正政策来提升扶贫政策的适用性。在基层干部管理方面，应从完善村干部的激励机制、完善扶贫干部的激励机制、建立扶贫干部的容错机制几个方面完善基层干部的管理制度。在项目治理方面，应从重视非贫困村的扶贫项目治理问题、加强扶贫项目的可行性论证、完善扶贫项目的后期管理几个方面优化扶贫项目的治理机制。在产业扶贫实施主体的管理方面，应通过注重对产业扶贫实施主体的引导、管理和事后监督，确保产业扶贫实施主体发展的规范化。

（一）规制运动式治理的空间

运动式治理依赖科层制进行，但其亦具有反科层制的属性。它能够短期内动员各种资源实现国家的治理目标，但是，运动式治理也会损害科层制的权威、消解法治政府形象、弱化基层干部的政治预期，因此，应对运动治理的空间进行限定，规制其行动边界。第一，加强法制政府建设。其一，应完善中央、省、市三级政府的政策制定程序，压缩政策制定中政绩诉求、升迁诉求等非人格化意志的空间。其二，完善政策执行的相关法律依据，压缩自由裁量的范围，规制基层的政绩诉求、升迁诉求等非人格化意志的空间，确保政策执行有法可依以及法律规章对政策执行的有效约束。第二，明确运动式治理的行动边界。运动式治理应以不干扰科层制的正常运行为行动边界，科层制各部门所承担的职能涉及国家治理的方方面面，它是社会有效运转的基础，因此，运动式治理应以不干扰职能部门正常运行为前提[①]。第三，将扶贫工作制度化。贫困问题并非阶段性的时代问题，而是一个长期性、艰巨性的民生工程，因此，应将扶贫工作制度化。其一，以扶贫政策的连续性和稳定性推动扶

---

① 林雪霏：《扶贫场域内科层组织的制度弹性——基于广西 L 县扶贫实践的研究》，《公共管理学报》2014 年第 1 期。

贫工作的规范性和连续性。具体的，始终坚持以贫困户为政策对象，结合时代要求制定相适应的识别标准、帮扶措施和帮扶规划。其二，以常设性和规范性的扶贫机构来推动扶贫工作的规范性和连续性。具体的，在省市县成立职权同构的扶贫办公室，通过行政体制改革将其确定为常设机构并与其他职能部门同级。

（二）提升扶贫政策的适用性

有研究表明，政策适用性和执行压力是影响基层治理的两大因素，当政策适用性较低时，在不同的政策压力下，基层可能出现"消极治理"与"运动式治理"两类治理偏差。第一，扶贫领域相关政策的制定，应通过动态采纳基层干部意见的方式来提升政策的适用性。例如，具有运动式治理属性的贫困户脱贫治理相较于常规性治理具有任务更重、时间更紧、考核更加严格的特点，在对"懒户"脱贫治理方面，国家政策仅提出"要注重扶智和扶志的结合"，并未明确具体的治理措施，在巨大的考核压力下，基层通过将其纳入低保对象、游说企业为其发放薪资来确保"懒户"脱贫，如此，强化了"懒户"的行为路径依赖，造成了其他农户的不满，损害了农村治理秩序。若贫困户脱贫要求和贫困村出列标准能根据基层干部的诉求及时修正和调整，则可有效弱化基层干部的完成任务诉求，提升政策执行的规范性。第二，扶贫领域相关政策的制定，应通过动态吸纳贫困户的诉求来提升政策的适用性。例如，具有运动式治理属性的扶贫资金治理相较于常规性治理具有考核更加严格的特点，这导致基层在"规避风险"逻辑下严苛控制贫困户小额贷款，甚至将应该用于支持贫困户自主发展的资金入股扶贫产业。对于有劳动能力、有种养殖基础、有发展产业自主脱贫意愿却缺乏资金的贫困户，经产业可行性评估后，应允许其自主发展产业，重要的是，应建立一定的试错容错机制，允许贫困户在一定资金范围内的试错，如此，才能真正激发贫困户脱贫自主性，建立长效扶贫机制。第三，应建立贫困村的动态调整机制，以提升政策的适用性。① 具有运动式治理属性的贫困村脱贫治理相较于常规性治理具有任务更重、时间更紧、考核更加严格的特点,前已述及,在"完成任务"和"规避风险"逻辑导向下,综合实力强的村庄被纳入贫困村,而建立在贫困村识别偏差基础上的贫困村帮扶政策则进一步引发贫困村与非贫困村倒置、分化加速的现象。然而,国家政策有关贫困村的考核标准包括贫困发生率、村集体经济年收入、村庄产业、村庄基建水平等指标,但是有关非贫困村的考核标准仅包括贫困发生率一项,如此,贫困考核无法引导基层对非贫困村问题的重视。另外,国家围绕贫困户的错评、漏评、错退问题,制定了贫困户动态调整的系列政策,但是对于贫困村的错评、漏评问题,国家并未出台相关的动态调整政策。因此,应出台贫困村动态调整的相关政策,确保国家扶贫资源在村庄层面的效率性。

(三) 完善基层干部管理的制度体系

完善基层干部的管理制度,有利于提升基层干部的工作积极性,有利于激发基层干部的创新性,有利于提升政策执行效果。第一,应完善村干部的激励机制。实践表明,村干部因待遇较低而以村庄工作为辅、以副业为主的现象比较普遍②,科层制对村干部的约束力较弱又导致村干部违规使用扶贫资金的情况,因此,应尽快解决村干部的激励问题。其一,应提升村干部的工资待遇,减少村干部将村庄工作当副业的现象,确保村干部工作的专职化。其二,完善村干部的激励机制。尽快出台村干部绩效考核办法,对扶贫工作突出者进行奖励,对扶贫工作懈怠者进行问责,如此,可约束乡镇通过私人关系或者异化扶贫资源的方式激励村干部的行为。第二,完善扶贫干部的激励机制。M 省出台的有关扶贫干部的考核管

---

① 原贺贺:《贫困村识别的基层实践逻辑解构——以湖北 J 县为例》,《西北农林科技大学学报》(社会科学版) 2018 年第 2 期。
② 王向阳:《改革开放后村干部职业化和行政化之路——基于我国东中西部乡村治理实践的考察》,《西北农林科技大学学报》(社会科学版) 2018 年第 6 期。

理办法仅提出对于扶贫绩效突出者应予以奖励这样的模糊性政策方向，但是，具体怎么奖励、奖励的标准是什么，政策并未明确规定。因此，在考核高压线下，绝大多数扶贫干部的扶贫工作仅限于"完成任务"和"规避风险"层面，其发展优质产业、促进贫困户稳定增收的积极性较低。为此，应尽快完善扶贫干部的激励机制，对扶贫绩效突出者进行政治奖励，以此激发帮扶单位对扶贫工作的重视，激发扶贫干部的工作积极性。第三，建立扶贫干部的容错机制。M省出台的产业扶贫绩效考核办法仅明确了项目审批流程、产业上马程序，但是，这仅仅是从程序合法的角度对扶贫工作予以指导，对于程序合法但结果失败的产业，政策并未明确指出具体的处置办法，这就导致了扶贫干部"规避风险"的行为逻辑。实践表明，为"规避风险"，扶贫项目和资金的使用率较低，扶贫产业也多为资产收益型模式，如此，不利于贫困户的稳定增收，不利于扶贫长效机制的建立。因此，应建立扶贫干部的容错机制，在程序合法的前提下，应在一定范围内容忍项目失败与产业失败，如此，方可真正激发扶贫干部治贫积极性，让其敢于使用扶贫项目、敢于上马贫困户参与型的扶贫项目。

（四）优化扶贫项目的治理机制

税费改革后，项目治理不仅是国家治理社会公共问题的主要方式，亦是扶贫资源向乡村社会输入的主要手段，有学者甚至将此种治理方式称为"项目治国"[①]。第一，重视非贫困村的扶贫项目治理问题。实践表明，因贫困村识别偏差和国家对贫困村的强力支持，当前，部分地区出现了贫困村和非贫困村的倒置问题，甚至出现了"漏评"贫困村和"错评"贫困村的分化加剧问题。因此，应结合扶贫考核结果，将扶贫项目适度地向"漏评"贫困村倾斜，

---

① 周飞舟：《财政资金的专项化及其问题——兼论"项目治国"》，《社会》2012年第1期。

以促进农村社会的均衡发展、确保脱贫攻坚战役的全面胜利、维护国家政治权威。第二，加强扶贫项目的可行性论证。实践表明，因脱贫攻坚时间紧、任务重、考核严，诸多基层干部为尽快完成脱贫任务，未经严密论证便匆忙上马产业，造成产业益贫效益差、扶贫资金效率低、长效扶贫机制难建立的后果。因此，应出台相关政策，加强对扶贫产业的约束力度，要求扶贫产业经过严密地试验、形成完整的可行性分析报告，确保扶贫产业与当地自然人文条件、市场需求、扶贫产业实施主体的诉求相契合后，再全面开展。第三，完善扶贫项目的后期管理。实践表明，在技术治理的逻辑导向下，国家或地方政府仅仅为扶贫产业提供了产业启动的核心项目支持，却忽视了农业产业对基础设施等配套项目的需求，最终导致扶贫产业的后续发展陷入困境。项目治理的"事本主义"特点，使得扶贫产业在基层干部完成考核任务、产业扶贫实施主体实现经济利益后即处于停滞不前的状态，扶贫项目重前期投入、轻后期管理的特点，不仅折扣了项目前期投入的经济效益，也给贫困户的稳定脱贫造成巨大风险。因此，一方面，应适当延续对扶贫产业的项目扶持时序，在确保扶贫产业稳定运营之后再停止支持，另一方面，对市场前景差的扶贫产业应及时止损，最大限度减小沉没成本约束下的无效投入行为。

（五）提升对产业扶贫实施主体的监管效力

当前，国家政策对产业扶贫实施主体的治理呈现出重事前约束、重视事中管理、轻事后监管的特点。以 M 省为例，M 省将产业扶贫实施主体的条件规制为：从事农业领域的、带动 30 户以上贫困户的市级以上龙头企业或合作社，通过事前规制，确保了产业扶贫实施主体的带动能力。在产业扶贫过程中，M 省对扶贫绩效突出的扶贫产业进行奖励，包括普惠型奖励项目和提升型奖励项目，通过对绩效突出者的奖励，激发了产业扶贫实施主体的积极性，推动了扶贫长效机制的建构。然而，实践表明，产业扶贫领域存在

"发展不好留不住、发展好了也留不住"[①] 的问题。即,当扶贫产业的市场效益差时,产业扶贫实施主体即将资源转移至其他领域;当扶贫产业绩效特别凸显时,产业扶贫实施主体在积累够足够资本时,即将把资源从回报率低的农业领域转向回报率高的第二、三产业。因此,应注重对产业扶贫实施主体的事后监管,对于扶贫治理遭遇困境的企业,政府应加强对其监管,确保贫困户的利益不受损失,对于扶贫治理绩效非常凸显的企业,政府应在其和农户之间建立长期稳定的利益联结机制,确保贫困户受益最大化。

---

① 梁栋、吴惠芳:《农业产业扶贫的实践困境、内在机理与可行路径——基于江西林镇及所辖李村的调查》,《南京农业大学学报》(社会科学版) 2019 年第 1 期。

参考文献

一 中文文献

(一) 著作类

蔡昉、万广华:《中国转轨时期收入差距与贫困》,社会科学文献出版社2007年版。

单传海:《县级政府执行力》,新华出版社2011年版。

范建刚:《我国财政支农规模优化问题研究》,中国社会科学出版社2009年版。

冯之浚:《区域经济发展战略研究》,经济科学出版社2002年版。

共济:《新阶段社会扶贫体制机制创新》,中国农业出版社2012年版。

国家统计局住户调查办公室:《中国农村贫困监测报告(2015)》,中国统计出版社2015年版。

国家统计局住户调查办公室:《中国农村贫困监测报告(2016)》,中国统计出版社2016年版。

黄承伟:《国际减贫理论与前沿问题2012》,中国农业出版社2012年版。

黄承伟:《中国农村反贫困的实践与思考》,中国财政经济出版社2004年版。

康晓光:《中国贫困与反贫困理论》,广西人民出版社1995年版。

李华:《国际社会保障动态:反贫困模式与管理》,人民出版社2015年版。

李培林、魏后凯：《中国扶贫开发报告》，社会科学文献出版社2016年版。

李石新：《中国经济发展对农村贫困的影响研究》，中国经济出版社2010年版。

李文、李芸：《中国农村贫困问题若干问题研究》，中国农业出版社2009年版。

刘伯龙、竺乾威等：《当代中国农村公共政策研究》，复旦大学出版社2005年版。

刘尔思：《创新产业扶贫机制》，中国财政经济出版2011年版。

刘坚：《新阶段扶贫开发的成就与挑战——〈中国农村扶贫开发纲要（2001—2010年）〉中期评估报告》，中国财政经济出版社2006年版。

刘坚：《新阶段扶贫开发的探索与实践》，中国财政经济出版社2005年版。

刘熙瑞：《公共管理中的决策与执行》，中共中央党校出版社2003年版。

刘新生、王彦智等：《基层地方政权机构改革的模式研究》，中国社会科学出版社2010年版。

莫勇波：《公共政策执行中的政府执行力问题研究》，中国社会科学出版社2007年版。

人民出版社编：《中共中央国务院关于"三农"工作的一号文件汇编（1982—2014）》，人民出版社2015年版。

荣敬本：《从压力型体制向民主合作体制的转变：县乡两级政治体制改革》，中央编译出版社1998年版。

田广、韩国良：《选择与发展：中国不发达地区经济振兴断想》，时事出版社1982年版。

王朝明：《中国转型期城镇反贫困理论与实践研究》，西南财经大学出版社2004年版。

谢和平主编：《反贫困与国际区域合作》，四川大学出版社2008

年版。

徐勇：《现代国家、乡土社会与制度建构》，中国物资出版社 2009 年版。

许源源：《中国农村扶贫瞄准：定点部门与 NGO 的视角》，中国社会科学出版社 2012 年版。

张建华：《贫困测度与政策评估》，人民出版社 2010 年版。

张磊：《中国扶贫开发政策演变》，中国财政经济出版社 2007 年版。

张巍：《中国农村反贫困制度变迁研究》，中国政法大学出版社 2008 年版。

赵昌文：《贫困地区可持续扶贫开发战略模式及管理系统研究》，西南财经大学出版社 2000 年版。

周黎安：《转型中的地方政府：官员激励与治理》，格致出版社 2008 年版。

朱晓阳：《边缘与贫困：贫困群体研究反思》，社会科学文献出版社 2012 年版。

邹德秀：《地区贫困与贫困地区开发》，科学出版社 2000 年版。

(二) 论文类

蔡禾：《国家治理的有效性与合法性——对周雪光、冯仕政二文的再思考》，《开放时代》2012 年第 2 期。

陈聪、程李梅：《产业扶贫目标下连片贫困地区公共品有效供给研究》，《农业经济问题》2017 年第 10 期。

陈恩：《基层政府的政策变通逻辑——以 H 县"不再生育合同"为个案》，《中国农业大学学报》（社会科学版）2016 年第 2 期。

陈家建：《科层结构与政策执行》，《社会学研究》2013 年第 6 期。

陈家建、张琼文：《政策执行波动与基层治理问题》，《社会学研究》2015 年第 3 期。

陈家建、张琼文、胡俞：《项目制与政府间权责关系演变：机制及其影响》，《社会》2015 年第 5 期。

陈亮、谢琦：《乡村振兴过程中公共事务的"精英俘获"困境及自主型治理——基于 H 省 L 县"组组通工程"的个案研究》,《社会主义研究》2018 年第 5 期。

陈胜良、卢军静:《金融支持产业扶贫理论模型:以田东县为例》,《广西民族大学学报》(哲学社会科学版)2017 年第 4 期。

成婧:《国家治理进程中激励机制的转型与建构》,《南京师大学报》(社会科学版)2017 年第 6 期。

成为杰、马晓黎:《干部容错:制度机理、掣肘因素与优化路径》,《国家行政学院学报》2018 年第 3 期。

崔晶:《城镇化进程中基层政府"非自主性理政"行为研究》,《华中师范大学学报》(社会科学版)2016 年第 5 期。

狄金华、钟涨宝:《变迁中的基层治理资源及其治理绩效——基于鄂西南河村黑地的分析》,《社会》2014 年第 1 期。

丁轶:《反科层制治理:国家治理的中国经验》,《学术界》2016 年第 11 期。

冯仕政:《中国国家运动的形成与变异:基于政体的整体性解释》,《开放时代》2011 年第 1 期。

付伟、焦长权:《"协调型"政权:项目制运作下的乡镇政府》,《社会学研究》2015 年第 2 期。

高尚涛:《关系主义与中国学派》,《世界经济与政治》2010 年第 8 期。

葛笑如、张亮亮:《产业扶贫项目可持续发展的风险挑战及对策研究——基于苏北精准扶贫的面上调研》,《湖北社会科学》2018 年第 4 期。

郭建宇、白婷:《产业扶贫的可持续性探讨——以光伏扶贫为例》,《经济纵横》2018 年第 7 期。

郭景萍:《情感控制的社会学研究初探》,《社会学研究》2003 年第 4 期。

郭晓鸣、廖祖君、张耀文:《产业链嵌入式扶贫:企业参与扶贫的一个选择——来自铁骑力士集团"1+8"扶贫实践的例证》,

《农村经济》2018 年第 7 期。

韩广富、王丽君：《当代中国农村扶贫开发的历史经验》，《东北师大学报》（哲学社会科学版）2006 年第 1 期。

韩万梁：《基层官员的身份困境与乡村治理中的政策执行变异》，《中国行政管理》2016 年第 9 期。

贺东航、孔繁斌：《公共政策执行的中国经验》，《中国社会科学》2011 年第 5 期。

贺来：《"关系理性"与真实的"共同体"》，《中国社会科学》2016 年第 6 期。

贺来、冯珊：《以"关系理性"回应自然——当代生态文明建设前提性反思》，《理论探讨》2018 年第 2 期。

贺雪峰、刘岳：《基层治理中的"不出事逻辑"》，《学术研究》2010 年第 6 期。

胡晗、司亚飞、王立剑：《产业扶贫政策对贫困户生计策略和收入的影响——来自陕西省的经验证据》，《中国农村经济》2018 年第 1 期。

胡洪：《城市房屋拆迁中基层政府的行为逻辑分析》，《学习与实践》2014 年第 8 期。

胡守勇：《共享发展视角下产业扶贫的问题及长效机制建设》，《湖南社会科学》2018 年第 2 期。

胡伟斌、黄祖辉、朋文欢：《产业精准扶贫的作用机理、现实困境及破解路径》，《江淮论坛》2018 年第 5 期。

胡占国、于跃洋：《当代中国农村扶贫 30 年（1979—2009）》，《北京社会科学》2009 年第 5 期。

胡振光、向德平：《参与式治理视角下产业扶贫的发展瓶颈及完善路径》，《学习与实践》2014 年第 4 期。

黄承伟、邹英、刘杰：《产业精准扶贫：实践困境和深化路径——兼论产业精准扶贫的印江经验》，《贵州社会科学》2017 年第 9 期。

黄建洪：《现代化进程中的政府能力发展：一般规律与中国选择》，《社会科学研究》2010年第4期。

黄文宇：《产业扶贫项目主体行为及其运行机制的优化——基于P县"万亩有机茶园"项目的考察》，《湖南农业大学学报》（社会科学版）2017年第1期。

黄小勇：《韦伯理性官僚制范畴的再认识》，《清华大学学报》（哲学社会科学版）2002年第2期。

黄宗智：《中国正义体系中的"政"与"法"》，《开放时代》2016年第6期。

黄宗智、龚为纲、高原：《"项目制"的运作机制和效果是"合理化"吗？》，《开放时代》2014年第5期。

纪莺莺：《文化、制度与结构：中国社会关系研究》，《社会学研究》2012年第2期。

蒋永甫、龚丽华、疏春晓：《产业扶贫：在政府行为与市场逻辑之间》，《贵州社会科学》2018年第2期。

蒋永甫、莫荣妹：《干部下乡、精准扶贫与农业产业化发展——基于"第一书记产业联盟"的案例分析》，《贵州社会科学》2016年第5期。

焦玉良：《共同治理还是官僚治理——马克思和韦伯的社会治理思想比较》，《南通大学学报》（社会科学版）2016年第6期。

金太军、张健荣：《"为官不为"现象剖析及其规制》，《学习与探索》2016年第3期。

敬乂嘉：《政府扁平化：通向后科层制的改革与挑战》，《中国行政管理》2010年第10期。

孔繁斌：《行政管理理性化的追求与困境——马克斯·韦伯的官僚制理论分析》，《南京大学学报》（哲学·人文·社会科学版）1998年第1期。

寇浩宁、李平菊：《"过度化执行"：基层政府与农村低保政策的执行逻辑》，《深圳大学学报》（人文社会科学版）2017年第5期。

李光永:《正式制度、基层政府与体制弹性——温岭劳资个案及其启示》,《公共管理学报》2011年第3期。

李金龙、武俊伟:《社会建构理论视域下我国基层政府政策执行的难题及其求解》,《东北大学学报》(社会科学版)2016年第5期。

李金龙、杨洁:《基层精准脱贫政策执行梗阻的生成机制及其疏解之道》,《学习与实践》2018年第6期。

李芊蕾、秦琴:《试论中国人的"关系理性"》,《中共浙江省委党校学报》2008年第3期。

李瑞昌:《中国公共政策实施中的"政策空传"现象研究》,《公共行政评论》2012年第3期。

李五星、马辉:《罗尔斯的正义论与中国和谐社会的建构》,《河北师范大学学报》(哲学社会科学版)2008年第6期。

李永东:《产业扶贫与环境扶贫:内涵、模式比较及公共政策》,《宁夏社会科学》2017年第4期。

李有为:《反科层治理:机制、效用及其演变》,《河南大学学报》(社会科学版)2014年第1期。

李志平:《"送猪崽"与"折现金":我国产业精准扶贫的路径分析与政策模拟研究》,《财经研究》2017年第1期。

李祖佩:《乡村治理领域中的"内卷化"问题省思》,《中国农村观察》2017年第6期。

李祖佩:《"新代理人":项目进村中的村治主体研究》,《社会》2016年第3期。

李祖佩、曹晋:《精英俘获与基层治理:基于我国中部某村的实证考察》,《探索》2012年第5期。

李祖佩、钟涨宝:《分级处理与资源依赖——项目制基层实践中矛盾调处与秩序维持》,《中国农村观察》2015年第3期。

梁栋、吴惠芳:《农业产业扶贫的实践困境、内在机理与可行路径——基于江西林镇及所辖李村的调查》,《南京农业大学学报》

（社会科学版）2019年第1期。

林万龙、华中昱、徐娜：《产业扶贫的主要模式、实践困境与解决对策——基于河南、湖南、湖北、广西四省区若干贫困县的调研总结》，《经济纵横》2018年第7期。

林雪霏：《扶贫场域内科层组织的制度弹性》，《公共管理学报》2014年第1期。

凌文豪：《改革开放40年来中国扶贫开发政策嬗变与未来展望》，《社会主义研究》2018年第6期。

刘建生、陈鑫、曹佳慧：《产业精准扶贫作用机制研究》，《中国人口·资源与环境》2017年第6期。

刘娟：《我国农村扶贫开发的回顾、成效与创新》，《探索》2009年第4期。

刘军强、鲁宇、李振：《积极的惰性——基层政府产业结构调整的运作机制分析》，《社会学研究》2017年第5期。

刘升：《信息权力：理解基层政策执行扭曲的一个视角——以A市中街城管执法为例》，《华中农业大学学报》（社会科学版）2018年第2期。

刘天旭、张星久：《象征性治理：一种基层政府行为的信号理论分析》，《武汉大学学报》（哲学社会科学版）2010年第5期。

刘兴盛：《"关系理性"与人的解放》，《理论探索》2016年第5期。

陆江兵：《非人的"人"：从"组织图"到科层制——论M.韦伯科层制模式对人性的背离》，《学海》2005年第2期。

吕方：《治理情境分析风险约束下的地方政府行为》，《社会学研究》2013年第2期。

吕方：《治理情境分析风险约束下的地方政府行为——基于武陵市扶贫办"申诉"个案的研究》，《社会学研究》2013年第2期。

马光选、刘强、李保林：《"亲密陷阱"与风险治理——基于关系理性范式的讨论》，《思想战线》2016年第2期。

倪星、王锐：《从邀功到避责：基层政府官员行为变化研究》，《政治学研究》2017 年第 2 期。

宁国良：《论公共政策执行偏差及其矫正》，《湖南大学学报》（社会科学版）2000 年第 9 期。

欧阳静：《论基层运动型治理——兼与周雪光等商榷》，《开放时代》2014 年第 6 期。

彭国甫、李春、刘期达：《基于完善科层制的县级政府管理体制创新》，《北京行政学院学报》2005 年第 2 期。

乔陆印、何琼峰：《改革开放 40 年中国农村扶贫开发的实践进路与世界启示》，《社会主义研究》2018 年第 6 期。

秦亚青：《关系本位与过程建构：将中国理念植入国际关系理论》，《中国社会科学》2009 年第 3 期。

容志、陈奇星：《"稳定政治"：中国维稳困境的政治学思考》，《政治学研究》2011 年第 5 期。

申恒胜：《土地政策执行中基层政权的运作困境》，《社会主义研究》2013 年第 4 期。

申秋：《中国农村扶贫政策的历史演变和扶贫实践研究反思》，《江西财经大学学报》2017 年第 1 期。

沈扬扬、詹鹏、李实：《扶贫政策演进下的中国农村多维贫困》，《经济学动态》2018 年第 7 期。

盛智明：《地方政府部门如何规避风险？——以 A 市社区物业管理新政为例》，《社会学研究》2017 年第 5 期。

史普原：《科层为体、项目为用：一个中央项目运作的组织探讨》，《社会》2015 年第 3 期。

宋煜萍：《动态治理在中国：何以可能与如何可为》，《学术研究》2012 年第 12 期。

孙立平：《"关系"、社会关系与社会结构》，《社会学研究》1996 年第 5 期。

谭融：《马克斯·韦伯"官僚制"理论的探析》，《武汉大学学报》（哲学社会科学版）2013 年第 6 期。

唐皇凤:《常态社会与运动式治理——中国社会治安治理中的"严打"政策研究》,《开放时代》2007年第3期。

陶郁、侯麟科、刘明兴:《张弛有别:上级控制力、下级自主性和农村基层政令执行》,《社会》2016年第5期。

童星:《从科层制管理走向网络型治理——社会治理创新的关键路径》,《学术月刊》2013年第10期。

汪锦军:《合作治理的建构:政府与社会良性互动的生成机制》,《政治学研究》2015年第4期。

王爱云:《1978—1985年的农村扶贫开发》,《当代中国史研究》2017年第3期。

王博、朱玉春:《改革开放40年中国农村反贫困经验总结——兼论精准扶贫的历史必然性和长期性》,《西北农林科技大学学报》(社会科学版)2018年第6期。

王春萍、郑烨:《21世纪以来中国产业扶贫研究脉络与主题谱系》,《中国人口·资源与环境》2017年第6期。

王汉生、王一鸽:《目标管理责任制——农村基层政权的实践逻辑》,《社会学研究》2009年第2期。

王惠娜:《基层政府的控制权:对Q市环保大检查的个案研究》,《中国行政管理》2017年第1期。

王俊豪:《中英自然垄断性产业政府管制体制比较》,《世界经济》2001年第4期。

王浦劬、李锋:《我国公务员信任公民的影响要素实证分析》,《中共中央党校学报》2016年第1期。

王盛泽:《从温饱到小康——中国二十年扶贫开发述论》,《中共党史研究》2004年第3期。

王向阳:《改革开放后村干部职业化和行政化之路——基于我国东中西部乡村治理实践的考察》,《西北农林科技大学学报》(社会科学版)2018年第6期。

王旭辉:《从抽象到具体:对科层组织运作动态的分析——以〈工

业组织的科层制类型〉、〈科层组织的动态〉为线索》,《社会学研究》2008年第3期。

王永益:《在理想与现实之间:韦伯理性官僚制的再思考》,《学海》2012年第4期。

王玉福、闫艳:《改革开放40年扶贫开发:历程·成就·经验》,《理论导刊》2018年第11期。

王自亮、陈洁琼:《科层理性与人情社会的冲突与平衡》,《浙江学刊》2016年第6期。

魏程琳、赵晓峰:《常规治理、运动式治理与中国扶贫实践》,《中国农业大学学报》(社会科学版)2018年第5期。

吴国宝:《改革开放40年中国农村扶贫开发的成就及经验》,《南京农业大学学报》(社会科学版)2018年第6期。

吴元元:《食品安全共治中的信任断裂与制度因应》,《现代法学》2016年第4期。

吴梓境、张波:《引导基金参与产业扶贫的机理与模式探索》,《学术前沿》2018年第12期。

夏志强、谭毅:《"治理下乡":关于我国乡镇治理现代化的思考》,《上海行政学院学报》2018年第3期。

邢成举:《产业扶贫与扶贫"产业化"——基于广西产业扶贫的案例研究》,《西南大学学报》(社会科学版)2017年第5期。

修兴高:《产业扶贫模式:运行成效、影响因素与政策建议——福建省产业扶贫模式典型案例分析》,《福建论坛·人文社会科学版》2018年第4期。

徐晨光、王海峰:《中央与地方关系视阈下地方政府治理模式重塑的政治逻辑》,《政治学研究》2013年第3期。

徐翔、刘尔思:《产业扶贫融资模式创新研究》,《经济纵横》2011年第7期。

许汉泽、李小云:《精准扶贫背景下农村产业扶贫的实践困境——对华北李村产业扶贫项目的考察》,《西北农林科技大学学报》

（社会科学版）2017年第1期。

许欢、高小平、李和中：《"圈内化""类型化"：科层制弊端与腐败心理发生机制及对策》，《行政论论坛》2016年第1期。

薛澜、赵静：《转型期公共政策过程的适应性改革及局限》，《中国社会科学》2017年第9期。

杨帆、王诗宗：《基层政策执行中的规则遵从——基于H市5个街道的实证考察》，《公共管理学报》2016年第4期。

杨骍骝、周绍杰、胡鞍钢：《中国式扶贫：实践、成就、经验与展望》，《国家行政学院学报》2018年第6期。

杨建国：《基层政府的"不出事"逻辑：境遇、机理与治理》，《湖北社会科学》2018年第8期。

杨丽萍：《科层体制的功能与反功能》，《湖北大学学报》（哲学社会科学版）1999年第6期。

杨善华、苏红：《从"代理型政权经营者"到"谋利型政权经营者"——向市场经济转型背景下的乡镇政权》，《社会学研究》2002年第1期。

杨艳文：《街道治理的结构、动力及其逻辑》，《学术论坛》2013年第12期。

杨永伟、陆汉文：《多重制度逻辑与产业扶贫项目的异化——组织场域的视角》，《中国农业大学学报》（社会科学版）2018年第1期。

杨志恒、黄秋昊等：《产业扶贫视角下村域空间贫困陷阱识别与策略分析——以湘西保靖县为例》，《地理科学》2018年第6期。

易柳：《改革开放40年中国扶贫政策的演化与前瞻——立足国家层面政策文本的分析》，《西南民族大学学报》（人文社会科学版）2018年第4期。

尹利民：《逆科层化：软约束条件下基层政府的信访治理与组织运作》，《学习与实践》2014年第5期。

于君博：《改革开放40年来中国行政体制改革的基本逻辑》，《经济社会体制比较》2018年第6期。

余海洋:《精准扶贫信息法律制度再造》,《政治与法律》2019年第1期。

袁明宝:《扶贫吸纳治理:精准脱贫政策执行中的悬浮与基层治理困境》,《南京农业大学学报》(社会科学版)2018年第3期。

袁树卓、刘沐洋、彭徽:《乡村产业振兴及其对产业扶贫的发展启示》,《当代经济管理》2019年第1期。

原贺贺:《贫困村识别的基层实践逻辑解构》,《西北农林科技大学学报》(社会科学版)2018年第2期。

岳柏冰:《关系理性:社会自主性生成的价值选择及其实现》,《安徽师范大学学报》(人文社会科学版)2017年第9期。

曾小溪、汪三贵:《从区域扶贫开发到精准扶贫——改革开放40年中国扶贫政策的演进及脱贫攻坚的难点和对策》,《农业经济问题》2018年第8期。

曾小溪、汪三贵:《中国大规模减贫的经验:基于扶贫战略和政策的历史考察》,《西北师大学报》(社会科学版)2017年第6期。

张冰:《科层困境与国家建设的中国出路——以延安时期党的一元化领导体制为中心》,《广东社会科学》2015年第1期。

张冰:《延安模式——国家建设视野下中共根据地政权体制的特征及影响》,《理论与改革》2014年第6期。

张春敏:《产业扶贫中政府角色的政治经济学分析》,《云南社会科学》2017年第6期。

张海鹏:《制度优势、市场导向与产业扶贫》,《社会科学战线》2018年第6期。

张康之:《超越官僚制:行政改革的方向》,《求索》2001年第3期。

张康之:《韦伯对官僚制的理论确认》,《教学与研究》2001年第6期。

张立冬:《中国农村贫困动态性与扶贫政策调整研究》,《江海学刊》2013年第2期。

张永宏、李静君：《制造同意：基层政府怎样吸纳民众的抗争》，《开放时代》2012年第7期。

张云昊：《规则、权力与行动：韦伯经典科层制模型的三大假设及其内在张力》，《上海行政学院学报》2011年第3期。

张云昊：《基层政府权力运行的双向逻辑及其效果分析——基于Y县的实证研究》，《华中科技大学学报》2009年第6期。

赵泉民、井世洁：《"后乡土"时代人际关系理性化与农民合作的困境与出路》，《江西社会科学》2018年第3期。

赵汀阳：《共在存在论：人际与心际》，《哲学研究》2009年第8期。

赵汀阳：《全球化之势：普遍技术和关系理性》，《探索与争鸣》2017年第3期。

郑航：《儒家德育传统：由关系主义向关系理性的超越》，《华南师范大学学报》（社会科学版）2018年第1期。

郑震：《关系主义——以中国视角与西方社会学对话》，《社会科学》2018年第8期。

周飞舟：《财政资金的专项化及其问题——兼论"项目治国"》，《社会》2012年第1期。

周飞舟：《从汲取型政权到"悬浮型"政权——税费改革对国家与农民关系之影响》，《社会学研究》2006年第3期。

周飞舟：《分税制十年：制度及其影响》，《中国社会科学》2006年第6期。

周飞舟：《锦标赛体制》，《社会学研究》2009年第3期。

周黎安：《晋升博弈中政府官员的激励与合作》，《经济研究》2004年第6期。

周黎安：《行政发包的组织边界——兼论"官吏分途"与"层级分流"现象》，《社会》2014年第1期。

周黎安：《中国地方官员的晋升锦标赛模式研究》，《经济研究》2007年第7期。

周庆智:《代理治理模式:一种统治类型的讨论——以基层政府治理体系为分析单位》,《北京行政学院学报》2016年第3期。

周望:《均衡性治理:当代中国国家治理的一个特定逻辑》,《天府新论》2013年第6期。

周雪光:《从"官吏分途"到"层级分流":帝国逻辑下的中国官僚人事制度》,《社会》2016年第2期。

周雪光:《国家治理逻辑与中国官僚体制:一个韦伯理论视角》,《开放时代》2013年第3期。

周雪光:《基层政府间的"共谋现象"——一个政府行为的制度逻辑》,《社会学研究》2008年第6期。

周雪光:《权威体制与有效治理:当代中国国家治理的制度逻辑》,《开放时代》2011年第10期。

周雪光:《项目制:一个"控制权"理论视角》,《开放时代》2015年第2期。

周雪光:《行政发包与帝国逻辑——周黎安〈行政发包制〉读后感》,《社会》2014年第6期。

周雪光:《运动型治理机制:中国国家治理的制度逻辑再思考》,《开放时代》2012年第9期。

周雪光、练宏:《政府内部上下级部门间谈判的一个分析模型——以环境政策实施为例》,《中国社会科学》2011年第5期。

周雪光、练宏:《中国政府的治理模式:一个"控制权"理论》,《社会学研究》2012年第5期。

朱姝、冯艳芬、王芳、曾小洁:《粤北山区相对贫困村的脱贫潜力评价及类型划分——以连州市为例》,《自然资源学报》2018年第8期。

朱天义、张立荣:《个体化或集体经营:精准扶贫中基层政府的行动取向分析》,《马克思主义与现实》2017年第6期。

朱媛媛:《漩涡空间:非正式关系与科层制关系研究》,《江西社会科学》2017年第4期。

庄垂生:《政策变通的理论:概念、问题与分析框架》,《理论探究》2000年第6期。

(三) 政策文件类

《国务院扶贫办关于印发〈扶贫开发建档立卡工作方案〉的通知》,2014年4月2日。

《国务院关于印发国家八七扶贫攻坚计划的通知》,1994年4月15日。

《国务院关于印发"十三五"脱贫攻坚规划的通知》,2016年11月23日。

习近平:《全面建成小康社会夺取新时代中国特色社会主义伟大胜利——在中国共产党第十九次全国代表大会上的报告》,2017年10月18日。

中共中央办公厅、国务院办公厅《关于创新机制扎实推进农村扶贫开发工作的意见》,2014年2月13日。

中共中央办公厅、国务院办公厅《关于加强贫困村驻村工作队选派管理工作的指导意见》,2017年12月24日。

中共中央办公厅、国务院办公厅《关于建立贫困退出机制的意见》,2016年4月29日。

《中共中央办公厅、国务院办公厅关于〈支持深度贫困地区脱贫攻坚的实施意见〉的通知》,2017年9月25日。

《中共中央 国务院关于打赢脱贫攻坚战的决定》,2015年11月29日。

《中共中央 国务院关于打赢脱贫攻坚战三年行动的指导意见》,2018年6月15日。

《中共中央 国务院关于坚持农业农村优先发展做好"三农"工作的若干意见》,2019年1月3日。

《中共中央 国务院关于实施乡村振兴战略的意见》,2018年1月2日。

《中国农村扶贫开发纲要(2001—2010年)》,2001年6月13日。

《中国农村扶贫开发纲要（2011—2020 年）》，2011 年 7 月 14 日。

二　外文文献

Anderson J. E, *Public Policy-Making*, N. Y: Praeger Publish, 1975.

Andrej Bozhinovski, "The Influence of Magna Carta Libertatum in The Development of The Principle of Rule of Law", *SEEU Review*, No. 1, 2015.

Batabyal A., Nijkamp P., "Richard Florida's Creative Capital in a Trading Regional Economy: a Theoretical Investigation", *Annals of Regional Science*, No. 8, 2010.

Bulent Guloglu, R. Baris Tekin, "A Panel Causality Analysisof the Relationship Among Research and Development, Inno-Vation, and Economic Growth in High-income OECD Countries", *Eurasian Economic Review*, No. 1, 2012.

Butler R., Curran R., O'Gorman K. D., "Pro-poor Tourism in a First World Urban Setting: Case Study of Glasgow Govan", *International Journal of Tourism Research*, No. 5, 2013.

Camagni R., "Regional Competitiveness: Towards a Concept of Territorial Capital", *Springer SBM*, No. 3, 2008.

Christopher D. Boom, "The Importance of the Thin Conception of the Rule of Law for International Development: A Decision-Theoretic Account", *Law and Development Review*, No. 2, 2015.

Christopher Kask, "Edward Sieber. Productivity Growth in 'High-tech' Manufacturing Industries", *Monthly Labor Review*, No. 3, 2002.

Christopher May, "The 'Rule of Law' and International Political Economy: Starting a conversation", *Zeitschrift für Rechtssoziologie*, No. 2, 2007.

Claire Kilpatrick, "On the Rule of Law and Economic Emergency: The Degradation of Basic Legal Values in Europe's Bailouts", *Oxford Journal of Legal Studies, No. 2, 2015.

Daniel Hecker, "High-technology Employment: a Broaderview", Monthly Labor Review, No. 3, 1999.

Dimitri van Den Meerssche, "The Evolving Mandate of the World Bank: How Constitutional Hermeneutics Shaped the Concept and Practice of Rule of Law Reform", Law and Development Review, No. 1, 2017.

Escobal, J. Agreda, V. Reardon, T., "Endogenous Institutional Inno-vation and Agroin on the Peruvian Coast", Agric. Econ, No. 3, 2000.

Ferreira G. H., Leite P. G. and Ravallion M., "Poverty Reduction Without Economic Growth? Explaining Brazil'spoverty dynamics, 1985 – 2004", Journal of Development Economics, Vol. 93, 2010.

Frank J. Calzonetti, Diane M. Miller, Neil Reid, "Buildingboth Technology-intensive and Technology-limited Clusters by Emerging Research Universities: the Toledo Example", Applied Geography, No. 5, 2012.

Glover, D., "Contract Farming and Outgrower Schemes in East and Southern Africa", Agric. Econ, No. 3, 1990.

Hampton M. P., "Heritage, Grassroots Communities and Economic Eevelop-ment", Annals of Tourism Research, No. 3, 2005.

Heffernan P., R. Phaal, The Emergence of New Industries, Cambridge: The University of Cambridge, 2008.

Jay Barney, "Firm Resources and Sustained Competitive Advantage", Journal of Management, Vol. 17, 1991.

Job H., Paesler F., "Links Between Nature-based Tourism, Protected areas, Poverty Alleviation and Crises—the Example of Wasini Island (Kenya)", Journal of Outdoor Recreation and Tourism, No. 1/2, 2013.

Kerr, Steven. "On the Folly of Rewarding A, While Hoping for B", Academy of Management Journal, No. 3, 1975.

Lane D., "Hierarchy, Complexity, Society Dodrecht", The Netherlands: *Springer*, No. 10, 2006.

Lant, T. K., "Aspiration Level Updating: An Empirical Exploration", *Management Science*, No. 5, 1992.

Levinthal, D. A. & J. G. March, "The Myopia of Learning", *Strategic Management Journal*, No. S2, 2010.

Lipsky, "Michael Street-Level Bureaucracy", *Russell Sage Foundation*, No. 8, 1980.

Liu, Mingxing, J. Wang, R. Tao & R. Murphy, "The Political Economy of Earmarked Transfers in a State-Designated Poor County in Western China: Central Policies and grassroots Responses", *The China Quarterly*, No. 6, 2009.

Meyer John W. &. Brian Rowan, "Institutionalized Organizations: Formal Structure as Myth and Ceremony", *American Journal of Sociology*, No. 8, 1977.

Michael. Lipsky. Street-level Bureaucracy: *Dilemmas of the Individual in Public Services*, L. D. : University of Cambridge. 1980.

Milgrom. Paul & John Robert Economics, *Organization and Management*, Englewood Cliffs, N. J. : Prentice Hall, 1992.

Montalvo J. G. and Ravallion M., "The Pattern of Growth and Poverty Reduction in China Original Research Article", *Ournal of Comparative Economics*, Vol. 38, No. 1, 2010.

Mowery D., Rosenberg N., "The Influence of Market Demandupon Innovation", *Research Policy*, No. 8, 1979.

Mowery D., Rosenberg N. "The Influence of Market Demand Upon Innovation", *Research Policy*, No. 8, 1979.

Nyaupane G. P., Poudel S., "Linkages among Biodiversity, Livelihood and Tourism", *Annals of Tourism Research*, No. 4, 2011.

O'Brien, K. J. & L. J. Li, "Selective Policy Implementation in Rural China", *Comparative Politics*, No. 2, 1999.

OECD, "Perspectives on Global Development 2013, Industrial Policies in a Changing World. Paris", *Development Centre*, No. 9, 2013.

Philippe Aghion, *Peter Howitt. Endogenous Growth Theory*, Boston: The MIT Press, 1998.

Prahalad C. K. & Hamel G., "The Core Competence of the Corporation", *Harvard Review*, No. 5, 1990.

Romer Paul, "Increasing Returns and Long-run Growth", *Journal of Political Economy*, No. 5, 1986.

Russell P., "Community-based Tourism", *Travel and Tourism Ana-lyst*, No. 5, 2000.

Sull, D., "The Dynamics of Standing Still: Firestone Tire and Rubber and the Radial revolution", *Business History Review*, No. 3, 1999.

Sumarto and Suryahadi, "Indonesia Country Case Study", Bresciani and Valdés, Eds., *Beyond Food Production: The Role of Agriculture in Poverty Reduction, Food and Agriculture Organization of the United Nations and Edward Elgar*, Cheltenham, No. 11, 2007.

Suryahad A. Suryadarma D. and Sumarto S., "The Effects of Location and Sectoral Components of Economic Growth on Poverty: Evidence From Indonesia", *Journal of Development Economics*, No. 1, 2009.

The Global Entrepreneurship Monitor, GEM 2007 Report: "Entrepreneurship is Going Global", http://www.gsom.spbu.ru/en/research/eship/projects/gem.

Thompson, G., *Industrial Policy: USA and UK Debate*, London: Routledge, 1989.

Tirole, Jean, "Hierarchies and Bureaucracies: On the Role of Collusion in Organizations", *Journal of Law, Economics, and Organization*, No. 2, 1986.

Torres R., Momsen J. H., "Challenges and Potential for Linking Tourism and Agriculture to Achieve Pro-poor Tourism Objects", *Progress*

in Development Studies, No. 4, 2004.
Wilson, James Q., *Bureaucracy: What Government Agencies Do and Why They Do It*, New York: Basic Books, 1989.
Woofruff, "Customer Value: the Next Source for Competitive Advantage", *Journal of Academy of Marketing Science*, Vol. 25, 1997.
Zhang, Qian Forrest, "Comparinggrassroots Models of Agrarian Transition in China", *Rural China*, No. 1, 2013.

后 记

本书在博士学位论文基础上修改而成,博士学位论文分别获得华中师范大学的优秀博士论文资助项目、清华大学中国农村研究院的优秀博士论文资助项目,以及国务院扶贫开发办公室的优秀博士论文奖。感谢以上资助单位!博士学位论文的撰写过程克服了诸多难关,但是在博导的指导和博士同学的帮助下,得以高质量完成。感谢我的导师和同学!

该研究探索了基层治理的一般性逻辑,即,基层治理遵从哪些维度,这些维度遵从怎样的序列。毕业后,以博士学位论文为基础,笔者获得国家社会科学基金青年项目的立项,该项目将继续延伸博士论文的研究,将研究对象缩小至乡镇干部,着重探索权力关系化运作的积极治理效果,进一步构建权力关系化运作与权力规范化运作的互补机制。

博士学位论文为笔者科研工作的开展奠定了良好的基础,笔者决心在此基础上继续深化研究,不断攀登科研高峰。结合博士阶段和近两年的工作经历,笔者发现学术是一个滴水穿石的过程,最大的捷径就是脚踏实地,最好的路径就是坚持一个领域,只有围绕一个领域不断深挖,才能取得持续的进步!

原贺贺
2021 年 9 月